闽南师范大学学术著作出版专项经费资助

思想政治教育说服力研究

林建辉 ■ 著

Research on the Persuasiveness
of Ideological and Political Education

中国社会科学出版社

图书在版编目（CIP）数据

思想政治教育说服力研究/林建辉著.—北京：中国社会科学出版社，2024.4
ISBN 978-7-5227-3096-7

Ⅰ.①思… Ⅱ.①林… Ⅲ.①思想政治教育—研究—中国 Ⅳ.①D64

中国国家版本馆 CIP 数据核字（2024）第 037561 号

出 版 人	赵剑英
责任编辑	杨晓芳
责任校对	夏慧萍
责任印制	王 超

出　　版	中国社会科学出版社
社　　址	北京鼓楼西大街甲 158 号
邮　　编	100720
网　　址	http://www.csspw.cn
发 行 部	010-84083685
门 市 部	010-84029450
经　　销	新华书店及其他书店

印　　刷	北京明恒达印务有限公司
装　　订	廊坊市广阳区广增装订厂
版　　次	2024 年 4 月第 1 版
印　　次	2024 年 4 月第 1 次印刷

开　　本	710×1000 1/16
印　　张	23
插　　页	2
字　　数	302 千字
定　　价	118.00 元

凡购买中国社会科学出版社图书，如有质量问题请与本社营销中心联系调换
电话：010-84083683
版权所有　侵权必究

序　言

林建辉教授的专著《思想政治教育说服力研究》，是他在博士学位论文的基础上进一步修改完善而成的，也是他多年来潜心钻研的理论成果。当他告诉我论著即将出版并请我作序时，作为他的导师和原文的第一位审阅者，我欣然应允。在思想政治教育学科即将迎来创立40周年之际，本书的出版，将为思想政治教育学科理论大厦添砖加瓦。

"思想政治教育说服力"是一个颇具吸引力和挑战性的研究课题。马克思深刻指出："理论只要说服人，就能掌握群众；而理论只要彻底，就能说服人。所谓彻底，就是抓住事物的根本。"① 从理论逻辑上讲，说服力问题可谓思想政治教育领域带有根本性的基础命题，有说服力才会有真正的实效性和生命力，没有说服力就不会有真正的实效性和生命力。从历史和实践来看，孔子、孟子等中国古代教育思想家，马克思、恩格斯、列宁等无产阶级革命导师，以毛泽东、邓小平、江泽民、胡锦涛、习近平等为主要代表的中国共产党人，都十分注重开展有说服力的思想政治教育；同时，由于思想政治教育说服力弱化或不平衡，比如本书第四章论及的思想政治教育说服力遮蔽、流失、消解等导致的思想政治教育实效性不强或不平衡的问题，也在不同程度上长期困扰着人

---

① 《马克思恩格斯文集》第1卷，人民出版社2009年版，第11页。

们。从研究现状来看，不少思想政治教育方面的研究成果或直接或间接、或多或少都会涉及说服力问题，但专门、系统、深入的理论研究尚不多见。因此，当初林建辉提出"思想政治教育说服力"这个选题并征求我的意见时，我明确告诉他，这个选题是非常重要的基础研究课题，可以做、值得做，但要做好并不容易，需要下苦功夫。在论文开题前后以及论文写作、修改过程中，我们多次就相关问题进行了充分的讨论。令我感到欣慰的是，林建辉克服了诸多困难，经过坚持不懈的研究、写作和精益求精的打磨，最终高质量地完成了一篇受到诸位盲审专家和答辩委员好评的博士学位论文。在顺利通过论文答辩到计划出版论文的一年多时间里，他又结合新形势、新思考对论文做了进一步的修改完善，充分体现了他勤勉治学、与时俱进的精神。

长期以来，思想政治教育工作者们对"说服""说服教育""实效性"等话语都很熟悉，实际上，这些话语或理念的背后，几乎都涉及或隐含着"说服力"的问题。在马克思主义经典作家、我们党和国家领导人以及许多专家学者的论述中，"说服力"一词也并不鲜见。但是，目前学界对思想政治教育说服力的研究还处于比较零散、不够系统、不够深入的状态，以此为选题的学位论文和专著极其少见。本书的撰写和出版，是作者持续关注和系统研究思想政治教育说服力问题的理论结晶。林建辉自中小学时代就对思想政治教育问题颇感兴趣，在本科、硕士、博士阶段所学的都是思想政治教育专业，又有多年的高校思想政治工作和思想政治理论课教学经历，可以说，他是带着自己长期以来对"如何从根本上做好思想政治教育工作"的思索来研究和写作的。因此，他在本书中体现出了对思想政治教育工作的深厚情怀和理论联系实际的优良学风。本书原文在预答辩时曾有专家称道："在这批论文中，我最想看的就是这一篇！"

序 言

本书的论题集中、典型，思路清晰、缜密，论述扎实、严谨，在研究视角、内容架构、主要观点等方面颇具创新性。作者从中国共产党治国理政、牢牢掌握意识形态工作领导权和话语权的战略高度，构建了简洁明晰的思想政治教育说服力研究框架，展现了理论与实践、历史与现实、生成与变化、成就与不足、问题与策略等多方面有机统一的内容图景。既紧扣思想政治教育说服力这个聚焦点、切入点，又涵盖思想政治教育系统内外主要因素；既精细阐释思想政治教育说服力的内涵、结构、特征、价值，系统梳理古今中外有关思想政治教育说服力的重要思想观点，又深入探索思想政治教育说服力的内生条件、通达机理和变化方向；既全面观照新时代我国思想政治教育说服力增强的积极态势、面临的形势挑战、存在的现实问题，又着力论述新时代我国思想政治教育说服力建设的应然原则、主体维度和基本路径。作者在这些方面的研究和贡献，有助于我们深化对思想政治教育说服力的理解和把握，进而更好地推动新时代思想政治教育高质量发展，赋能受教育者的全面发展和对社会主义意识形态的真学、真懂、真信、真用。

当然，作为一项涵盖众多论域而又常提常新的基础研究课题，思想政治教育说服力问题还有待进一步挖掘和探究。换言之，本书还留下了需要进一步拓展的研究空间，还存在一些不足之处。比如，思想政治教育说服力生成和通达的受众心理因素，思想政治教育说服力的评价指标体系，国内外思想政治教育说服力建设的经验教训等，都有待进一步深化或细化研究。我也希望林建辉博士以本书的出版为新起点，在学术研究的道路上继续开拓创新，取得更加丰硕的研究成果。

是为序。

王仕民

2023 年 8 月于中山大学康乐园

目 录

绪 论 ·· 1
  一 选题缘由与研究意义 ·· 2
  二 国内外相关研究综述 ·· 9
  三 研究思路与研究方法 ·· 36
  四 内容框架与创新之处 ·· 39

第一章 思想政治教育说服力的学理阐释 ································ 42
  第一节 思想政治教育说服力的概念解析 ······················· 42
  第二节 思想政治教育说服力的基本结构 ······················· 56
  第三节 思想政治教育说服力的主要特征 ······················· 69
  第四节 思想政治教育说服力的价值意蕴 ······················· 80

第二章 思想政治教育说服力的理念溯源 ································ 91
  第一节 中国古代思想政治教育说服力理念 ··················· 91
  第二节 马克思列宁主义思想政治教育说服力理念 ········ 108

第三节　中国共产党思想政治教育说服力理念 …………… 124

第三章　思想政治教育说服力的生成机理 …………………… 143
　　第一节　思想政治教育说服力的内生条件 ………………… 143
　　第二节　思想政治教育说服力的通达机理 ………………… 172
　　第三节　思想政治教育说服力的变化方向 ………………… 190

第四章　新时代思想政治教育说服力的现实境遇 …………… 201
　　第一节　新时代思想政治教育说服力增强的积极态势 …… 201
　　第二节　新时代思想政治教育说服力面临的形势挑战 …… 221
　　第三节　新时代思想政治教育说服力存在的现实问题 …… 238

第五章　新时代思想政治教育说服力的建设理路 …………… 256
　　第一节　新时代思想政治教育说服力建设的应然原则 …… 257
　　第二节　新时代思想政治教育说服力建设的主体维度 …… 275
　　第三节　新时代思想政治教育说服力建设的基本路径 …… 293

结　语 ……………………………………………………………… 330

参考文献 ………………………………………………………… 332

后　记 ……………………………………………………………… 357

绪　　论

古今中外，思想政治教育是普遍存在的一种社会实践活动。在不同时期、不同国家或地区，思想政治教育活动的名称、样态、内容、方法和性质等并不相同。但是，与专业知识教育、职业技能培训等其他实践活动相比，思想政治教育以培养、塑造社会成员形成符合社会需要的思想品德为根本任务，这是一切思想政治教育活动的相通之处。

一般来说，思想政治教育要有效引导人们纷繁复杂的思想意识，培育符合社会需要的思想品德，必须具有强大的说服力。没有说服力的思想政治教育必将形同虚设，说服力不强的思想政治教育难免事倍功半，只有说服力强大的思想政治教育才能卓有成效。思想政治教育说服力是思想政治教育实效性和生命力的根基，直接影响受教育者对思想政治教育的认同度和获得感，也关系到党和国家意识形态工作大局。求木之长者，必固其根本。深入研究并切实增强思想政治教育说服力，对促进思想政治教育理论和实践发展具有基础性、现实性意义。

一 选题缘由与研究意义

（一）选题缘由

1. 理论缘由：说服力是有待深挖的马克思主义思想政治教育基础命题

"共产党一分钟也不忽略教育工人"①。马克思主义认为，思想政治教育是启发群众思想政治觉悟、动员群众投身社会革命的必要手段，而思想政治教育能否取得预期效果，主要取决于理论（教育内容）的彻底性和说服力。早在青年时代，马克思就提出一个著名的观点："理论只要说服人，就能掌握群众；而理论只要彻底，就能说服人。"② 显然，理论要说服人，必须有说服力；或者说，说服人的另一层意思，就是有说服力。马克思的"说服论"奠定了马克思主义思想政治教育理论的重要基础③，其基本内涵可以这样理解：思想政治教育的目的是用理论武装群众④，用理论武装群众的前提是说服教育群众，说服教育群众的关键是理论彻底，即理论要抓住事物的根本、有说服力。

作为伟大的无产阶级革命导师，马克思、恩格斯、列宁等人十分重视理论及宣传工作的说服力。马克思、恩格斯无论是创作如《资本论》这样的巨著，还是其他各种不同风格的论著，都以扎实研究和深

---

① 《马克思恩格斯文集》第 2 卷，人民出版社 2009 年版，第 66 页。
② 《马克思恩格斯文集》第 1 卷，人民出版社 2009 年版，第 11 页。
③ 武汉大学骆郁廷教授正是基于马克思的"理论只要说服人，就能掌握群众"这一论断，提出了"思想政治教育的本质在于思想掌握群众"的观点；北京大学钟启东研究员也认为，"理论只要彻底就能说服人"是马克思关于思想政治教育的经典论断，理论的彻底性程度决定着理论说服力的强弱。参见骆郁廷《思想政治教育的本质在于思想掌握群众》，《马克思主义研究》2012 年第 9 期；钟启东《从"理论彻底"到"彻底说服"——马克思"理论只要彻底就能说服人"经典论断解析》，《观察与思考》2020 年第 3 期。
④ 马克思所说的"理论掌握群众"，是一种带有黑格尔式思辨意味的特殊表述，其本意是"让群众掌握理论"或"用理论武装群众"。

刻洞见为基础，力求全部论证的科学性和说服力。1859年8月，恩格斯就自己所写的一篇文章向马克思征求意见，他在通信中特别指出："用唯物主义世界观的某些令人信服的例子来代替二月革命的那些缺乏说服力的例子是适当的。"① 1880年，马克思向法国工人党领导人口授《法国工人党纲领导言（草案）》，仅用300字左右的篇幅，高度精练地概括了科学社会主义的基本原理和无产阶级政党的历史使命。对这篇堪称"浓缩版共产党宣言"的重要文献，恩格斯曾由衷赞叹："这真是具有充分说服力的杰作，寥寥数语就可以对群众说得一清二楚。"② 列宁也将说服教育视为思想政治工作的主要方法，强调："我们无论如何必须先说服，然后再强制。"③ 列宁要求每个社会民主党人掌握宣传鼓动的艺术，善于采用最有效的方式影响自己的听众，"在阐明某个真理时，要尽可能对他们有更大的说服力"④。列宁自己在从事各项宣传工作时，也"总是要找到最有说服力的论据"⑤。

在马克思主义思想政治教育理论中，说服和说服力是极其重要的基础命题，这是由无产阶级思想政治教育的外部条件及内在规律决定的。马克思主义认为，在资本主义时代，资产阶级及其思想居于统治地位，无产阶级及其思想要争得话语权，除了以"武器的批判"作为物质手段，还要以"批判的武器"作为精神手段。与资产阶级相比，无产阶级所拥有的经济、政治、军事等硬实力资源明显不足，无产阶级思想政治教育只有具备强大的说服力（包括真正代表广大人民的根本利益），才能产生强大的战斗力，才能有效动员和指导无产阶级革

---

① 《马克思恩格斯全集》第29卷，人民出版社1972年版，第451页。
② 《马克思恩格斯文集》第10卷，人民出版社2009版，第467页。
③ 《列宁全集》第41卷，人民出版社2017年版，第47页。
④ 《列宁全集》第21卷，人民出版社2017年版，第21页。
⑤ ［苏］高里科夫等：《列宁是怎样写作的》，刘循一译，生活·读书·新知三联书店1984年版，第157页。

命。即便在无产阶级革命胜利之后，取得执政地位的马克思主义政党也必须与时俱进地巩固意识形态话语权，不断增强思想政治教育说服力，这是马克思主义思想政治教育科学性和先进性的重要体现。

马克思、恩格斯、列宁等人对思想政治教育说服力的重视是显而易见的，他们的相关论述和实践经验为我们深入理解思想政治教育说服力提供了宝贵资源。但是，他们关于思想政治教育说服力的直接论述并不多见，其深刻思想主要蕴含在他们对其他理论和实践问题的相关论述之中，若非进行专门梳理，并不容易系统把握。本书的重要任务之一，就是通过相应的理论追溯和文献梳理，进一步挖掘马克思列宁主义理论中有关思想政治教育说服力的思想资源，并在实践中加以运用和发扬。

2. 历史缘由：中国共产党一贯注重开展有说服力的思想政治教育

中国共产党将说服教育视为马克思主义思想政治教育的基本原则和方法，一贯坚持以说服教育为主，注重开展有说服力的思想政治教育，这也是中国共产党思想政治教育工作的宝贵经验和优良传统。

在新民主主义革命时期，中国共产党开展了特色鲜明、卓有成效的思想政治教育工作。无论是在军队教育管理、群众思想动员、统一战线工作等各个领域，还是在妇女放足、延安整风、战俘改造等具体工作中，中国共产党都坚持"说服教育重于惩罚""宣传鼓动重于指派命令""团结—批评—团结""不能强迫灌注"等理念和原则，并通过党员和干部的以身作则、率先垂范来组织实施。富有说服力、感召力和战斗力的思想政治教育工作，是促进中国共产党及其领导的人民军队不断发展壮大，最终由弱变强、以弱胜强的重要因素。

新中国成立之后，中国共产党进一步强调思想问题只能说服不能压服，明确要求开展有说服力的思想政治教育。毛泽东将说服教育视为马克思主义的原则方法，强调宣传工作者应当辛勤努力、老实办事、注重分析，"很有说服力地去说明马克思列宁主义的普遍真理和中国具体情况的统一"①，"不要靠装腔作势来吓人"②。当然，在"大跃进"和"文化大革命"等曲折时期，由于受"左"倾错误的影响，思想政治教育的声誉和说服力也一度遭到削弱。

改革开放之后，中国共产党把增强思想政治教育说服力摆在更加突出的地位。邓小平指出，宣传工作应当"积极主动、理直气壮而又有说服力地宣传四项基本原则"③；对影响社会风气的重要思想问题，要"由适当的人进行周到细致、有充分说服力的教育"④。江泽民强调，要按照"三个代表"的要求，"加强有说服力的思想政治工作"⑤。胡锦涛指出，要把解决思想问题同解决实际问题结合起来，"为群众排忧解难，多办实事好事，就是最直接、最生动、最有说服力的思想政治工作"⑥。此外，针对高校思想政治工作、职工思想政治工作、高校思想理论教育等具体领域，党和国家领导人以及相关部门也明确提出了"增强说服力"等要求。

与中国共产党对思想政治教育说服力的一贯重视相比，学界对思想政治教育说服力的理论研究还比较薄弱。改革开放以来，专家学者们陆续发表了一些有关思想政治教育说服力的论文或文章，但内容大多侧重于对实践经验的一般性总结，比较系统的理论探索还很少见。因此，对中国共产党关于增强思想政治教育说服力的重要论述和经验，很有必要从理论上进一步加以总结和提炼，以便更好地指导新时代思

---

① 《建国以来重要文献选编》第8册，中央文献出版社1994年版，第235页。
② 《毛泽东文集》第7卷，人民出版社1999年版，第277页。
③ 《邓小平文选》第2卷，人民出版社1994年版，第364页。
④ 《邓小平文选》第3卷，人民出版社1993年版，第144页。
⑤ 《江泽民文选》第3卷，人民出版社2006年版，第295页。
⑥ 《十五大以来重要文献选编》下，人民出版社2003年版，第2220页。

想政治教育实践。

3. 现实缘由：新时代亟需加强思想政治教育说服力建设及其理论研究

党的十八大以来，面对意识形态领域错综复杂的形势和世界百年未有之大变局，以习近平同志为核心的党中央高度重视意识形态工作。习近平一再强调要牢牢掌握意识形态工作领导权、管理权、话语权，建设具有强大凝聚力和引领力的社会主义意识形态，并对新时代宣传思想工作、高校思想政治工作、学校思想政治理论课建设等提出一系列新论断新要求。在党的十九大报告中，习近平还提出一个充满理论自信的愿景："二十一世纪中国的马克思主义一定能够展现出更强大、更有说服力的真理力量！"① 思想政治教育是意识形态工作的重要组成部分，其本质是社会主导意识形态的灌输和教化。进一步加强和改进思想政治教育工作，推进思想政治教育说服力建设，是新时代意识形态工作的现实需要。

长期以来，我国思想政治教育工作不断在改进中加强。但是，受各种因素影响，思想政治教育说服力状况与思想政治教育的地位和使命还不太相称，与党和国家的厚望以及社会各界的期待也有较大差距，导致思想政治教育在接受度和实效性等方面依然面临一些困境。不少学者指出，当前思想政治教育"说服力解释力不够"② 或"面临着说服力减弱的问题"③，"增强说服力是当前改进思政课教学的关键"④。一些社会调查结果也表明，我国思想政治教育说服力和实效性还有进

---

① 《习近平谈治国理政》第3卷，外文出版社2020年版，第21页。
② 张毅翔：《新时代思想政治教育图景：构设、挑战与方略》，《思想教育研究》2018年第10期。
③ 殷玲玲：《思想政治教育"以理服人"的现实思考》，《思想理论教育导刊》2018年第8期。
④ 田心铭：《以彻底的思想理论说服学生——学习习近平〈思政课是落实立德树人根本任务的关键课程〉》，《马克思主义研究》2021年第1期。

绪 论

一步提升的空间。

党的十八大以来,党和国家着眼于意识形态工作全局,对各领域思想政治教育工作都提出了"增强说服力"的明确要求。比如,2017年2月,党中央、国务院要求进一步办好高校思想政治理论课,"增强教学的吸引力、说服力、感染力"[①]。2017年3月,中央军委办公厅要求在开展维护核心、听从指挥主题教育活动中"增强教育说服力感召力"[②]。《2018—2022年全国干部教育培训规划》中也要求"不断增强理论学习教育的吸引力感染力说服力"[③]。2018年5月,习近平在北京大学考察时勉励师生们认真开展新时代中国特色社会主义思想研究,"拿出更多有分量有说服力的研究成果"[④]。2019年3月,习近平在学校思想政治理论课教师座谈会上提出"八个相统一"的要求,突出强调要"以透彻的学理分析回应学生,以彻底的思想理论说服学生,用真理的强大力量引导学生"[⑤]。2023年3月,习近平要求各级党校特别是中央党校拓展研究阐释的深度和广度,用通俗易懂的语言将党的创新理论中的道理学理哲理"讲得令人信服"[⑥]。

综上所述,新时代增强思想政治教育说服力的实践要求,已经部

---

① 《中共中央国务院印发〈关于加强和改进新形势下高校思想政治工作的意见〉》,《人民日报》2017年2月28日第01版。

② 《经中央军委主席习近平批准 中央军委办公厅印发〈意见〉开展维护核心、听从指挥主题教育活动和推进"两学一做"学习教育常态化制度化》,《人民日报》2017年3月30日第01版。

③ 《中共中央印发〈2018—2022年全国干部教育培训规划〉》,《人民日报》2018年11月2日第05版。

④ 《习近平在北京大学考察时强调 抓住培养社会主义建设者和接班人根本任务 努力建设中国特色世界一流大学》,《人民日报》2018年5月3日第01版。

⑤ 《习近平主持召开学校思想政治理论课教师座谈会强调 用新时代中国特色社会主义思想铸魂育人 贯彻党的教育方针落实立德树人根本任务》,《人民日报》2019年3月19日第01版。

⑥ 习近平:《在中央党校建校90周年庆祝大会暨春季学期开学典礼上的讲话》,《求是》2023年第7期。

署到学校思想政治理论课教学、马克思主义理论研究、干部教育培训、军队思想政治工作等各个方面。切实推进新时代思想政治教育说服力建设，是摆在各级主管部门和思想政治教育工作者面前的一项重要课题。对理论界、教育界而言，目前亟待加强对思想政治教育说服力生成机理、现实境遇、建设理路等相关问题的研究。

（二）研究意义

1. 有助于加强思想政治教育基本问题研究

思想政治教育说服力是马克思主义思想政治教育理论和实践中的一个重大命题，其涉及教育者、受教育者、教育目标、教育内容、教育方法、教育环境等主要因素，反映思想政治教育的核心效能。长期以来，无论是在马克思列宁主义经典作家以及我们党和国家领导人的论述中，还是在广大思想政治教育工作者的话语中，"说服力"都是一个高频用词。但是，有关思想政治教育说服力的理论研究，却是一个明显的薄弱点。即便对此有所涉及的一些专家学者，也大多只是简单阐述，很少有系统深入的理论探究。本书尝试从理念溯源、基本结构、生成机理、现实境遇、建设理路等方面，对思想政治教育说服力进行系统研究。这有助于我们从受教育者接受和信服的终端视角，深入认识思想政治教育系统内外各要素的交互作用，进而更好地理解和把握思想政治教育规律。

2. 有助于破解思想政治教育实效性难题

思想政治教育承担着立德树人的重要使命，也是维护主流意识形态安全的重要防线。一直以来，党和国家高度重视思想政治教育，一再强调要加强和改进思想政治教育，并持续出台相关文件和各种举措。但是，由于各种主观和客观原因，思想政治教育工作中经常出现"事倍功半"甚至"吃力不讨好"的状况。在已有的理论研究和实践探索中，人们对思想政治教育实效性问题极为关注，也提出了很多有价值的思想观点。可以肯定的是，由于经济社会的动态发展、思想观念的多样易变和环境因素的复杂影响，思想政治教育实效性难题并不会在短期内完全破解。对思想政治教育而言，说服力是实效性的根基，说服力不强是实效性不强的根源。研究思想政治教育说服力的生成机理、现实境遇、建设理路等理论和实践问题，可以为新时代加强和改进思想政治教育、增强思想政治教育实效性提供新的思路和策略。

3. 有助于推进思想政治教育说服力建设

推进思想政治教育说服力建设，是新时代赋予思想政治教育者的重要使命。党的十八大以来，结合国内外形势的新变化、新挑战、新要求，习近平从牢牢掌握意识形态工作领导权管理权话语权的战略高度，对思想政治教育领域的相关工作，比如宣传思想工作、高校思想政治工作、学校思想政治理论课教学等作出一系列新论断新部署，党中央、国务院以及相关部门也出台一系列文件和举措，贯穿其中的一项重要目标和要求，就是要坚持守正创新、增强思想政治教育说服力。本书在理论探索的基础上，积极回应新时代现实要求，系统阐述思想政治教育说服力建设的内涵、原则和路径等。这将有助于各类思想政治教育者增强主体责任意识，进一步优化思想政治教育的"配方"和"工艺"，推动思想政治教育高质量发展，持续增强思想政治教育说服力，促进受教育者全面发展和对社会主导意识形态的真学真懂真信真用。

二 国内外相关研究综述

（一）研究史回顾

说服教育是思想政治教育的根本方法，在很大程度上，思想政治教育就是以培养和塑造社会成员思想品德为根本目标的一种说服教育活动。从广义上讲，有关思想政治教育说服力的早期研究成果，在我国可以追溯到先秦时期的道德教化思想和古典说服思想，在西方可以追溯到古希腊的古典说服思想。

早在殷周时期，中国的乡学、国学等官办学校就已经初成系统，以"礼"为主要内容的思想道德教育也趋于完善，周公等人提出了"明德慎罚"的教育思想。中国古代教育思想在中外教育思想史上具有重要地位，其中，孔子堪称世界上第一位教育家，《学记》堪称世界上第一部教育专著。[①] 在中国古代教育思想尤其是道德教化思想中，蕴含着一些有关思想政治教育说服力的思想理念。比如，以德化民、因材施教、言传身教、启发引导、循序渐进等[②]，实际上涉及思想政治教育的目标、内容、原则、主体、方法、规律等方面，至今仍有重要指导意义。

中国古典说服思想形成于春秋战国时期，散见于历代的经史子集等各种典籍之中。比如，《论语》《韩非子》《荀子》《战国策》《鬼谷子》《说苑》《史记》《资治通鉴》等论著中就包含深刻的说服道理和丰富的说谏案例。孔子重视说服教育者的能力和品德，他强调，"士"要具备良好的游说能力，能够"行己有耻，使于四方，不辱君命"[③]，又不能"巧言乱德"[④] 或"巧言令色"[⑤]。韩非子认为，谏说者要善于

[①] 知名教育学者朱永新先生指出，《学记》的成书时间至少比西方第一部教育专著《雄辩术原理》早300多年，在内容及影响方面也超过后者，"《学记》不愧是世界上第一部教育专著"。参见朱永新《中国古代教育思想史》第4版，中国人民大学出版社2012年版，第29—30页。

[②] 这部分内容详见本书第二章第一节。

[③] 《论语·子路》。

[④] 《论语·卫灵公》。

[⑤] 《论语·学而》。

洞察说服对象的内心喜恶，"凡说之难，在知所说之心，可以吾说当之""故谏说谈论之士，不可不察爱憎之主而后说焉"①。刘向在《说苑·正谏》中分析了不同类型的说谏方式，总结出正谏、降谏、忠谏、戆谏、讽谏"五谏"之说②。中国古典说服思想及案例大都属于政治游说的范畴，有学者结合现代传播理论，将中国古典说服范式概括为线性模式的"正言直谏"和迂回模式的"巧辞谲谏"两大类。③

西方古典说服思想主要源于古希腊的"修辞术"（Rhetoric）及其背后的理性思辨精神。古希腊学校设置修辞课程，以培养城邦民主所需要的修辞、演说、论辩等技能。古希腊人认为，演说或论辩的主旨，就是"用带有必然说服力的论证"来争取他人的"认同"④。亚里士多德是古希腊最早的修辞理论家，他将修辞术定义为"一种能够在任何情况下找到可能的说服手段的能力"。亚里士多德认为：说服的艺术性主要体现在说服者对论据的选择、对语言的挑选、组织说服行动、确定表达方式等方面；说服的成败主要取决于信源的可信度、对感情诉求的运用、对逻辑或理性诉求的运用等；如果说服建立在双方共同的信仰、价值观和兴趣爱好等共通点基础之上，那将是最有效的。⑤ 后来，古罗马的西塞罗概括了说服性演讲的五大要素，包括提出论据论点、对论据论点进行组织和设计、熟记并且流利地表达论据论点等。

---

① 《韩非子·说难》。
② "五谏"之说在《孔子家语》《白虎通》《后汉书》等典籍中也有或大同小异或差别甚大的表述。比如，《白虎通·谏诤》曰："人怀五常，故有五谏。谓讽谏、顺谏、窥谏、指谏、陷谏。"综合不同的"五谏"之说以及唐宋等不同时期衍生出来的其他谏法，除去重复，总计有十几种之多。
③ 马兰州：《中国古典说服传播范式及隐喻叙事研究》，天津古籍出版社2011年版，第5页。
④ ［古希腊］柏拉图：《智者》，商务印书馆2012年版，第94—95页。
⑤ 转引自［美］查尔斯·U.拉森《说服：如何聪明地说和听》第11版，董璐、周丽锦译，北京大学出版社2017年版，第12页。

总体而言，西方古典说服思想聚焦于信息的来源和组织，以及说服者如何掌握具有修辞色彩的言说技艺，这些也被视为决定说服力强弱的主要因素。在20世纪20年代以来的现代传播学理论中，西方古典说服思想得到了继承和发展。

从马克思主义思想政治教育史来看，有关思想政治教育说服力的思想观点，最早出自马克思撰写于1843年下半年、发表于1844年2月的《〈黑格尔法哲学批判〉导言》。在该文中，马克思提出"理论只要说服人，就能掌握群众；而理论只要彻底，就能说服人"①的重要论断，强调理论说服力是理论掌握群众的必要条件，而理论说服力又取决于理论彻底性。后来，马克思、恩格斯、列宁、毛泽东、邓小平等人在著作或讲话中多次提到，写文章、搞宣传或做思想政治工作要有"说服力"。在我国改革开放之后，将思想政治教育相关概念与"说服力"连用的表述开始出现在相关文件、讲话和论著之中。

从国内相关研究情况来看，直接涉及思想政治教育说服力的研究成果出现于20世纪80年代。1983年1月，《思想政治工作研究》杂志发表了《谈谈思想政治工作的战斗力、说服力和吸引力》一文，这是目前可以检索到的涉及思想政治教育说服力主题的最早的研究论文②。该文结合企业思想政治工作实践，提出以下主要观点：在思想政治工作中，说服力是关键，有充分的说服力，才能有吸引力和战斗力；要

---

① 《马克思恩格斯文集》第1卷，人民出版社2009年版，第11页。
② 20世纪50—60年代，《江苏教育》《江西教育》等基础教育类杂志曾经刊登过一些中小学教师撰写的有关学校思想政治教育或说服教育的小文章，其中有个别也涉及思想政治教育说服力的主题。比如，曾曙春、熊云采的《最有说服力的教材》(《江西教育》1962年第3期)，郑和浪的《用英雄人物教育学生最有说服力》(《江西教育》1963年第5期)。这些小文章大多只有几百字，主要内容是一些教育个案及心得体会，还不能算正式的研究论文。

使思想政治工作有战斗力、说服力和吸引力，教育内容要针对青年工人的思想实际，工作方法要适合青年工人的心理特点，还要注意摸索规律、讲究艺术、掌握时机。① 1983 年 5 月，《教学与研究》杂志从当年第 5 期起开辟专栏，刊发了张秀玉的《说服力来自科学地阐述科学的内容》等一系列来信来稿，集中探讨如何"提高马列主义理论课的战斗力、说服力、吸引力"②。此后，有关思想政治教育（或思想政治工作）说服力的研究论文陆续出现。1992 年 10 月，有论文首次专门论述"思想政治工作说服力"③。2001 年 12 月，有论文首次专门论述"思想政治教育（的）说服力"④。

到目前为止，尚未发现专门论述思想政治教育说服力的学术专著，但有些专著涉及说服教育等相关内容。仝云和李玉明合著的小册子《怎样进行说服教育》于 1961 年出版，这是笔者所见到的关于说服教育的最早的理论专著。该书约 6 万字，从"话是开心的钥匙""谁是历史的主人""用先进教育后进""用伟大的榜样教育青年"等 17 个方面简要阐述了群众工作和思想教育工作中有关说服教育的理论和方法问题。⑤ 1991 年，吕支东撰写的《说服人的艺术》一书出版，这是改革开放之后较早专门涉及思想政治教育说服方法的著作，由 21 篇文章组成。作者结合部队思想政治工作实践，总结了牵心拭目、春风化雨、引而不发、抽薪止沸等 10 种说服方法，并分析了谈话的艺术、古今故

---

① 无锡市缫丝一厂思想政治工作研究小组：《谈谈思想政治工作的战斗力、说服力和吸引力》，《思想政治工作研究》1983 年第 1 期。

② 编者：《为着提高马列主义理论课的战斗力、说服力、吸引力》，《教学与研究》1983 年第 5 期。

③ 沈道全：《严于人格形象自我塑造　增强思想政治工作说服力》，《交通企业管理》1992 年第 10 期。

④ 朱燕、陶舒亚：《转变观念、改善关系、拓展途径——论增强高校思想政治教育的说服力》，《浙江省政法管理干部学院学报》2001 年第 6 期。

⑤ 参见仝云、李玉明《怎样进行说服教育》，中国青年出版社 1961 年版。

事里的说服技巧、官兵心理及思想政治工作策略等相关问题。① 2000年，陈士发撰写的《说服教育的心理方略》一书出版，作者结合部队及学校思想政治教育的丰富实例，阐述了说服教育中的首因效应、期待效应、定势效应、同化效应等12种心理效应，以及自尊、角色、激情、气质、性格、非语言符号、背景语言等因素与说服教育的关系。② 这几种著作阐述了思想政治教育的根本方法——说服教育，对思想政治教育说服力研究具有一定的参考价值。

值得一提的是，沈壮海在其博士学位论文基础上修改而成的专著《思想政治教育有效性研究》③，有部分内容间接涉及思想政治教育说服力问题。沈壮海指出，思想政治教育的有效性，体现于人民群众对教育内容的接受，以及教育内容对人民群众的说服，因此，思想政治教育内容本身必须"具有强大的说服力"④。该书分析了思想政治教育要素、过程和结果的有效性问题，提出了增强思想政治教育有效性的基本对策，其中一些思想观点对思想政治教育说服力建设也有一定的启发意义。

（二）国内研究现状

目前，在思想政治教育领域可谓汗牛充栋的论著中，关于思想政治教育说服力的研究成果，无论是数量还是分量都比较有限。通过中国知网和国家图书馆等途径检索、分析可知，截至2023年10月，以"思想政治教育说服力"⑤ 为主题的研究成果主要有40多篇学术论文

---

① 参见吕支东《说服人的艺术》，白山出版社1991年版。
② 参见陈士发《说服教育的心理方略》，天津人民出版社2000年版。
③ 该书于2001年在武汉大学出版社首次出版，并于2008年和2016年分别推出第2版和第3版，在学界具有较大影响力。
④ 沈壮海：《思想政治教育有效性研究》第3版，武汉大学出版社2016年版，第166页。
⑤ 也包括"思想政治工作说服力""思想教育说服力""思想政治理论课说服力""思想政治教育内容说服力"等相近提法。

(不含某些缺乏学理性的心得体会、工作总结之类的小文章)和2篇硕士学位论文①，尚未发现有这方面的专著和博士学位论文（除了本书原文）。除此之外，还有一些只言片语的论述或观点散见于思想政治理论类的相关论著之中，需要认真爬梳。

1. 关于思想政治教育说服力内涵和意义的研究

在已有文献中，只有少数学者对思想政治教育说服力的概念或内涵作出明确界定，其主要观点可以概括为以下三类。一是"效应论"。马斌认为，思想政治工作说服力是"主导者在一定的思想和理论指导下，为实现疏导对象思想转化或升华而运用科学的方式、方法和准确、透彻、充分的理由使之心悦诚服的效应和效率"②。后来，王圣祯、肖廷芝等人提出与此大体相同的定义。③ 二是"合力论"。熊建生等人认为，思想政治教育内容的说服力是一种"系统合力"，包括教育内容对教育对象的影响力和感召力，也包括教育内容诸要素之间以及与教育主体之间相互作用所产生的各种说服力。④ 晁帅认为，思想政治教育说服力主要包括教育者的说服能力、参与教育过程的各种说服力量、教育实践活动的说服效力三个层面，"是真理、事实、人格、情感等力量要素的综合体"⑤。林倩指出，思想政治教育说服力包括教育者的说服

---

① 这2篇硕士学位论文分别是林倩的《自媒体时代思想政治教育说服力研究》（东北师范大学，2017年）、傅剑波的《增强思想政治工作说服力研究》（武汉大学，2006年）。
② 马斌：《论思想政治工作的说服力》，《南通工学院学报》（社会科学版）2003年第1期。
③ 参见王圣祯《关于增强新时期德育理论说服力的思考》，《教育探索》2005年第10期；肖廷芝、单维华《对增强新时期大学生思想政治教育理论说服力的思考》，《齐齐哈尔大学学报》（哲学社会科学版）2005年第5期。这两篇小论文都只有两页，三千字左右，主要内容和观点也比较接近。
④ 熊建生、张振华：《论思想政治教育内容说服力的结构形态》，《江汉论坛》2010年第7期。
⑤ 晁帅：《思想政治教育说服力刍议》，《长春理工大学学报》（社会科学版）2014年第1期。

能力、教育内容的说服力量和教育过程的说服效力。① 三是"反映论"。韩恭成认为,"思想政治工作的说服力,是政工干部的理论修养、思想觉悟、工作能力的综合反映"②。李磊提出,"思想政治工作的说服力,就是思想政治工作指导、动员和团结群众的感召力和凝聚力,是为群众所乐于接受、在群众中'入脑入心'的吸引力和生命力"③。"反映论"中的这两种表述并非严格意义上的内涵界定,而是比较笼统地将思想政治工作说服力与其影响因素或同类概念相提并论。

上述三类观点大多数都把思想政治教育(说服)效果作为思想政治教育说服力的衡量标准,但对说服力主体的认识存在差异。换言之,思想政治教育说服力到底来自教育者、教育内容、教育活动还是教育系统,不同专家学者理解的侧重点不同,其中有些表述还不够明确和严谨。

关于思想政治教育说服力的意义或作用,目前还缺乏系统论述,但有些学者对此做过简要分析。晁帅指出:"说服力之于思想政治教育的重要性不言而喻。"④ 张健认为:"增强思想政治教育的说服力是政治工作中的一个重要课题。"⑤ 洪雁等人从马克思主义大众化的视角,强调"理论的说服力是理论掌握群众、实现大众化的前提和基础",没有说服力的理论很难被群众接受,最终会被淘汰。⑥ 程吉生等人认为,理

---

① 林倩:《自媒体时代思想政治教育说服力研究》,硕士学位论文,东北师范大学,2017年。
② 韩恭成:《如何增强思想政治工作的说服力》,《中国铁道建筑报》2002年1月9日第03版。
③ 李磊:《邓小平论有说服力的思想政治工作》,《中南民族大学学报》(人文社会科学版)2003年第1期。
④ 晁帅:《思想政治教育说服力刍议》,《长春理工大学学报》(社会科学版)2014年第1期。
⑤ 张健:《增强思想政治教育的说服力》,《国防大学学报》2007年第2期。
⑥ 洪雁、胡丰顺:《理论说服力与马克思主义大众化》,《社会主义研究》2013年第1期。

想信念的建立必须以其"可信"和"确信"为前提，这就要求理想信念"内容必须具备很强的说服力"①。以上观点的具体论域和视角虽有不同，但都涉及思想政治教育说服力。可见，思想政治教育要有说服力才能被受教育者真正接受，才能实现预期效果，这是多数研究者的共识。

2. 关于思想政治教育说服力结构或要素的研究

论及思想政治教育说服力结构或要素的文献比较少见，最具代表性的是熊建生、林倩、晁帅等人的3篇论文。熊建生等人对思想政治教育内容说服力的结构形态作了比较深入的论述，他们提出：思想政治教育内容说服力是由基础的原生形态说服力、整合的次生形态说服力和最高的再生形态说服力组成的；根据教育内容的不同作用方式，原生形态的内容说服力又可以划分为五种类别：真理性说服力与人格性说服力、适应性说服力与超越性说服力、普遍性说服力与特殊性说服力、知识性说服力与思想性说服力、评价性说服力与规范性说服力。② 熊建生等人的分析颇具理论深度，但相对于整体性的思想政治教育说服力而言，该研究只针对内容说服力这一部分，还有很大的拓展空间。林倩提出，在自媒体时代，思想政治教育说服力的结构形态包括原生形态和衍生形态，原生形态包含真理性说服力、科学性说服力和人格性说服力三个维度，衍生形态包含交往性说服力和超越性说服力。③ 显然，林倩的观点与熊建生等人的观点有某些相通之处。晁帅认

---

① 程吉生、王舴：《如何增强理想信念教育的说服力感染力持久力——以中国井冈山干部学院为例》，《中国井冈山干部学院学报》2015年第2期。
② 熊建生、张振华：《论思想政治教育内容说服力的结构形态》，《江汉论坛》2010年第7期。
③ 林倩：《自媒体时代思想政治教育说服力研究》，硕士学位论文，东北师范大学，2017年。

为，思想政治教育说服力具有"合力"的特质，是真理、事实、人格、情感四个构成要素之间良性互动、组合协调的结果。① 晁帅着眼于教育内容、教育主体和教育对象三个主要层面，提出了思想政治教育说服力的四种构成要素，并强调各要素之间的互动与协调，这是另一种有代表性的、比较简明的分析思路。

另外一些学者也大致探讨了思想政治工作说服力的构成因素或影响因素，但有些表述还不够确切。余仰涛等人认为，从对外输出功能来看，思想政治工作说服力主要表现为理论说服力、政策说服力、实践说服力和事实说服力。② 马斌认为，思想政治工作说服力的构成因素有四个部分：作为主导性因素的思想政治工作者的素质及其智能；作为渗透性因素的理论观点的科学性和感召性；作为受动性因素的对象的情智状况；作为工具性因素的相关资料、环境、手段的效能。③ 这种表述在一定程度上是将影响因素当成了构成因素。张苗苗分析了思想政治教育中的四种说服要素——目标的一致性、教育者的可信性、说服信息的有效性、说服对象的能动性。④ 这些说服要素实际上也是思想政治教育说服力的主要影响因素。游景军等人认为，思想政治工作说服力是一个由内容、主体和中介三大要素组成的有机整体。⑤ 这种表述则是将思想政治工作的基本要素直接等同于思想政治工作说服力的构成因素。

---

① 晁帅：《思想政治教育说服力刍议》，《长春理工大学学报》（社会科学版）2014年第1期。
② 余仰涛、付晓敏：《发掘思想政治工作说服力之源泉》，《学校党建与思想教育》2001年第11期。
③ 马斌：《论思想政治工作的说服力》，《南通工学院学报》（社会科学版）2003年第1期。
④ 张苗苗：《思想政治教育说服机制论析》，《学校党建与思想教育》2013年第7期。
⑤ 游景军等：《谈思想政治工作说服力的构成要素》，《政工学刊》2004年第6期。

3. 关于思想政治教育说服力困境及其原因的研究

多数学者认为，改革开放以来我国思想政治教育不断加强和改进，从理论到实践都取得长足发展，但由于各种主客观因素的影响，我国思想政治教育在说服力、吸引力和实效性等方面仍然面临不少困境。殷玲玲指出，现实中的思想政治教育"面临着说服力减弱的问题"，讲了太多"理"，接受度却不高，甚至引起逆反心理。[①] 文雯认为，目前高校思想政治理论课教师在运用说理的基本方法对大学生进行思想政治教育时，还存在"说服力不强、感染力不够"等问题。[②] 田心铭认为，"说服力不够强是思政课教学中长期存在的一个带有普遍性的问题"[③]。苏玉波等人指出，高校思政课"以理服人"面临着新问题、新挑战，教学中存在着有理说不出、说不清、说不透、说不实等现象。[④] 曾学龙认为，理论说服力不足是当前部分高校思政课教学存在的最为突出的问题。[⑤] 张婧等人从博弈论的视角，分析了当前思想政治教育过程中存在的教师"教"与学生"不学"，教师要求"做"与学生"不做"的冲突，认为要说服受教育者接受、信服思想政治教育内容，"需要开展思想博弈"。[⑥] 李珍分析了新形势下我国加强意识形态说服力的紧迫性，认为我国物质文明建设成效突出，经济总量已

---

① 殷玲玲：《思想政治教育"以理服人"的现实思考》，《思想理论教育导刊》2018年第8期。
② 文雯：《思想政治理论课说理的三重向度》，《思想理论教育》2023年第2期。
③ 田心铭：《以彻底的思想理论说服学生——学习习近平〈思政课是落实立德树人根本任务的关键课程〉》，《马克思主义研究》2021年第1期。
④ 苏玉波、张胜军：《高校思想政治理论课以理服人面临的难题与提升路径》，《思想教育研究》2022年第3期。
⑤ 曾学龙：《关于增强高校思想政治理论课理论说服力的思考》，《思想理论教育导刊》2013年第8期。
⑥ 张婧、吴先伍：《博弈论视野下思想政治教育认同的生成逻辑》，《思想教育研究》2019年第11期。

跃居世界第二,但是,"中国道路、中国理论的说服力、影响力则亟待加强"①。田海舰认为,社会主义核心价值体系具有无可争辩的理论彻底性,但其理论说服力有待进一步呈现。②

关于思想政治教育说服力弱化或说服力不强的原因,学者们主要分析了以下几个方面。

一是社会环境的发展变化。杨奎松指出,改革开放以来,我国社会现实发生了巨大变化,传统的意识形态及其理论观念受到了极大的挑战,这也使得有些宣传丧失了说服力。③李征认为,当前国际局势风云变幻,中外各种思潮和文化相互激荡,意识形态领域的斗争尖锐复杂,在热点难点问题不断增多的情况下,思想政治教育面临极大的挑战,统一思想、凝聚力量的任务极其繁重。④张毅翔指出,新时代思想政治教育图景建构面临着接踵而来的新情况、新思潮、新困难、新挑战,导致"思想政治教育的说服力解释力不够"⑤。

二是教育过程的薄弱环节。殷玲玲认为,当前思想政治教育说服力减弱、难以"以理服人"的主要原因包括:政治主张和社会现实的落差导致理论的价值与可信度受到怀疑;教育者因理论水平欠缺讲不好真正的"理";教育方式过于简单或流于说教;等等。⑥王易认为,在多元文化背景下,硬性灌输的教育方式往往让马克思主义理论

---

① 李珍:《牢牢掌握意识形态工作主动权——学习习近平关于意识形态工作的重要论述》,《马克思主义研究》2017年第9期。
② 田海舰:《社会主义核心价值体系培育纲要》,人民出版社2012年版,第46页。
③ 杨奎松:《不断增强意识形态的说服力和吸引力》,《北京日报》2012年1月30日第18版。
④ 李征:《马克思恩格斯思想政治教育理论与实践研究》,北京大学出版社2011年版,第4页。
⑤ 张毅翔:《新时代思想政治教育图景:构设、挑战与方略》,《思想教育研究》2018年第10期。
⑥ 殷玲玲:《思想政治教育"以理服人"的现实思考》,《思想理论教育导刊》2018年第8期。

教育陷入尴尬境地，甚至产生负效果——"越是教育要求的，越是学生怀疑和反对的"①。蒲再明认为，高校思想政治理论教育说服力不强，是因为理论联系实际不紧密，理论教育缺乏针对性，不能激起学生的共鸣。② 李宪伦指出，部分思想政治教育者话语能力不强、话语水平不高，话语缺乏说服力和感染力，导致科学先进的理论"还不能完全令人信服"③。有学者分析了苏联和东欧国家社会主义建设的经验教训，认为这些国家的思想政治教育之所以失去说服力和吸引力，主要在于思想政治教育脱离实际，"只讲一些抽象的、空洞的理论"④。

三是教育对象的思想特点。张毅翔指出，新时代人们视野开阔、思维活跃、思想独立、价值多样，思想政治教育原有的某些话语体系与解释方式难以被人们接受。⑤ 还有一些学者认为，当代社会是一个迅速变化的社会，人们在认知上存在着不协调的状态，并倾向于选择消极躲避的态度⑥；受市场经济环境和多元价值观念的影响，当今的思想政治教育对象大多"崇尚自主"，抵制某些简单说教的教育形式。⑦ 以当代"95后""00后"大学生为例，他们具有明显的独立个性和自我

---

① 王易：《当前思想道德教育的特点、挑战和回应》，《人民论坛》2015年第2期。
② 蒲再明：《高校思想政治理论教育说服力研究》，《西南农业大学学报》（社会科学版）2011年第11期。
③ 李宪伦：《思想政治教育话语学与文本话语体系构建》，广西人民出版社2010年版，第4—6页。
④ 唐鸣、俞良早主编：《共产党执政与社会主义建设——原苏东国家工人阶级政党执政的历史经验》，人民出版社2008年版，第662页。
⑤ 张毅翔：《新时代思想政治教育图景：构设、挑战与方略》，《思想教育研究》2018年第10期。
⑥ 乔妮、贺金龙：《认知失调理论对增强思想政治教育说服力的方法启示》，《唐山师范学院学报》2012年第4期。
⑦ 殷玲玲：《思想政治教育"以理服人"的现实思考》，《思想理论教育导刊》2018年第8期。

意识,他们对思想政治教育内容的认同状况"深受自身成长经历与现实生活感知的影响"①。同时,一些大学生受功利主义思想影响,简单地以"是否有用"作为选择标准,对思想政治教育存在偏见,导致教师权威有所消解。②

4. 关于如何增强思想政治教育说服力的研究

关于如何增强思想政治教育说服力,专家学者们从不同角度提出了许多或宏观或微观的思路和对策,其主要观点或主张可以概括为以下四个方面。

一是加强理论支撑。沈壮海认为,要增强思想政治教育内容说服力,必须切实加强党的理论建设,大胆发展马克思主义,并始终坚持思想政治教育的鲜明性。③ 张健指出,思想政治教育说服力根源于科学理论的威力,要增强思想政治教育说服力,必须运用党的创新理论回答和解决现实思想问题。④ 李征强调,马克思主义要说服群众,必须能够继续解答当今时代和社会实践提出的各种问题,并不断丰富和发展自身。⑤ 洪雁等人分析了理论说服力对马克思主义大众化的重要意义,强调要不断推进马克思主义中国化,并探寻科学的说服方式。⑥ 张驰指出,提升马克思主义理论教育的说服力,就是要牢牢占据真理的制高

---

① 张瑜等:《当代大学生理想信念状况实证分析——基于9省市19所高校的调研》,《思想教育研究》2014年第8期。
② 蒋占峰、王瑶:《新时代思想政治理论课教师职业自信研究》,《思想教育研究》2018年第11期。
③ 沈壮海:《思想政治教育有效性研究》第3版,武汉大学出版社2016年版,第167、183页。
④ 张健:《增强思想政治教育的说服力》,《国防大学学报》2007年第2期。
⑤ 李征:《马克思恩格斯思想政治教育理论与实践研究》,北京大学出版社2011年版,第4页。
⑥ 洪雁、胡丰顺:《理论说服力与马克思主义大众化》,《社会主义研究》2013年第1期。

点，深入阐释马克思主义的科学性、人民性。①

二是把握教育规律。张世欣着眼于马克思主义人学的视角，强调只有抓住"人本身"这个思想政治教育理论建构和实践运行的"黄金法则"，深入理解和把握人的主题、人的需要、人的价值、人的生成等问题，并以"人的方式"施教，"才能实现理论的彻底性，才有教育的说服力"。② 黄济从学生主体性的角度，阐述了思想品德教育中的说服机制，提出要重视学生自己的体验和选择，不仅要向学生说明道理，还要向学生提供正负两方面的信息，使控制性的说服与选择性的说服有机结合起来。③ 杨威考察了思想政治教育发生的历程、规律和趋势，认为在当代市场经济条件下，"思想政治教育内容只有同广大人民群众的生活实际相结合才能增强说服力和感染力"④。有学者认为，要增强理论教育说服力，必须探索新形势下理论宣传工作的规律，做到以理服人，并充分体现马克思主义理论与人民群众根本利益的一致性。⑤ 殷玲玲主张从增强理论说服力和改进说服教育两方面着手，既要坚持马克思主义科学性和价值性的统一，又要适应教育对象和时代的需求。⑥ 肖贵清指出，高校思想政治理论课有着自身独特的规律，要在坚持正确导向和强化内容建设的前提下，不断探索教学手段和形式的改革创新，以提升教育教学的吸引力、感染力和说服力。⑦

---

① 张驰：《习近平关于高校马克思主义理论教育重要论述及时代价值》，《思想教育研究》2021年第10期。
② 张世欣：《思想政治教育的人学解读》，浙江大学出版社2017年版，第5页。
③ 黄济：《教育哲学通论》，山西教育出版社2014年版，第401页。
④ 杨威：《思想政治教育发生论》，中国社会科学出版社2009年版，第300页。
⑤ 唐鸣、俞良早主编：《共产党执政与社会主义建设——原苏东国家工人阶级政党执政的历史经验》，人民出版社2008年版，第657、662页。
⑥ 殷玲玲：《思想政治教育"以理服人"的现实思考》，《思想理论教育导刊》2018年第8期。
⑦ 肖贵清：《新时代高校思想政治理论课的守正与创新》，《思想教育研究》2019年第3期。

三是改进教育方法。有学者认为,在价值取向多样化的现实中,马克思主义价值观教育要讲求方法,注意贴近人民群众的生活和情感,"通过对社会现实的深刻剖析来增强理论的说服力"①。有学者指出,运用先进典型的感人事迹教育群众,比一般的讲道理"更具有说服力和号召力",因此,思想政治教育要注重典型示范,善于将抽象的理论具体化、形象化。②王运春等人认为,红色文化能够增强思想政治教育的理论说服力,教师可以将区域红色文化有针对性地引入思想政治教育课程。③梅黎明提出,干部教育培训要创新方式方法,尤其要注重讲故事、讲人物、讲党史、讲党性,"不断增强党性教育的说服力、感染力"。④朱铃指出,讲好思想政治理论课要注意具体问题具体分析,做到循循善诱、以理服人,"发挥理论联系实际的感染力、说服力"⑤。

四是加强队伍建设。沈壮海认为,要建设一支素质过硬的思想政治教育队伍,其中教育者理论素质的高低,直接关系到思想政治教育的说服力和有效性。⑥王炳林指出,思想政治理论课教师最重要的还是加强自身的专业素养、理论素养,提高理论说服力,并且真学真懂真信真用马克思主义理论,这样才能以理服人、以情感人。⑦田心铭指

---

① 罗国杰主编:《马克思主义价值观研究》,人民出版社2013年版,第286—287页。
② 张骥等:《马克思主义意识形态引领多样化社会思潮若干问题研究》,人民出版社2013年版,第296页。
③ 王运春、王飞:《红色文化为思政注入深厚力量》,《中国教育报》2020年5月28日第09版。
④ 梅黎明:《新知新觉:坚持不懈提高干部教育培训质量》,《人民日报》2019年4月18日第09版。
⑤ 朱铃:《坚定马克思主义信仰,认真讲好思政课》,《思想理论教育导刊》2021年第1期。
⑥ 沈壮海:《思想政治教育有效性研究》第3版,武汉大学出版社2016年版,第170—173页。
⑦ 王炳林:《党的历史与党的建设研究》,人民出版社2016年版,第449—450页。

出，增强说服力就要追问"为什么"，思想政治理论课教师要做到"以彻底的思想理论说服学生"，就要提高自身综合素质，练就"不怕问"的真本领，其中关键就在于"做学习和实践马克思主义的典范"。① 还有学者提出，要吸收其他哲学社会科学专家参与授课，以增强思想政治理论课的理论说服力。②

还有一些研究间接涉及思想政治教育说服力提升的问题。比如，谈志兴等人分析了有效说服教育的相关因素，认为实施有效的说服教育应当把握四个方面：分析受众态度形成改变的原因；提供令人信服的信源；选择适当的形式；抵制反宣传。③ 熊建生系统研究了思想政治教育内容的建构原则、结构体系、结构优化、有效接受等问题，其中也涉及思想政治教育内容说服力问题。④ 苏玉波等人分析了当前高校思政课存在的说理难题，提出要构建政治之理、学术之理、事实之理"三理贯通"的说理路径，不断提升以理服人的实效性。⑤ 邱仁富对思想政治教育话语问题进行了比较系统的研究，认为话语是否恰当、感人、理由充分，话语内容是否客观、真实，言说者是否实事求是，做到"言""信"一致等，"关系到思想政治教育话语的说服力"。⑥ 文雯探讨了高校思想政治理论课"如何说理"的问题，提出要着眼于情、理、人的三重向度，创设说理的情境和时机，把握说理的事实和逻辑，

---

① 田心铭：《以彻底的思想理论说服学生——学习习近平〈思政课是落实立德树人根本任务的关键课程〉》，《马克思主义研究》2021年第1期。

② 石书臣等：《主导论：多元文化背景下的高校德育主导性研究》，人民出版社2011年版，第225页。

③ 谈志兴、李永玲：《有效说服教育诸因素分析》，《军队政工理论研究》2002年第6期。

④ 熊建生：《思想政治教育内容结构论》，中国社会科学出版社2012年版。

⑤ 苏玉波、张胜军：《高校思想政治理论课以理服人面临的难题与提升路径》，《思想教育研究》2022年第3期。

⑥ 邱仁富：《思想政治教育话语论》，上海交通大学出版社2013年版，第194页。

激活说理对象的认识、情感和意志等主体要素，从而提升教师的说理水平和教学效果。① 这些相关研究及其部分观点对思想政治教育说服力建设也有一定的参考价值。

（三）国外研究概况

由于具体国情和话语体系的不同，与本课题相同的理论研究在国外很罕见。但是，国外也有不少理论研究直接或间接涉及说服力问题。具体而言，国外相关研究主要分布在传播学、心理学、营销学、伦理学、教育学等学科领域。其中，有关说服传播、道德教育等方面的一些研究成果及理论观点，对我们研究思想政治教育说服力问题也有借鉴意义。

1. 关于说服传播效果或说服力生成条件的研究

西方学者普遍认为，作为人类各种沟通中的一个重要特征，说服或说服传播可谓"无处不在"②。现代说服传播研究始于20世纪20年代，主要研究各种说服传播活动是否有效，或者比较不同传播方式的效果差异。比如，1925年，伦德通过实证研究发现，当同一话题的两面之词先后呈现时，大多数受众的态度倾向于首次传播内容所支持的观点，这种倾向被伦德归结为说服的"首因效应"③。当然，后来也有一些研究得出不同甚至相反的结论，即支持"近因效应"。

作为传播学的重要奠基人，拉斯维尔在1927年出版的《世界大战中的宣传技巧》一书中，分析了第一次世界大战时欧美主要交战国所采用的各种宣传技巧。拉斯维尔认为：宣传是有目的地传播思想，但

---

① 文雯：《思想政治理论课说理的三重向度》，《思想理论教育》2023年第2期。
② ［美］罗伯特·H. 加斯、约翰·S. 赛特：《说服心理学：社会影响与依从》第5版，王晓波译，中国轻工业出版社2019年版，第5页。
③ Lund, F. H., "The Psychology of Belief Ⅳ: The Law of Primacy in Persuasion", *Journal of Abnormal Soccial Psychology*, Vol. 20, No. 1, 1925, pp. 183–191.

并非任何宣传都能无条件地取得成效;由于受到整个国家及其每个群体的传统偏见等各种因素的影响,"成功的宣传有赖于在适宜的条件下对各种方法的巧妙运用"①。1948年,拉斯维尔在论文《社会传播的结构与功能》中,解析了传播过程的五个基本因素,提出了著名的"5W"传播模式:谁(who)、什么内容(what)、什么渠道(which channel)、对谁(to whom)、什么效果(what effect)。其中效果因素是人们衡量宣传、说服等传播行为说服力的核心指标。

卡尔·霍夫兰是说服传播研究的重要开拓者。霍夫兰在第二次世界大战期间主持了由美国军方委托的关于说服传播与态度改变的实验项目,进而指导美军的思想训练计划。1946—1961年,他又在耶鲁大学主持了具有广泛影响的"传播与态度改变耶鲁项目"(Yale Communication and Attitude Change Program),完成了数十项实验,用实验心理学方法揭示了说服传播效果形成的复杂条件,有力地否定了先前流行的"子弹论"传播效果观。霍夫兰建构的说服导致受众态度变化的变量体系,主要包括传播者(可信度、传播意图、受众对传播者的依赖度)、传播内容(动机诉求、说服性观点的组织方式)、受众(群体一致性动机、可说服度的个人差异)、反应因素(新观点的显性表达、观点改变的持久性)。②

霍夫兰团队开创的说服模型框架(变量体系)对后续研究者产生了很大的影响。在此基础上,一些研究者进一步深化和拓展对信源、信息、受众及受众态度变化效应的研究。比如,加斯等人着重考察了影响说服效果的四种要素:说服者、说服内容、说服渠道和说服对象,

---

① [美]哈罗德·D. 拉斯韦尔:《世界大战中的宣传技巧》,张洁、田青译,中国人民大学出版社2003年版,第155页。

② [美]卡尔·霍夫兰等:《传播与劝服:关于态度转变的心理学研究》,张建中等译,中国人民大学出版社2015年版,第216—226页。

并对这四种要素的相关特征与说服效果进行了对应分析。① 拉森详细论述了产生说服力的各种前提条件，包括需求、情绪、态度和一致性等心理前提条件，证据、推理等内容前提条件，文化模式、价值体系等文化前提条件，以及说服中的非语言符号等。②

当代西方说服传播研究涉及理论和实践等多个层面，一般或多或少都会涉及效果或说服力问题，学者们也提出了许多各有特色的观点。拉森认为，说服是"由信源和信宿共同创造（Co-Creation）出一种身份认同的状态的过程"，如果说服者能够顺应于接收者所处的环境、文化以及情绪和动机等，说服活动就容易取得成功。③ 罗素·葛兰杰阐述了成功说服的基本过程，强调友谊、权威、一致性、互惠、对比、理由、希望七大重要触媒是产生说服力的关键。④ 凯文·霍根对说服过程做了心理学分析，总结并讨论了能够增强说服力与影响力的九个说服规律：互惠规律、对比规律、友谊规律、期望规律、关联规律、一致规律、稀缺规律、从众规律、权利规律。⑤ 马克·安德鲁斯等人基于系统需求、社会需求和自我需求等人类最基本的三种需求，分析了广告中的承认拒绝、自我说服、角色转换、瞬时吸引、草根营销、担保、幽默、投射等33种心理影响技术，揭示了广告影响消费者的隐性说服力。⑥

---

① [美] 罗伯特·H. 加斯、约翰·S. 赛特：《说服心理学：社会影响与依从》第5版，王晓波译，中国轻工业出版社2019年版，第228—248页。
② [美] 查尔斯·U. 拉森：《说服：如何聪明地说和听》第11版，董璐、周丽锦译，北京大学出版社2017年版，第147—242页。
③ [美] 查尔斯·U. 拉森：《说服：如何聪明地说和听》第11版，董璐、周丽锦译，北京大学出版社2017年版，第13—14页。
④ [美] 罗素·葛兰杰：《说服力决定成败》，张如玉译，东方出版社2009年版，第58页。
⑤ [美] 凯文·霍根：《说服心理学：如何影响他人按你的方式思考》，邱宏译，天津社会科学院出版社2010年版，第43页。
⑥ 参见 [德] 马克·安德鲁斯、[荷] 马泰斯·范·莱文《隐性说服力：广告中的33种心理影响技术》，宋一辰译，中国轻工业出版社2018年版。

还有一些学者研究了说服传播中的话语策略。弗兰克·伦茨结合政治、经济等领域的大量实例，探讨了有效说服他人的话语策略，提出了有效沟通的十大法则：简明性、简洁性、可信性、一致性、新颖性、音韵与结构、言有所冀、视觉化、提问、语境。① 科思纳从演说及口才训练的角度，分析了说服的相关原理、机制和策略，包括如何运用吸引、比较、遵从、互惠、权威、一致、短缺七大信号来增加说服力。② 伊恩·卡拉瑟斯分析了故事在人际沟通中的独特作用——"引导而不是说教"，并结合一些形象生动的职场故事和生活故事，阐述了吸引和说服他人的法则。卡拉瑟斯指出，故事是吸引和说服他人的捷径，"历史上最有说服力的人物都是讲故事的高手"③。托马斯·卡斯卡特等人分析了美国政客们花言巧语背后的语言策略，揭示了他们通过语言把戏、人身攻击、非形式谬误、形式谬误、捏造等方式来误导、说服民众的话语技巧。④

关于说服效果或说服力产生的机制，上述某些研究也有所涉及，但对此专门阐释并且最受关注的是"双重过程理论"（Dual-Process Theroies）。1986 年，社会心理学家理查德·佩蒂和约翰·卡西奥普在《实验社会心理学进展》上发表论文，系统阐述了说服的"精细加工可能性模型"（Elaboration Likelihood Model，ELM），构建了一个描述说服传播效果产生过程的普适性框架。ELM 说服模型将说服引发受众态度

---

① ［美］弗兰克·伦茨：《说话的力量：有效说服他人的策略与技巧》，王晓鹏译，中信出版社 2017 年版，第 40 页。
② 参见［美］科思纳《说服力：如何巧妙且有逻辑地说服他人》，江华编译，民主与建设出版社 2016 年版。
③ ［英］伊恩·卡拉瑟斯：《说服力》，曹建华译，中国人民大学出版社 2007 年版，第 9 页。
④ ［美］托马斯·卡斯卡特、丹尼尔·克莱茵：《说服的力量：美国政治家的语言技巧》，肖海、苏德超译，重庆大学出版社 2010 年版。

改变的路径分为两种：中心路径（Central Route）、边缘路径（Peripheral Route）。中心路径是指说服效果基于信息接收者（受众）对所接收的核心信息进行精细加工（Elaboration），这是一个需要深思熟虑的、较为缓慢的信息处理模式。边缘路径是指信息接收者（受众）并未精细思考信息内容，其态度改变是被说服情境中的某些简单线索（比如，信息来源、个人偏好等）所引发的。在一系列实证研究的基础上，ELM 说服模型还提出以下结论：相对于边缘路径而言，经由中心路径所产生的说服效果更为持久，而且对包含相反态度的资讯更有抵制力；两种路径的影响是同时存在的，并呈现此消彼长的逆向关系，即当人们通过中心路径进行精细加工时，边缘路径的影响就变小，反之亦然。① ELM 说服模型提出后受到理论界的广泛关注，并得到广告、营销等领域相关研究成果的印证。比如，一些实证研究表明，在传播相同信息时，政府公告比公司声明更有说服力，印刷媒体比声音媒体更有说服力；② 消费者对采取积极行动的公司拥有更多的信任和同情。③

20 世纪末，雪莉·切肯和雅科夫·特鲁珀提出了启发—系统模式（Heuristic - Systematic Model，HSM）。HSM 模式认为在信息处理过程中存在系统化处理路径（Systematic Processing Route）和启发式处理路径（Heuristic Processing Route）。前者是以高水平的系统化推理努力为基础的、缓慢的、按照规则进行的处理方式，后者是以低水平的启发努力为基础的、快速的、联想式的处理方式，两者各自独立又可以同向运行。HSM 模式与 ELM 模式颇为相似，因此，切肯和特鲁珀将这两种

---

① Richard. E. Petty & John. T. Cacioppo, "The Elaboration Likelihood Model of Persuasion", *Advances in Experimental Social Psychology*, Vol. 19, 1986, pp. 123 – 205.

② Jolly Momen, "Product Recall Communications, the Effects of Source, Media, and Social Responsibility Information", *Advances in Consumer Research*, Vol. 12, No. 1, 1985, pp. 471 – 475.

③ Stockmyer J., "Brands in Crisis: Consumer Help for Deserving Victims", *Advances in Consumer Research*, Vol. 23, No. 1, 1996, pp. 429 – 435.

模式都归入双重过程理论。①

2. 关于道德教育说服力或实效性的研究

在西方国家，承担思想政治教育职能的工作一般被称为道德教育、公民教育、品格教育等。其中，道德教育是一个普遍使用的概念，可以视为西方思想政治教育活动的代名词。西方道德教育研究的理论积淀十分深厚，主要涉及道德教育的目标、内容、方法、规律等，其中也蕴含着不少有关道德教育说服力和实效性的理论思考。

美国哲学家、教育家约翰·杜威是实用主义德育理论的主要代表人物，他将道德教育视为教育的最高和最终目的。杜威认为，在民主主义社会，教育的目的是"养成配做社会的良好分子的公民"②。在德育方法上，杜威提倡教育即生活、教育即生长、教育即经验改造等基本理念，反对传统德育脱离社会现实和儿童天性、直接灌输道德观念的方法；他认为德育过程应是社会生活与人性发展的统一，学校要为学生参与社会生活创造适宜的环境和条件，多采用探究式讨论、活动式训练的方法，让学生在实际活动中不断改造已有的经验并获得新的经验，从而在知行统一的经验中培育道德。实用主义德育理论在20世纪的西方国家乃至世界范围都有重要影响，但是，它在反对教条主义的同时却陷入了经验主义，因而也受到某些质疑和批评。

20世纪60—80年代，价值澄清（Values Clarification）理论在美国十分流行。该理论的开创者路易斯·拉思斯认为，现代生活的快节奏、复杂性，以及由此引发的各种价值混乱现象，导致很多儿童变得冷漠、困惑和失去理性；传统价值观教育所常用的方法，都是以某种灌输、

---

① Chaiken, S. & Trope, Y., eds., *Dual Process Theries in Social Psychology*, New York: Guilford Press., 1999, p. ix.

② 康桥主编：《杜威：教育即生活》，上海辞书出版社2014年版，第30、43页。

说服或强加的方式传授预先确定的价值，这些方法排斥人的自由探究、理性思考以及与复杂环境的交互作用，难以产生深沉的信仰，"未曾也未能通往我们所关注的价值"①。价值澄清理论的核心内容是包含选择、珍爱、行动三个阶段以及从自由选择到以某种生活方式重复行动等七个步骤的价值定义标准和价值澄清方法。价值澄清理论建议采用的价值观教育新方法，就是鼓励、引导和帮助儿童完成以上三个阶段七个步骤，以培养出基于自由选择、理性思考并付诸持续行动的"最合适的价值观"②。价值澄清理论体现出浓厚的人本主义和建构主义色彩，有助于克服硬性灌输式道德教育方法的某些弊端。但是，价值澄清理论片面强调诱导而反对灌输，对学生过于放任自由，容易陷入道德相对主义；某些指导策略和步骤过于琐细，也难免束缚教育者的创造性。③ 作为价值澄清理论创立者之一的霍华德·柯申鲍姆，后来也意识到价值澄清理论的缺陷，认为价值观教育方法应当更加综合化，他本人也转变为20世纪90年代以来流行的品格教育（明确反对价值澄清）的积极参与者。④

美国学者劳伦斯·柯尔伯格通过实证研究，提出了广为人知的道德发展阶段理论。柯尔伯格将儿童道德发展划分为前习俗水平、习俗水平、后习俗水平三种水平，以及从最低的以服从与惩罚为定向到最高的以普遍伦理准则为定向等六个阶段。基于道德发展阶段理论，柯尔伯格强调，传统道德教育方法采用远远超出特定儿童发展水平的抽

---

① [美]路易斯·拉思斯：《价值与教学》，谭松贤译，浙江教育出版社2003年版，第40—41页。
② [美]路易斯·拉思斯：《价值与教学》，谭松贤译，浙江教育出版社2003年版，第37—38页。
③ 袁桂林：《当代西方道德教育理论》，福建教育出版社2005年版，第126页。
④ 参见霍华德·柯申鲍姆《从价值澄清到品格教育：个人的历程》，郭冰译，《中国德育》2009年第10期。

象说理，或者诉诸惩罚和谨慎措施来灌输成年人主张的"正确答案"和美德，这样缺乏说服力，也难以奏效；新的、正确的方法应当是了解儿童当前道德发展的水平和阶段，唤起儿童的道德冲突和意见不一，再向儿童揭示高一个阶段的道德思维方式。① 在道德教育理念上，柯尔伯格既反对传统的硬性灌输，又反对价值澄清模式的放任自流。但是，他从道德认知的心理学研究直接推论道德教育的目的与方法，并将"公正"作为道德判断和道德教育的根本准则，也遭到一些人的批评。

20世纪60—70年代，英国学校道德教育课程设计委员会专家皮特·麦克菲尔提出了以体谅关心为情感主线的学校德育理论，也称为体谅德育模式。麦克菲尔通过调查发现，对青少年来说，压制式、支配式的道德教育缺乏说服力，甚至容易引起他们的反感，他们更喜欢体谅式、关心式的道德教育。麦克菲尔指出，青少年与成年人的关系对道德教育成效有至关重要的影响，学生只有体验到自己被关心而不是被教育时才会产生道德共鸣。②

20世纪80年代以来，一批学者开始反思并试图超越柯尔伯格的道德发展阶段理论。美国学者卡罗尔·吉利根和内尔·诺丁斯认为，柯尔伯格的道德理论注重道德认知而忽视道德情感，存在明显偏颇，她们不约而同地从女性主义立场提出了以关怀为核心的道德教育理论。吉利根倾听和研究了女性的道德体验，认为关怀（Care）与公正（Justice）在人类关系中具有同等重要的地位，必须加强与关怀要求相适应的教育和训练。③ 21世纪初，诺丁斯进一步研究了整个教育领域的关

---

① ［美］柯尔伯格：《道德教育的哲学》，魏贤超、柯森等译，浙江教育出版社2000年版，第20—23页。
② 陈立思主编：《比较思想政治教育》第2版，中国人民大学出版社2018年版，第63页。
③ 参见朱晓宏《超越柯尔伯格：美国当代道德教育理论的变革》，《比较教育研究》2010年第1期。

怀缺失问题，主张教育要突出对学生幸福的关怀——"好的教育应该有利于孩子个人和集体的幸福"①。此外，诺丁斯还特别推崇以对话尤其是日常对话的方式进行道德教育。②显然，在关怀教育理论视野中，关怀是人的基本需要，只有重视对受教育者进行情感关怀和日常对话，道德教育才会更有说服力和实效性。

在西方国家，无论是道德教育理论，还是公民教育思想③，都呈现出"百家争鸣"的发展态势。这些思想流派看似异彩纷呈，实质上都以培养资本主义社会所需要的合格公民为根本目标，不同思想观点之间也具有某种张力，形成互动互补的局面。各国的道德教育或公民教育实践，大多也都融合吸收了社会各界的基本共识。以美国为例，20世纪90年代以来，品格教育的兴起就是在面临现代性乃至后现代性伦理困境的时代背景下，"美国道德教育向一种更加具有综合性的培养完整学生的传统教育方法的回归"④。2003年，56名顶尖专家在美国纽约共同发布了一份很有影响力的报告——《学校的公民教育使命》⑤，其中也吸纳了关于公民教育的不同思想理念，呈现出多元复合的特征，以求增强公民教育的说服力和适应性。

---

① Nel Noddings, *Happiness and Education*, Cambridge: Cambridge University Press., 2003, p. 1.

② [美]内尔·诺丁斯：《培养有道德的人：从品格教育到关怀伦理》，汪菊译，教育科学出版社2017年版，第148页。

③ 近代以来，公民教育在西方国家重新崛起，关于公民教育的各种思想流派也纷纷涌现。其中，有代表性的公民教育思想包括自由主义、共和主义、社群主义和多元主义等流派。不同的公民教育思想源于不同的思想政治主张，其关注的焦点是，什么样的公民教育目标及内容才是最具正当性和说服力的。

④ 谢狂飞：《美国品格教育研究》，博士学位论文，复旦大学，2012年。

⑤ Patrick J., *The Civic Mission of Schools: Key Ideas in a Research-Based Report on Civic Education in the United States*, New York: Carnegie Corporation of New York and Center for Information and Research on Civic Learning and Engagement, 2003.

（四）国内外研究评析

国内理论界对思想政治教育说服力问题已有较多的关注。相关研究涉及思想政治教育说服力的内涵、意义、结构（要素）、现状、问题及对策等各个方面，提出了不少有见地、有价值的思想观点，这些可以为本书提供参考和借鉴。但是，目前相关研究也存在一些不足，这也为本书留下了进一步开拓的空间。概括而言，国内相关研究主要有以下三个方面的不足之处。

1. 专题研究相对薄弱

在思想政治教育领域的各类文献中，有关思想政治教育说服力的提法并不少见，但多数情况下只是寥寥数语或顺带提及。专题研究思想政治教育说服力的成果数量不多，高水平成果更少，而且至今未见有书名或篇名中包含"说服力"这个关键词的思想政治教育方面的专著和博士学位论文（除了本文原文）。少数发表于核心期刊或大学学报的专题研究论文有一定分量，但其他部分成果从篇幅到内容大多显得比较单薄，而且存在某些低水平重复的现象。与思想政治教育说服力这个提法的较高使用频率相比，目前理论研究的热度和深度明显不够，而且近年来还有进一步下降的趋势。

2. 研究内容存在短板

在思想政治教育说服力的概念或内涵方面，目前只有少数几位学者做过相应的界定或分析，但从总体上来看，这几种界定大多还不够明确和严谨。在思想政治教育说服力的理论渊源、基本特征、价值意蕴、生成机理、变化方向、建设规律等方面，目前更缺乏研究。这些亟待开拓的重要论域，事关思想政治教育说服力研究的基础和深度。在思想政治教育说服力的现状、问题及对策等方面，不少思想政治教育类的论著都有所涉及，但多数研究只是在论述思想政治教育实效性等问题时顺带提到，或者与其他思想理论问题杂糅在一起，缺乏专门深入的分析。因此，相关研究及一些对策思考对我们具有启发意义，但与思想政治教育说服力提升等方面直接相关、精准对应的理论观点还不够丰富。

3. 研究方法比较单一

以思想政治教育说服力为主题的研究成果本身并不太多，而且基本上都采用定性的、思辨的研究方法，侧重于现象分析、理论阐释或经验总结，这也是国内思想政治教育领域最常用的研究方法。只有少数并非直接论述思想政治教育说服力问题的相关研究成果采用实证研究方法，或引用其他学者和机构的调查资料。另外，采用历史研究、个案研究、比较研究、实验研究等方法的文献也十分罕见。

国外关于说服力问题的相关研究涉及传播学、心理学、教育学等众多学科领域，研究历史比较悠久，研究方法比较多样，研究成果比较丰硕。尤其是说服传播和道德教育领域的某些经典研究成果，其研究范式和理论观点对本书具有参考价值。但是，国外直接涉及思想政治教育（比如，公民教育、道德教育等）说服力的研究成果并不多，许多思想观点也是散见于相关领域的一些研究成果中。而且，由于东西方文化和制度的不同，国外相关理论成果并不能直接套用于我国的思想政治教育说服力研究。也就是说，在梳理和面对国外相关研究成果时，我们既要本着开放包容、"洋为中用"的原则，善于学习和借鉴，又要本着实事求是、辨析批判的精神，不能迷信和照搬。

三 研究思路与研究方法

（一）研究思路

本书以思想政治教育说服力为研究对象，立足思想政治教育的现象和本质、历史和现实,遵循从理论到实践、从问题到策略的基本思路,系统研究思想政治教育说服力的基本内涵、理念渊源、生成机理、现实境遇和建设理路等。其中,对基本内涵的解析主要在于廓清研究对象的"事质领域",阐明思想政治教育说服力的概念、结构、特征、价值等学理问题,这是本书的基础性工作;对理念渊源的追溯主要在于开阔理论视野,以便从古今中外的经典思想观点中汲取理论养分,强化本书的理论基础和理论依据;对生成机理的探究主要在于揭示思想政治教育说服力生成、通达、变化的条件、过程和规律,着力填补目前本研究领域的薄弱点乃至空白点;对现实境遇的研判主要在于观照现状、挑战和问题,以便理论联系实际、聚焦现实问题;对建设理路的探索主要在于解决策略问题,用以指导新时代思想政治教育说服力建设的具体实践,这是本书的最终落脚点。

本书的预期目标,是在吸收借鉴相关思想理论成果的基础上,构建思想政治教育说服力研究的理论框架,阐明上述主要论题,并提出一些理论创见,为新时代我国思想政治教育说服力建设提供必要参考。

(二) 研究方法

本书以马克思主义理论为指导,在根本方法上,坚持历史与逻辑相统一、事实与价值相统一、理论与实践相统一等原则方法。在具体方法上,主要采用以下几种研究方法。

1. 文献研究法

本书围绕"思想政治教育"和"说服力"这两个主题词,扩展到"思想政治工作""说服""信服""认同"等相关主题词,从不同学科视角广泛搜集各种经典著作、学术著作、学术论文、报刊资料等相关文献,并借助中国知网、中国共产党思想理论资源数据库、中国国家图书馆网站等各种网络途径，进行更全面的文献检索。在此基础上，对国内外相关文献进行深入系统的梳理和研究，全面掌握本研究领域的学术历史和新近动态，综合评述并吸收借鉴有价值的思想观点，进而建构和完善本书的理论框架。

2. 系统研究法

思想政治教育是一个由多种要素构成并与社会环境深度交融的复杂系统，思想政治教育说服力的生成和变化，同样离不开思想政治教育系统内外各要素的交互作用。本书将思想政治教育说服力视为一个集成性、流变性的影响力系统，对其结构、特征、价值、生成、通达、流变以及现状、问题、原因、对策等相关方面进行全过程、全方位的系统分析，遵循从要素到功能、从内因到外因、从抽象到具体、从理论到实践的逻辑进路，构建比较系统的理论框架，探索切实可行的实践路径。

3. 跨学科研究法

在坚守马克思主义理论一级学科和思想政治教育二级学科属性的同时，本书还从教育学、传播学、心理学、政治学、管理学等跨学科视角，合理借鉴相关学科的基本理论和科学方法，对思想政治教育说服力相关问题进行比较全面深入的研究。比如，借鉴教育学等学科知识，对思想政治教育说服力的基本结构等进行分析；借鉴传播学、心理学等学科知识，对思想政治教育信息传播过程、受教育者接受心理等进行分析；借鉴政治学等学科知识，对执政党和政府的政治权威及公信力等进行分析。

除了以上三种具体方法，本书还局部采用历史研究法、个案研究法、比较研究法等。即对中外思想政治教育的相关历史进行简要梳理，对有代表性的思想政治教育事例进行具体分析，对中外思想政治教育理论和实践进行适度比较等。

四　内容框架与创新之处

（一）内容框架

本书涉及的一些基础性工作，比如，选题分析、文献综述等方面，体现在绪论之中。除此之外，本书的主要内容分成五章来呈现。各章基本内容如下。

第一章，阐释思想政治教育说服力的基本内涵。梳理并界定思想政治教育说服力的概念，辨析其与思想政治教育有效性等几个相关概念的联系和区别，进而阐述思想政治教育说服力的结构、特征、价值等基本问题。

第二章，追溯思想政治教育说服力的理念渊源。对中国传统教育思想、马克思列宁主义理论、中国化马克思主义理论中与思想政治教育说服力相关的重要理念进行系统梳理，充分挖掘思想政治教育说服力研究的理论资源。

第三章，探究思想政治教育说服力的生成机理。从内生条件、通达机理、变化方向三个方面，阐述思想政治教育说服力生成、发展的基本过程和内在规律，开辟思想政治教育说服力研究的理论进路。

第四章，分析思想政治教育说服力的现实境遇。结合新时代背景、国内外形势和民众思想特点等，研判新时代我国思想政治教育说服力现状，找准现实中需要着力化解的思想政治教育说服力遮蔽、流失、消解等短板问题。

第五章，探讨思想政治教育说服力的建设理路。在前述理论研究和现实观照的基础上，提出思想政治教育说服力建设这个新课题，探讨新时代我国思想政治教育说服力建设的内涵、原则、条件、路径等问题，提出具体的思路和对策。

（二）创新之处

1. 研究视角有创新

近年来，思想政治教育理论研究在不断拓展和深化的同时，某些研究视角也逐渐呈现出类似"解剖麻雀"般的细化和窄化倾向。在一定程度上，这与当前思想政治教育作为治国理政重要方式的宏观定位和宏大实践产生了某种距离感。因此，包括沈壮海、白显良在内的一批中青年学者倡导构建"宏观思想政治教育学"及其理论[①]，以解决"理论的微观性与实践的丰宏性之间的矛盾"[②]。本书从中国共产党治国理政、牢牢掌握意识形态工作领导权和话语权的战略高度，着眼于思想政治教育内部系统及外部环境，以整体性视角研究思想政治教育说服力的理念渊源、生成机理、现实境遇、建设路径等理论和实践问题，既有宏观视野，又有微观切入，实现了研究视角的整合创新。

2. 研究内容有创新

思想政治教育说服力是颇受各界关注却亟待深化研究的重要课题，至今未发现有除本书之外的专门的著作和博士学位论文。本书聚焦思想政治教育说服力问题，采用文献研究、系统研究、跨学科研究等具体方法，深入研究思想政治教育说服力的基本内涵、理念渊源、生成机理、现实境遇、建设理路等，构建了一个逻辑严谨、脉络明晰的研究框架。其中关于思想政治教育说服力的特征、价值、理念渊源、生成机理、现实问题等方面的研究，是目前理论界很少关注或尚未系统研究的内容，具有一定的开拓性。

---

① 白显良：《宏观思想政治教育学理论奠立的几重视野》，《思想理论教育》2022 年第 3 期。

② 沈壮海：《宏观思想政治教育学初论》，《思想理论教育导刊》2011 年第 12 期。

3. 主要观点有创新

本书在系统梳理和合理借鉴各种理论观点的基础上，对思想政治教育说服力的理论和实践问题进行了比较全面深入的研究和阐述，提出了一些新观点、新思路。比如，提出思想政治教育说服力是思想政治教育实效性的根基；提出思想政治教育说服力通达受教育者的作用机理包括理论感召、情感共鸣、利益关联、环境影响等；提出新时代思想政治教育说服力存在遮蔽、流失、消解等现实问题；提出思想政治教育说服力建设的新命题及其实施的原则、路径和策略等，具有较强的创新性。

第一章

思想政治教育说服力的学理阐释

概念是理论思维的基本工具，也是学科知识的重要节点。对理论研究而言，基本概念的界定和阐释是一项基础性工作。海德格尔指出，基本概念的发展水平反映了一门科学的发展水平，而要阐明基本概念，必须"先行对事质领域本身作一番透彻研究"。① 本书的核心概念和研究对象是思想政治教育说服力，所有的理论建构和实践探索都围绕这个主题展开。因此，我们首先需要阐释思想政治教育说服力的内涵、结构、特征、价值等基本问题，以便更加全面深入地理解思想政治教育说服力这个基本概念及其指称的事物。在目前还比较有限的相关研究中，这些基本问题也是有待进一步探究的。

第一节 思想政治教育说服力的概念解析

使用确切的、没有歧义的概念或术语是科学方法论的必然要求。

---

① ［德］马丁·海德格尔：《存在与时间》，陈嘉映、王庆节译，生活·读书·新知三联书店1987年版，第13页。

第一章 思想政治教育说服力的学理阐释

由于"思想政治教育"和"说服力"都是常用词语，因而多数研究者将思想政治教育说服力视为不言自明的概念，并未加以深入解析。目前，只有少数学者对思想政治教育说服力作出相对明确的界定，主要观点可以概括为"效应论""合力论""反映论"三种类型，详见本书绪论部分。关于思想政治教育说服力的内涵，学者们理解或阐述的侧重点各异，整体表述还不够明确和严谨，有必要进一步厘清。另外，对思想政治教育说服力与思想政治教育有效性（实效性）等相关概念的联系和区别，也有必要稍加辨析。

一 说服和说服力

说服教育是思想政治教育的根本方法，"对人们进行思想政治教育的过程，就是一种不断说服人们的过程"①。在我国，"说服"一词出自《礼记·学记》中的"近者说服，而远者怀之"，在这里，"说服"通"悦服"，是心悦诚服的意思。在现代语境中，说服是一个动词，包含主体"说"的行为和客体"服"的结果。《现代汉语词典》对说服的解释是"用理由充分的话使对方心服"②。在《新编汉语辞海》《现代汉语辞海》《当代汉语词典》《中华汉语词典》《现代汉语正误辞典》《现代汉语小词典》等常见工具书中，也都采用这种解释。另外，《新华词典》对说服的解释是"通过讲道理，使对方心服"③。根据这两种有代表性的、通俗化的解释，笔者认为，说服的基本内涵就是通过语言沟通的方式使人心服或信服。

---

① 李建华等：《多元文化时代的价值引领——社会主义核心价值体系建设与社会思潮有效引领研究》，人民出版社2012年版，第315页。
② 中国社会科学院语言研究所词典编辑室编：《现代汉语词典》第7版，商务印书馆2019年版，第1232页。
③ 商务印书馆辞书研究中心修订：《新华词典》第4版，商务印书馆2013年版，第946页。

在不同的学科视域中，说服的基本内涵不尽相同。从传播学角度来看，说服是指通过语言、文字、图像等信息符号，力图影响和改变他人观念、态度或行为的一种人际沟通活动。广义上的说服泛指"各种旨在谋求理解、共识和认同的沟通形态"①。西方学者认为，说服包括教育、宣传、广告、营销等活动在内，是人类生活中最常见的沟通方式之一，"说服无处不在"②。从心理学角度来看，说服是用来转变态度、引导行为的一种方法，是指"在不施加压力的情境下依靠语言来影响个人对事物的知觉，使之产生说服者期待的行为"③。从教育学角度来看，说服是指"运用事实和科学论证以确立和改变某种思想认识的一种教育方法"④。从伦理学角度来看，说服是与"压服"相对立的道德教育方法之一，"指通过说明、解释对受教育者开导感化，使之心悦诚服"，具体方式包括谈话、讨论、报告、座谈会等。⑤

总体而言，人们对说服的理解主要强调三个因素：一是人际关系，即说服是人对人的沟通行为，其中说服者是主体，说服对象是客体；二是信息中介，即说服活动必须借助语言和非语言信息作为沟通工具，其中语言信息是主要的、必不可少的；三是沟通目的，即说服旨在让对方心服或信服，并改变或强化对方的观念、态度或行为。

说服力是与说服活动紧密联系在一起的，简单来说，说服力就是

---

① 胡百精：《说服与认同》，中国传媒大学出版社2014年版，第1页。
② [美] 罗伯特·H. 加斯、约翰·S. 赛特：《说服心理学：社会影响与依从》第5版，王晓波译，中国轻工业出版社2019年版，第5页。
③ 时蓉华主编：《社会心理学词典》，四川人民出版社1988年版，第156页。
④ 廖盖隆等主编：《马克思主义百科要览》下卷，人民日报出版社1993年版，第2546页。
⑤ 徐少锦、温克勤主编：《伦理百科辞典》，中国广播电视出版社1999年版，第851页。

"让人信服的力量"①，也就是能够说服人、达到说服效果的力量或能力。在古希腊时期，人们已经开始使用"说服力"一词。比如，亚里士多德在《修辞学》中指出："所有的演说者都采用例证法和修辞式推论而不采用别的方法来证明，以求产生说服力。"② 美国学者霍根指出："说服力是用特殊策略通过影响他人的思想和行为，从而使其产生信念和价值观的能力。"③《商务国际现代汉语大词典》对说服力的解释是"能改变他人既有的观念、看法，使人心悦诚服地认同的力量"④。因此，从更深层次来看，说服力的真正体现在于让人心服或信服的同时，能够改变或巩固其观念、态度或行为。

说服力的提法类似于物理上的作用力或军事上的战斗力，它有大小、强弱和方向之分，但本身没有对错之分。任何说服活动都追求说服力，这种说服力也就是实现说服目标的能力。比如，在一些市场营销人士眼里，说服力是一种攻心的话术，说服力的本质就是帮助客户尽快做出决策，促进商品成交。值得注意的是，有说服力的理论或事物并不一定就是科学合理的，或者说，并非所有的说服力都是建设性的。在某些条件下，普通民众也可能深受错误思想理论的影响而陷入某种"群体无意识"或"集体非理性"的狂热、盲从状态。比如，现实中某些传销组织、邪教组织的蛊惑洗脑等，也有让一部分人深信不疑的说服力。因此，如果要对说服力作出对错或好坏之分，那么它取决于说服内容和目标的对错或好坏。在现实中，我们确实可以根据这一点，将说服力分成积极正面的说服力和消极负面的说服力两种类型，

---

① 王彦坤编：《现代汉语三音词词典》增订本，语文出版社2005年版，第291页。
② [古希腊]亚里士多德：《修辞学》，罗念生译，上海人民出版社2005年版，第24页。
③ [美]凯文·霍根：《说服心理学：如何影响他人按你的方式思考》，邱宏译，天津社会科学院出版社2010年版，第4页。
④ [加]龚学胜主编：《商务国际现代汉语大词典》，商务印书馆国际有限公司2015年版，第1369页。

就像好榜样和坏榜样的划分。某些非法组织或邪恶人士实施的蛊惑煽动等不良活动可能产生的说服力，就可以归为消极负面的说服力。当然，消极负面的说服力还可以指对特定主体不利的说服力。比如，当非主流思想观念具有较强说服力时，就会对主流思想观念的说服力构成挑战，反之亦然。

二 思想政治教育说服力

为了深入把握思想政治教育说服力的概念和内涵，我们首先需要对思想政治教育的概念和本质进行简要梳理和分析。

"思想政治教育"这个特定概念是由中国共产党逐步总结提炼出来的，堪称中国特有的学科概念。在国外，思想政治教育活动通常被称为"道德教育"（Moral Education）、"公民教育"（Civic Education）、"品格教育"（Character Education）等。在马克思主义思想政治教育史上，马克思、恩格斯、列宁、斯大林等人先后或交替使用"宣传""教育""宣传工作""鼓动工作""政治工作""政治教育""思想工作""政治思想工作"等相关概念。在很长一段时间里，中国共产党既沿用上述几种提法，又不断加以创新。在新中国成立之前，中国共产党主要使用"宣传工作""政治工作""思想教育"等概念；在新中国成立之后，"政治工作""思想工作""政治教育""思想政治教育""思想政治工作"等提法被交替使用。1949年10月，毛泽东明确提出了"思想政治教育"的概念，他在与地方的负责同志谈及如何团结改造绥远起义人员时指出，"要按照他们的具体情况和能够接受的程度进行思想政治教育"[①]。1951年5月，刘少奇明确提出了"思想政治工作"的概

[①]《毛泽东文集》第6卷，人民出版社1999年版，第11页。

念,他在第一次全国宣传工作会议上指出,"今天,思想政治工作的必要性更加提高了"①。改革开放以后,"思想政治教育"和"思想政治工作"成为我国思想政治教育领域最常用而且经常并用、通用的两个规范概念。②比如,1979年6月,邓小平在全国政协五届二次会议开幕式上指出:"为了实现四个现代化……需要在人民内部广泛地加强思想政治教育。"③ 1980年8月,邓小平在中央政治局扩大会议上强调,"我们一定要把思想政治工作放在非常重要的地位"④。1984年,为加强思想政治教育人才培养和学科建设,教育部批准清华大学等12所院校首批设置思想政治教育专业,并于当年招收了首批本科生。这标志着我国思想政治教育专业和学科的正式设立。

目前,关于思想政治教育的定义有多种多样,大体可以划分为"施加论""转化论""内化论""培养论""引导论""需要论"等不同类型。⑤ 笔者认为,思想政治教育是教育者根据社会要求和思想品德形成发展规律,通过有组织的宣传教育等方式,用一定的思想理论、政治观念和道德规范持续影响受教育者,引导他们逐步形成符合社会需要的思想品德的实践活动。在现实中,思想政治教育者可以是教师、党员、干部等相关个体或群体,也可以是政党、政府、学校等相关组织或机构,而受教育者则包括全体社会成员,连教育者也必先受教育。

---

① 《刘少奇选集》下卷,人民出版社1985年版,第90页。
② 思想政治教育和思想政治工作在一般情况下可以通用,但相对而言,思想政治工作的范围更宽广,它包括思想政治教育,也包括带有思想性、政治性的宣传、组织、统战、动员等工作。比如,2021年7月中共中央、国务院印发的《关于新时代加强和改进思想政治工作的意见》中,就将"深入开展思想政治教育"作为具体要求之一。还有一个比较常用的概念是"宣传思想工作",侧重于新闻、宣传等工作领域。
③ 《邓小平文选》第2卷,人民出版社1994年版,第187页。
④ 《邓小平文选》第2卷,人民出版社1994年版,第342页。
⑤ 王淑芹、李文博:《"思想政治教育"概念的廓清与释义》,《思想理论教育导刊》2018年第8期。

思想政治教育的本质是社会主导意识形态的灌输和教化。马克思、恩格斯指出："统治阶级的思想在每一时代都是占统治地位的思想。"①在任何国家，统治阶级以及谋求统治地位的阶级，都力图用符合社会发展要求的思想理论、政治观念和道德规范来影响社会成员（尤其是年青一代）。一定的思想理论、政治观念和道德规范是思想政治教育的基本内容，反映社会主导意识形态的要求。但是，主导意识形态并不总是主流意识形态。主导意识形态（比如马克思主义）刚开始作为一种新生事物，在人民群众当中的知晓度和认同度往往并不高，这就需要通过思想政治教育加强灌输和教化，直到主导意识形态逐渐成为占统治地位的主流意识形态。列宁指出，"工人本来也不可能有社会民主主义的意识。这种意识只能从外面灌输进去"②。习近平强调，"灌输是马克思主义理论教育的基本方法……但这不等于搞填鸭式的'硬灌输'"③。在思想政治教育视域下，"灌输"强调的是主导意识形态无法在广大受教育者内部普遍地自发产生，而只能从外部输入，也比喻受教育者像庄稼那样需要浇灌和培育。因此，灌输其实是宏观意义上的思想政治教育的运行逻辑和基本原则，而非微观意义上带有强制性的具体方法，它既能体现教育者的合理目的，又能满足受教育者的内在需要。真正的灌输绝不是强制的、过度的硬性灌输，而恰恰是民主的、科学的说服教育或启发引导。

"思政课的本质是讲道理"④。思想政治教育具有很强的说理性，其根本方法就是通过"摆事实、讲道理"的说服教育，促使受教育者

---

① 《马克思恩格斯文集》第1卷，人民出版社2009年版，第550页。
② 《列宁选集》第1卷，人民出版社2012年版，第317页。
③ 习近平：《思政课是落实立德树人根本任务的关键课程》，《求是》2020年第17期。
④ 《习近平在中国人民大学考察时强调 坚持党的领导传承红色基因扎根中国大地 走出一条建设中国特色世界一流大学新路》，《人民日报》2022年4月26日第01版。

信理、服理、践理，真正信服和认同社会主导意识形态。显然，思想政治教育只有具备强大的说服力，才可能真正说服人。从历史上看，马克思、恩格斯、列宁等人在理论创作和宣传工作中，已经充分注意到说服力的重要性，并强调写文章、做宣传等要有说服力。但是，直接将说服力与思想政治教育相关概念连用的表述，也是中国共产党在改革开放之后正式提出的。1982年9月，党的十二大报告提出，要"组织起有战斗力、有说服力、有吸引力的思想工作的宏大队伍"[①]。1982年11月，国务院《关于第六个五年计划的报告》提出，要"力求使思想教育工作有战斗力、说服力和吸引力"[②]。1983年1月，中共中央《关于加强农村思想政治工作的通知》指出，几年来，各级党组织"进行了大量的有说服力的思想政治工作"[③]。1990年5月，李瑞环在《关于职工思想政治工作的若干问题》讲话中，明确要求"增强思想政治工作的吸引力、说服力"[④]。

思想政治教育说服力，是在思想政治教育过程中基于思想政治教育目标、内容、方法等系统要素的科学性、价值性、恰当性等内在特质，经过教育者透彻的说理阐释及其与受教育者之间有效的沟通互动而产生的，能使受教育者对思想政治教育内容和要求发自内心地真正信服、认同并积极践行的非强制性影响力。简单来说，思想政治教育说服力就是思想政治教育活动所具有的，能使受教育者对思想政治教育内容和要求真诚信服并自觉加以内化和外化的非强制性影响力。

思想政治教育说服力的本质是社会主导意识形态灌输和教化的有

---

① 《十二大以来重要文献选编》上，人民出版社1986年版，第31页。
② 《中华人民共和国第五届全国人民代表大会第五次会议文件》，人民出版社1983年版，第88页。
③ 《十二大以来重要文献选编》上，人民出版社1986年版，第270页。
④ 《十三大以来重要文献选编》中，人民出版社1991年版，第1087页。

效影响力。在当代中国，思想政治教育说服力的根本体现和衡量标准，就是教育者能否让广大人民群众真学、真懂、真信、真用马克思主义，牢固树立对马克思主义的信仰、对中国特色社会主义的信念、对实现中华民族伟大复兴中国梦的信心，并积极投身新时代中国特色社会主义事业。现实中，不一定所有的思想政治教育活动都有说服力，一项思想政治教育活动也不一定对所有人都有同样的说服力。从根本上讲，思想政治教育说服力的有无和强弱，一方面主要取决于社会主导意识形态是否科学合理、是否符合社会发展要求和人民根本利益，另一方面也取决于思想政治教育者素质、思想政治教育方法和思想政治教育环境是否符合受教育者的期望。当然，由于人的思想意识具有主观性、内隐性、复杂性，要考察受教育者是否真诚信服并自觉内化和外化主导意识形态，进而衡量思想政治教育说服力的强弱，需要采用科学细致的方法。

当同一项思想政治教育活动对不同人产生不同的说服教育效果时，如何评价其说服力呢？从理论上讲，说服一个权威者可能比说服十个普通人更难，更需要说服力。因此，判断思想政治教育说服力的强弱，不能只看被说服的受教育者数量，还要看受教育者的人员构成、整体素质及其思想认识的改变程度、发展趋势、持续时间等。总体而言，"人民群众的眼睛是雪亮的"，如果一项思想政治教育活动能持续不断地让更多受教育者真诚信服并自觉遵循，那就说明它是有说服力的。如果一项思想政治教育活动的认同者、响应者寥寥无几，而且长期处于这种状态，那就说明它是缺乏说服力的。

思想政治教育说服力可以依据一定的标准进行分类。从结构上看，可以分为目标说服力、内容说服力、主体说服力、方法说服力；从时间上看，可以分为长期说服力和短期说服力；从程度上看，可以分为强说服力和弱说服力；从性质上看，可以分为积极正面的说服力和消极负面的说服力。比如，某些以合法名义开展的或违背客观规律和公理常识，或有意欺瞒民众的宣传教育活动所产生的说服力，就是消极负面的说服力。当然，此类宣传教育活动往往伴随或借助夸大渲染、歪曲隐瞒甚至思想控制等非常手段，其说服力的持续时间不会太长，影响范围也不会很广。因此，思想政治教育所要真正追求的说服力，应当是建立在科学和理性基础上的、积极正面并且广泛长久的说服力。

三 相关概念辨析

涉及思想政治教育效果的研究课题一贯倍受重视。近年来，这方面的理论研究呈现出多维度、精细化的发展趋势，理论界提出并探讨了思想政治教育的有效性（实效性）、针对性、亲和力、吸引力、感染力等相关问题，产生了比较丰富的研究成果。上述概念与思想政治教育说服力既有联系又有区别。一方面，它们大部分都可以归入思想政治教育效果研究的范畴，彼此之间存在一定关联；另一方面，它们各自表征的侧重点又有明显差异。对比和辨析这些相关概念，有助于我们更深入地理解思想政治教育说服力的内涵。

（一）思想政治教育说服力与思想政治教育有效性（实效性）

人类从事一切活动，都包含着对一定目标或效用的追求。思想政治教育有效性（实效性），主要是指"思想政治教育活动对其预设目标的实现程度"[①]。思想政治教育说服力与思想政治教育有效性（实效性）密切相关。思想政治教育在很大程度上就是一种说服教育，对思想政治教育而言，说服力是有效性（实效性）的根基，有效性（实效

---

① 沈壮海：《思想政治教育有效性研究三题》，《思想·理论·教育》2002年第1期。

性）是说服力的展现。同时，这两者也存在明显区别。如果把有效性（实效性）看作某种结果，那么，说服力就是其根本原因所在。在思想政治教育有效性（实效性）问题研究中，学者们主要关注思想政治教育结果、过程以及要素的有效性（实效性）①，其中考察的重点是教育结果（效果）与教育目标相契合的程度及条件。而思想政治教育说服力研究，主要关注思想政治教育活动如何让受教育者真诚信服并自觉遵循，它所要揭示的是思想政治教育产生预期效果的内在逻辑，实际上也就是思想政治教育有效性（实效性）的达成基础。

（二）思想政治教育说服力与思想政治教育针对性

针对性，即指向、对准特定的人或事物。有学者提出，思想政治教育的针对性，就是在思想政治教育过程中充分准确地把握教育对象的思想认识、个性特点和所处环境的"一种教育属性"，以求做到"对症下药"和"因材施教"。② 通常认为，思想政治教育者必须针对或贴近受教育者的思想、个性、需求等实际情况，科学匹配思想政治教育目标、内容、方法、情境等教育要素，在准确把握具体问题的基础上，精准实施教育对策，这样才能有的放矢地做好思想政治教育工作，才能增强思想政治教育有效性（实效性）。思想政治教育说服力本身也具有针对性的特征，即同样的思想政治教育活动对不同的受教育者往往具有不同的说服力。增强思想政治教育针对性，有助于提升思想政治教育说服力。当然，针对性只是说服力的必要条件之一。而且，思想政治教育说服力越强，就越能够凝聚广泛共识，越能够降低对针对性策略的依赖，从而达到更普遍的教育效果。

---

① 沈壮海：《思想政治教育有效性研究》第3版，武汉大学出版社2016年版，第18页。
② 李锡庆：《加强高校学生思想政治教育针对性的探索》，《思想·理论·教育》2006年第21期。

（三）思想政治教育说服力与思想政治教育吸引力

思想政治教育吸引力是指思想政治教育把受教育者的注意力、兴趣、情感、思想观念等"吸引到自己所传播的内容上来的力量"[①]。思想政治教育吸引力产生的关键，是思想政治教育的内容和形式具有现实性、生动性和渗透力等，能够契合受教育者的相关需求，不断引发受教育者的"关注和兴趣"，并使受教育者能够从中发展认知能力、获得积极的情感体验等。[②] 思想政治教育吸引力强调的是对受教育者注意力和兴趣的吸引，这也是思想政治教育说服力产生的前提条件之一。在各种海量信息不断争夺人们有限注意力的信息化、新媒体时代，没有一定的吸引力，很难让思想政治教育信息成为广大受教育者的有效接收对象，思想政治教育说服力也就难以充分发挥。当然，如果只是片面追求形式或方法上的标新立异，希望以此引人注目甚至不惜哗众取宠，并不会产生真正的吸引力，还可能引起受教育者的反感。思想政治教育吸引力可以分为外在吸引力和内在吸引力两大类别，前者主要源于思想政治教育形式或方法的灵活性、趣味性、适应性等，后者主要源于思想政治教育内容的真理性、创新性、实用性等。其中，内在吸引力与思想政治教育说服力具有较大的关联度，简单来说，有说服力才能有内在吸引力，而内在吸引力也可以助长说服力。

（四）思想政治教育说服力与思想政治教育亲和力

亲和的含义是"亲近和合"。亲和力就是"使人亲近、愿意接触的

[①] 彭建国：《增强高校思想政治教育吸引力问题研究》，博士学位论文，湖南师范大学，2011年。

[②] 邱柏生、左超：《从社会思潮的影响特征看如何增强思想政治教育的吸引力》，《思想理论教育》2010年第17期。

力量"①。思想政治教育亲和力,意味着某种思想政治教育活动具有"亲和性"的整体特质,并且得到受教育者的喜爱、悦纳和认可。思想政治教育亲和力与教育者素质、受教育者心态、教育内容属性等众多因素有关,其源泉在于思想政治教育本身所蕴涵的"深刻的人文关怀和生命关切"②,并且"主要体现在教育者这个最根本的能动要素上"③。与一般意义上的吸引力、影响力相比,"亲和力以尊重、关心、爱护等情感交互为主线"④,通常表现为基于情感互动的深层次吸引力和影响力。思想政治教育说服力的生成同样需要教育者有人格魅力,以及教育者与受教育者之间有必要的情感互动,这个环节的正面效果就是所谓的"以情感人"。但是,从根本上讲,思想政治教育说服力主要是通过"以理服人"来实现的,它所彰显的主要是真理和理性的力量。可以说,思想政治教育说服力的关键在于"以理服人",而思想政治教育亲和力的关键在于"以情感人",这是两者最明显的区别。当然,亲和力对于说服力而言,可以起到"润滑剂"的作用,有利于说服力的充分发挥。

(五) 思想政治教育说服力与思想政治教育感染力

"感染力"原指某种病原体传染并引起宿主疾病扩散的能力,后指某种思想感情能够感动或感化他人,并引起他人产生相同思想感情的力量。思想政治教育感染力主要源于思想政治教育活动蕴涵的真、善、美的力量。有代表性的一种观点认为,思想政治教育感染力是指

---

① 中国社会科学院语言研究所词典编辑室编:《现代汉语词典》,商务印刷馆2016年版,第1057页。
② 庞桂甲:《论思想政治教育亲和力》,《思想教育研究》2017年第5期。
③ 白显良:《提升思想政治教育亲和力需把握的几重关系》,《思想理论教育》2017年第4期。
④ 李建:《高校思想政治教育亲和力研究》,博士学位论文,西南交通大学,2018年。

教育者通过适当的载体、方法和情境，"切实发挥思想政治教育真的感召力、善的感化力和美的感通力"，"从而引起受教育者情感上的共鸣和思想上的共识，进而激发受教育者行为动力的一种力量"①。思想政治教育感染力生发的主要机理是共情效应基础上的情感共鸣和思想感化，这与思想政治教育亲和力存在相通之处。如前文所述，情感互动和情感共鸣也是思想政治教育说服力生发的必要环节之一，但思想政治教育说服力主要体现为"以理服人"的真理性力量。当然，一切教育活动以及人与人之间的交流互动，都必然包含情感因素，而不可能只有纯粹的理性因素，"以理服人"同样需要"以情感人"的配合与辅助。因此，无论是思想政治教育的亲和力、感染力，还是其他的情感力量，在某种程度上都可以成为思想政治教育说服力的"润滑剂"或"催化剂"。

综上所述，在思想政治教育领域，有效性（实效性）、针对性、吸引力、感染力、亲和力、说服力等概念既有联系又有区别。它们就像一片片相互关联的拼图板块，能够共同组成思想政治教育效果的整体图景。在相关文件和论述中，这些概念也经常并列使用。比如，2017年中共中央、国务院《关于加强和改进新形势下高校思想政治工作的意见》要求增强高校思想政治理论课教学的"吸引力、说服力、感染力"；2019年习近平在学校思想政治理论课教师座谈会上要求"把思政课讲得更有亲和力和感染力、更有针对性和实效性"②。此类表述也反映出相关概念之间存在关联和交叉，同时又各有侧重。系统研究包括思想政治教育说服力在内的相关概念和论题，有助于我们更全面深入地把握思想政治教育的过程和规律，进一步推进思想政治教育理论

---

① 赵琴：《思想政治教育感染力研究》，硕士学位论文，西南大学，2020年。
② 习近平：《思政课是落实立德树人根本任务的关键课程》，《求是》2020年第17期。

和实践的发展。

第二节　思想政治教育说服力的基本结构

思想政治教育是多种要素共同参与的系统活动，因此，思想政治教育说服力的生成也是多维度的。在具体的思想政治教育情境中，各种思想政治教育要素既能够协同生成整体性的思想政治教育说服力，又能够各自发挥相对独立的说服力作用，进而形成主从式、交互式、递进式①等不同的思想政治教育说服力结构方式。同样是信服某种思想政治教育活动，不同受教育者信服的主要原因可能是不同的。比如，有的人信服于教育者的人格魅力，有的人信服于教育目标的合理性，有的人信服于教育内容的彻底性，有的人信服于教育方法的科学性，有的人则受到几个方面的综合影响。概括而言，思想政治教育说服力是由思想政治教育目标说服力、思想政治教育主体说服力、思想政治教育内容说服力、思想政治教育方法说服力等基本要素构成的综合影响力。它们分别是思想政治教育说服力结构中的方向性因素、能动性因素、关键性因素和中介性因素。

一　思想政治教育目标说服力

目标是预期的效果，是行动的向导。作为能动的实践主体，人的所作所为都带有一定的目的，或者追求一定的目标。一般来说，人们根据特定主体（包括自身、他人、组织等）的需要和事物发展的规

---

① 武汉大学骆郁廷教授在论述精神动力的结构时，对理智动力、情感动力、意志动力的结构方式进行分析，并提出不同形态的精神动力的相互结合主要有主从式、交互式、递进式三种结构方式。本书在此借鉴了以上分析方法。参见骆郁廷《精神动力论》，武汉大学出版社2003年版，第157—194页。

律来确立某种目标,这是人的思想意识及其能动性的重要体现。目标规划是否科学合理、切实可行,体现了规划者的智慧和能力,也影响着行动的方向和成效。毛泽东指出:"主义譬如一面旗子,旗子立起了,大家才有所指望,才知所趋赴。"① 在这里,"主义"既指科学的理论,也指正确的目标,理论和目标有说服力,才能指引人民群众奋起行动。

思想政治教育目标是思想政治教育活动的出发点和落脚点,体现了教育者以及特定的社会或阶级对受教育者思想品德发展的期望和要求。在思想政治教育过程中,思想政治教育目标"起着导向、激励、调控作用"②。思想政治教育目标说服力,是指思想政治教育预期目标所具有的能让受教育者真诚信服并积极响应的影响力。思想政治教育目标说服力的强弱,反映受教育者对思想政治教育价值和要求的认同程度。思想政治教育目标说服力越强,受教育者越愿意主动参与并积极接受思想政治教育活动。正如美国教育学家布鲁巴克所言:假如教育目标有价值,并且人们愿意获得它,"它便能使学习者付出为达成该项目标所需要的力量"③。

思想政治教育是一项综合性、系统性很强的工作,包含丰富的内容和形式,呈现不同的阶段和层次,也面向各种不同的群体。因此,思想政治教育目标并不是单一性的,而是具有多样性和层次性的,可以从不同角度加以细分。从层次上,可以分为根本目标和具体目标,或总体目标和阶段目标等;从内容上,可以分为思想教育目标、政治

---

① 《毛泽东年谱(1893—1949)》修订本·上卷,中央文献出版社2013年版,第70页。
② 《思想政治教育学原理》编写组编:《思想政治教育学原理》第2版,高等教育出版社2018年版,第154页。
③ 转引自丁证霖、翟葆奎选编《教育学文集·教育目的》,人民教育出版社1989年版,第319页。

教育目标、道德教育目标等；从时间上，可以分为长期目标和短期目标等；从对象上，可以分为社会目标、群体目标、个体目标等。这些不同层次、内容、阶段和对象的目标构成相辅相成的思想政治教育目标体系，协同引导整体思想政治教育过程的发展。相应地，思想政治教育目标说服力，也可以细分并涵盖各种不同类型的思想政治教育目标。

　　思想政治教育目标说服力，主要取决于思想政治教育目标的合理性。一般来说，思想政治教育的根本目标是培养合格社会成员所应当具备的思想品德（在此基础上，马克思主义思想政治教育还进一步追求和促进人的全面发展）。这在不同时期、不同国家的思想政治教育活动中都有充分体现。美国杰出教师雷夫·艾斯奎斯多次到中国讲学交流，曾经有人问他："你既教语文，又教历史，还教戏剧，那你究竟是教什么的？"雷夫回答："我不是教课的，我是教人的。"[①] 教书育人可谓全世界教师的共同职责，但其中必然涉及培养什么人、怎样培养人、为谁培养人的根本问题。什么样的人是合格的社会成员？什么样的思想品德是社会所需要的？在不同时期、不同领域，哪些方面的思想品德应当重点培养？针对不同阶段不同层次的教育对象，应当确定什么样的具体培养目标？对这些问题难免存在不同的看法，进而采取不同的举措。总体而言，确定思想政治教育目标，绝不可以随心所欲，而应当契合经济社会发展要求、执政党和国家方针政策、受教育者思想品德状况等，并遵循思想品德发展规律和思想政治教育规律，体现时代性、主导性、针对性、层次性、可行性等要求。思想政治教育目标的实现，离不开教育者和受教育者的共同努力。如果思想政治教育目

[①] 转引自朱爱莲、王恒富《议题为眼：瞄准核心素养的"靶子"——学科核心素养落地的思政课研究之四》，《中学政治教学参考》（上旬·高中）2019年第10期。

标合理，就会有说服力和感召力，就能够激发教受双方的能动性，确保思想政治教育活动顺利推进；如果思想政治教育目标不合理（过高则脱离实际，过低则失去意义），就会缺乏说服力和感召力，对教受双方都会带来消极影响。

二 思想政治教育内容说服力

思想政治教育内容是教育者根据一定社会的要求，有目的、有计划地传授给受教育者的"带有价值引导性的思想政治教育信息"[①]。思想政治教育的具体内容涵盖与人的思想品德相关的广阔领域，而且随着时代、理论和政策的变化而变化。从教育者选择和传播信息的角度来看，思想政治教育内容主要包括基本理论、阐释说明和论据材料三大类。

思想政治教育内容说服力，即思想政治教育信息中所包含的基本理论、主要观点、论据材料等相关内容能让受教育者真诚信服的内在影响力。思想政治教育内容说服力是整体思想政治教育说服力的核心和关键。马克思所说的"理论只要彻底，就能说服人"[②]，强调的就是思想政治教育内容要有说服力。思想政治教育内容说服力可以具体划分为理论说服力、阐释说服力和论据说服力三种类型。

理论说服力是指思想政治教育内容所包含的指导思想、基本理论、基本观点等理论体系的说服力。我国思想政治教育以马克思主义为指导，主要内容来自马克思列宁主义、毛泽东思想、中国特色社会主义理论体系以及相关时事政策等，思想政治教育的理论说服力主要取决

---

① 陈万柏、张耀灿主编：《思想政治教育学原理》第3版，高等教育出版社2015年版，第173页。

② 《马克思恩格斯文集》第1卷，人民出版社2009年版，第11页。

于这些基本理论、基本原理、基本观点、基本政策的科学性和解释力。简单来说，理论说服力就是马克思主义主导意识形态的说服力。毛泽东说过："马克思主义是科学真理，不怕批评，它是批评不倒的。"①在长期的革命、建设和改革过程中，中国共产党把马克思主义基本原理同中国具体实际相结合、同中华优秀传统文化相结合，不断推进马克思主义中国化时代化，产生了毛泽东思想和中国特色社会主义理论体系这两大理论成果。与时俱进的马克思主义及其真理力量，是我国思想政治教育内容说服力的不竭之源。

阐释说服力是指思想政治教育者对社会主导意识形态及其基本理论、基本观点所做的相关阐释的说服力。包括马克思主义在内的任何理论或学说，都不会自然而然、原原本本地"飞入"受教育者的头脑，它必须首先被教育者（或研究者、传播者）理解和接受，然后由教育者阐释和传播给受教育者，其中必然融入教育者自己的感悟和语言。而且，教育者的理解和接受也会受到其他人、其他理论和周围环境的影响。从源头上讲，马克思主义理论体现在马克思主义创立者、发展者的全部著作之中，不管是后人所概括的马克思主义基本原理，还是思想政治教育者所依据的各种理论教材，实际上都是对马克思主义相关文本内容的提炼和阐释。在思想政治教育过程中，这种"第二手"甚至"第三手"的理论阐释和转述是十分常见而且必要的。就像人们对待马克思主义存在着教条主义、经验主义、实事求是等不同态度一样，不同阐释也往往具有不同的契合度和说服力。由于身份、知识、利益以及立场、观点、方法等各方面的不同，人们对某个理论或问题往往有不同甚至相反的看法和态度，而且各有各的理由。教育者要说

---

① 《毛泽东文集》第 7 卷，人民出版社 1999 年版，第 280 页。

服、引导别人认同自己的看法和态度，必须有严谨充分的论证，否则很难让人信服。因此，思想政治教育者能否深刻把握马克思主义基本理论和基本观点，并对其做出实事求是、令人信服的阐释，是衡量教育者专业水平的重要标准。

论据说服力是指思想政治教育者为支撑、佐证或补充基本理论观点所采用的文献、资料、事例等相关论据材料的说服力。论据说服力主要取决于论据材料的真实性、典型性、相关性和充足性等。无论是基本理论还是阐释说明，都离不开必要的论据。毛泽东强调："说话要有证据"①；要用"充足的论据去说服还不明白和还不坚定的人们"②。论据包括理论论据和事实论据两大类。理论论据主要是指经典的、有代表性的思想、理论和观点。事实论据主要是指比较典型的人类社会的各种历史、事件和实践活动，以及自然界的各种事物和现象等。理论论据归根结底也依赖于事实论据。事实是人类社会实践活动或自然界物质运动的过程和结果，具有客观实在性，因此，事实胜于雄辩。虽然人们对同一事实也可能作出不同的主观评价，但事实或实践仍然是人们评价事物、检验理论的根本依据和最终标准，除此之外没有更好的依据和标准。由于每个人的精力和阅历有限，加上网络时代信息渠道的多样性和信息获取的便捷性，思想政治教育者除了选择自己亲身经历的事例之外，也需要搜集各种媒介信息，这就需要审慎把关，以筛选出符合思想政治教育需要的、真实的、典型的、有说服力的论据材料，避免使用无关的、虚假的、片面的、没有说服力的论据材料。

总体而言，思想政治教育内容说服力主要取决于内容的彻底性、科学性程度。当然，在某些条件下，彻底的、科学的内容不一定有普

---

① 《毛泽东选集》第1卷，人民出版社1991年版，第92页。
② 《毛泽东选集》第2卷，人民出版社1991年版，第451页。

遍说服力，比如，真理刚开始往往掌握在少数人手中，甚至被多数人误解和排斥；有说服力的内容也不一定总是彻底的、科学的，比如，虚假宣传或谣言也可能广泛流传。但是，从长远来看，不彻底的、不科学的内容经不起时间和实践的检验，而真理即便暂时被埋没，也终将脱颖而出。比如，马克思主义在刚刚创立时就受到种种攻击，马克思在欧洲各国也多次遭到驱逐。后来，马克思主义在实践中展现出真理的强大说服力和战斗力，逐渐成为国际共产主义运动的指导思想，马克思在逝世一百多年后也被评选为名列榜首的"千年思想家"。

除了内容本身的彻底性、科学性之外，思想政治教育内容说服力也与文化背景、教育对象、教育时机和教育情境等因素有关，这也是思想政治教育说服力的针对性特征所在。以文化背景为例，在许多西方国家，宗教信仰十分普遍，宗教教育源远流长，现今的思想道德教育内容中也保留着浓厚的宗教色彩。在美国的品格教育（Character Education）内容范畴中，灵性的品格（Spirituality）就是一种宗教信仰维度的要求，与灵性品格相联系的超越维度或非物质维度的信念和信仰在美国"是极具说服力的，也是稳定而无处不在的"[①]。但是，在奉行无神论的国家，具备灵性品格的要求就很难有强大的说服力。在2020年肆虐全球的新冠疫情中，西方的自由主义文化和东方的集体主义文化也分别带来不同的应对思维和防控局面。在中国，有关疫情防控的宣传教育深入人心，人们自觉遵行戴口罩、勤洗手、少出行、不聚集等防控要求，并很快取得显著效果；在西方尤其是美国，这些简单有效的防控举措，却被包括时任总统特朗普在内的很多政要和民众认为是难以接受的事情，结果美国成为全球疫情最严重的国家之一。

---

① 谢狂飞：《美国品格教育研究》，博士学位论文，复旦大学，2012年。

三　思想政治教育主体说服力

在哲学中，主体是指具有认识和实践能力的人，而客体就是主体认识和实践的对象。主体既可以是个人，也可以是群体或组织。主体说服力是指组织或实施某种活动的主体本身所具有的令人信服的内在影响力。在人类的教育、传播、指挥等以信息交流为基础的实践活动中，主体说服力往往给人先入为主的第一印象，而且发挥着不可替代的重要作用。以演说为例，"同一句讲演辞，出自不同的讲演者之口，说服力并非都是一样的"[①]。也就是说，即便在演说内容、对象和场景相同的情况下，不同的演说者也往往具有不同的主体说服力。主体说服力强的个人、群体或组织，其言行具有权威效应，容易得到人们的信服和认同；主体说服力弱的个人或组织，其言行缺乏感召力，即便提出正确主张，也不容易得到人们的信服和认同。

对主体说服力的重要性，人们很早就有深刻认识。《礼记·学记》中说："善歌者，使人继其声；善教者，使人继其志。"善歌者和善教者都具有高超的、令人信服的专业素养，这是其主体说服力的重要来源。善教的教师能够使学生继承其志向，"虽离师辅而不反"；不善教的教师则容易使学生厌学，即便学生完成学业，学习效果也难以持久——"虽终其业，其去必速"。在古希腊，哲学家们认为，良好的道德品行是一个人具有主体说服力的重要条件。比如，亚里士多德说过，"我们在任何事情上一般都更相信好人"[②]；伊索克拉底也明确指出，"名声好的人所说的话比操行可疑的人所说的话具有更大的说服力"[③]。

[①] 周礼全：《逻辑——正确思维和有效交际的理论》，人民出版社1994年版，第550页。
[②] [古希腊]亚里士多德：《修辞学》，罗念生译，上海人民出版社2005年版，第23页。
[③] 华东师范大学教育系、浙江大学教育系编：《西方古代教育论著选》，人民教育出版社2002年版，第91页。

思想政治教育主体说服力中的"主体",是指思想政治教育者,即按照一定社会要求发动、组织和实施思想政治教育活动的个体、群体或组织。一般来说,思想政治教育者"包括政党、团体和个人"①。思想政治教育的主客体关系具有特殊性。与人类改造自然等实践活动中的物化对象不同,受教育者并非完全被动的客体,而是思想政治教育过程中接受、内化和外化等环节的能动主体。在某些条件下,教育者和受教育者的角色还可以相互转换。但是,即便在"双主体"或"主体间性"视域下,教育者与受教育者的地位也不是完全对等的。笔者认为,教育者是主导思想政治教育过程、确定思想政治教育内容和方法的责任主体或第一主体,而受教育者是参与思想政治教育过程、接受思想政治教育内容和方法的参与主体或第二主体,这是明确无疑、不能模糊的界限。承认这一点,与主张教育者和受教育者双方人格平等,以及追求民主和谐的思想政治教育氛围并不矛盾。从某种意义上讲,思想政治教育内容的价值性和对象的能动性,对思想政治教育者的主导作用提出了更高要求,教育者的主体说服力也显得尤为重要。

思想政治教育主体说服力,即思想政治教育者自身具有的能让受教育者真诚信服的人格化影响力,它包括个体说服力、群体说服力和组织说服力三种类型。其中,群体说服力是指思想政治理论课教师、班主任、辅导员、领导干部、宣传思想工作者等各类思想政治教育者群体在思想政治教育活动中展现出来的整体说服力。组织说服力是指党政军工青妇等与思想政治教育工作相关的各级各类公共组织在思想政治教育活动中展现出来的整体说服力。任何群体和组织都是由个体组成的,对思想政治教育群体和组织而言,其主体说服力既源于各个

---

① 《思想政治教育学原理》编写组编:《思想政治教育学原理》第 2 版,高等教育出版社 2018 年版,第 13 页。

成员的个体说服力，也与群体和组织整体的素质、能力、形象、成就等因素密切相关。个体说服力与群体说服力或组织说服力之间，可以产生相互影响、相互促进的效应。

值得注意的是，在不同的社会活动领域，同一主体往往身兼不同的角色或职责，因而表现出不同的影响力。一般来说，在其擅长的领域，影响力就强；在其不擅长的领域，影响力就弱。思想政治教育主体说服力，特指某个主体在从事思想政治教育活动时展现出来的影响力，它主要源于教育者自身的素质、能力、作风、成就、地位、名望、威信等人格化因素。李瑞环说过："思想政治工作要真正说服人，一靠真理的力量，二靠人格的力量。"① 思想政治教育者的素质和作风越好，地位和名望越高，能力和成就越大，其主体说服力就越强，越容易让人信服。就能力而言，思想政治教育者的核心能力是讲道理，无论是讲哲理、伦理、学理、法理，还是讲情理、事理、心理等，都是讲道理，因此，教育者应当具备扎实的理论功底和出色的说理能力。另外，思想政治教育是做人的工作，特别需要教育者做到言传身教、以身作则。要求别人做好的自己首先做好，才能让人真正信服。也因此，对教育者而言，除了较强的说理能力之外，更要有端正的道德品行。马克思指出："如果你想感化别人，那你就必须是一个实际上能鼓舞和推动别人前进的人。"② 这种能够感化、鼓舞和推动别人前进的人格力量，实际上就是思想政治教育者主体说服力的重要表现。

四 思想政治教育方法说服力

方法是主体作用于客体的中介，通常指人们为了达到某种目标

---

① 《十三大以来重要文献选编》中，人民出版社1991年版，第1089页。
② 《马克思恩格斯文集》第1卷，人民出版社2009年版，第247页。

而采取行动的策略、方式、途径和手段等。人们从事任何实践活动都需要讲究方法。方法得当，可以取得事半功倍的良好效果；方法失当，则往往事倍功半，甚至一无所获、南辕北辙。毛泽东曾经以没有桥或船就不能过河为例①，强调方法对于任务（目标）的重要性。一般来说，从事某项工作或完成某项任务时并无固定不变的方法，但是，不同的方法往往会产生不同的效率或效果，从中可以衡量方法的优劣。

思想政治教育方法是教育者为达到思想政治教育目标而采用的各种教育策略、方式、途径和手段的总称。思想政治教育方法包括基本方法和具体方法两大类，前者如理论教育法、实践教育法、说服教育法、自我教育法等，后者如榜样教育法、警示教育法、批评教育法、心理疏导法、矛盾调解法、精神激励法、物质奖励法等。思想政治教育方法不是思想政治教育的实体因素，它依附于思想政治教育活动，否则就会失去思想政治教育属性。比如，谈心是一种常用的思想政治教育方法，但它如果脱离思想政治教育的目标和过程，就会变成一种日常性的交流方式——对话或聊天。

思想政治教育方法说服力是指思想政治教育方法能让受教育者有效接受、真诚信服的影响力，在某种意义上也表现为受教育者对教育方法的认可度、信服度。采用不同的方法传授同样的思想政治教育内容，其效果可能大相径庭。20世纪60—70年代，习近平在陕北插队当知青时，所在的梁家河村有一个50多岁的不务正业、经常偷鸡摸狗的"二流子"，屡教不改，村里人都很讨厌他。在批判会上，社员们轮流骂他，但习近平没有骂他，而是以平和的态度给他讲道理，对

---

① 《毛泽东选集》第1卷，人民出版社1991年版，第139页。

他进行开导和教育,"二流子"听了直点头。经过习近平和他的几次谈话,其为人处事"很快就有所转变",不仅改正了偷鸡摸狗的毛病,而且开始好好劳动,成为村里的好社员,也跟习近平成了好朋友。① 习近平以尊重人、团结人、教育人作为社员思想教育工作的出发点,采取耐心说理的教育方法,让曾经屡教不改的"二流子"转变为村里的好社员和自己的好朋友,这也充分展现了正确思想政治教育方法的说服力。美国学者沃思伯恩指出:在学校政治教育中,教育方法远比课程内容更重要,温和灵活的教育方法不仅能使学生感到课程内容丰富有趣,而且能使学生感到教师的人格力量,这种力量比课程本身更生动有力,因而能够直接作用于学生的内心世界。② 显然,在沃思伯恩看来,恰当的思想政治教育方法比思想政治教育内容更有说服力或影响力。这种观点虽然有些绝对化,但其对教育方法的重视还是可取的。

思想政治教育方法说服力的强弱主要取决于思想政治教育方法的科学性、有效性程度。其中,科学性强调的是合目的性和合规律性的统一,有效性强调的是客观效果和实践检验的统一。既科学又有效的方法才是好方法,才有说服力。思想政治教育的具体方法可以多种多样、不拘一格,但核心要求或共通之处就是摆事实、讲道理,做到以理服人、以情感人,而不是以力压人、以势欺人。毛泽东指出:"解决思想问题,不能用专制、武断、压制的办法,要人服,就要说服,而不能压服。"③ 因此,思想政治教育者必须坚持民主、沟通、说服的原则,耐心细致、有针对性地开展思想政治教育,时刻注意教育方法是

---

① 参见《习近平的七年知青岁月》,中共中央党校出版社2017年版,第166—167页。
② 参见成有信等《教育政治学》,江苏教育出版社1993年版,第304页。
③ 《毛泽东文集》第7卷,人民出版社1999年版,第252页。

否科学有效、令人信服。在当年我国进行农业社会主义改造时,毛泽东曾经充分肯定福建省华安县先锋村整社工作中"四对比、五算账"的方法,"就是向农民说明两种制度谁好谁坏、使人一听就懂的一种很好的方法。这种方法有很强的说服力"①。

中国共产党一贯重视思想政治教育方法说服力,并坚持从实际出发,采用灵活恰当的、有说服力的思想政治教育方法。比如,关于抗日战争的政治动员,毛泽东指出,"不是将政治纲领背诵给老百姓听",而是要联系战争发展情况和军民实际生活,通过各种方法和途径开展广泛性、经常性的政治动员,这样人们才会去听、才会接受。② 20世纪30—40年代太行革命根据地推行妇女放足运动时,中国共产党和边区政府从各地实际出发,采取耐心宣传与法令禁止相结合的政策,以说服教育为主,以法律禁止为辅,将放足运动与妇女解放结合起来,使人民能够自觉地逐渐改革;而南京国民政府之前主要依靠颁布禁令强行查禁妇女缠足,甚至出现鞭打、侮辱、抓人等野蛮现象,导致许多负面影响。③ 新中国成立之初,毛泽东在分析共产党与国民党的根本区别时,也强调必须通过实际地做好工作从而让群众相信共产党,"切不能采用国民党特务的那套办法"④。改革开放以来,中国共产党高度重视加强和改进思想政治教育,其中对教育方法说服力的要求也十分突出。比如,邓小平强调,解决群众性的思想教育问题,不能采用过去大搞群众运动和政治批判的办法,而应该"用透彻说理、从容讨论的办法",否则绝不会成功。⑤ 习近平指出,"思政课的本质是讲

---

① 《毛泽东新闻工作文选》,新华出版社1983年版,第178页。
② 《毛泽东选集》第2卷,人民出版社1991年版,第481页。
③ 王荣花:《中共革命与太行山区社会文化的变迁(1937—1949)》,人民出版社2017年版,第323—324页。
④ 《毛泽东文集》第6卷,人民出版社1999年版,第13页。
⑤ 《邓小平文选》第2卷,人民出版社1994年版,第336页。

道理，要注重方式方法，把道理讲深、讲透、讲活"①。这也启发我们，思想政治教育方法固然只是中介性因素，但其本身有优劣之分，因而对受教育者来说也就具有不同的接受度和说服力。

第三节　思想政治教育说服力的主要特征

从上一节分析可知，思想政治教育说服力源自思想政治教育内部要素对受教育者思想意识的有效影响，其基本表现是受教育者对思想政治教育活动产生发自内心的认同和接受，也就是真诚信服。思想政治教育说服力不同于威慑力、控制力、约束力、诱惑力、传播力等其他类型的影响力，它具有非强制性、针对性、集成性、可变性等鲜明特征。

一　非强制性

思想政治教育说服力是基于非强制性的说服教育而产生的令人真诚信服的影响力，非强制性是其首要特征。思想政治教育的本质是社会主导意识形态的灌输和教化。说到灌输，有些人下意识里将其与强制、洗脑等词汇联系起来。其实，意识形态对人的塑造主要采用"从精神上、心理上进行影响的形式（而不是体力强迫或暴力威胁）"②。马克思主义思想政治教育所主张的"灌输"，是指对受教育者而言，先进的思想理论并不会自发产生，而需要由教育者从外部输入，这是思想政治教育的一个基本原则而非具体方法，更不是某些西方学者所批

---

① 《习近平在中国人民大学考察时强调　坚持党的领导传承红色基因扎根中国大地　走出一条建设中国特色世界一流大学新路》，《人民日报》2022年4月26日第01版。
② ［俄］谢·卡拉－穆尔扎：《论意识操纵》上，徐昌翰等译，社会科学文献出版社2004年版，第19页。

判的"严厉的专制主义方法"①。从具体方法上讲,马克思主义创始人恰恰是反对强制灌输或硬性灌输的,他们所主张是的说服式、引导式的灌输,具体包括说服教育、理论宣传、榜样示范、亲身体验等。恩格斯曾经致信参加美国工人运动的德国积极分子,提醒他们越少从外面把马克思主义理论"硬灌输给美国人",而越多由美国人通过自己的亲身经验去检验,马克思主义理论"就越会深入他们的心坎"②。列宁也明确反对"简单生硬地把政治灌输给尚未准备好接受政治的正在成长的年青一代"③,还告诫全党"不能强迫农民接受社会主义"④。毛泽东在古田会议决议案中提出了著名的十大教授法,摆在首位的就是"启发式(废止注入式)"⑤;他于1949年10月首次提出"思想政治教育"这个概念时,也特别强调:"……进行思想政治教育,不能强迫灌注。"⑥ 因此,在马克思主义视域中,尊重思想政治教育规律的说服和引导才是灌输的真正要义。

任何国家和社会的正常运行,都离不开思想文化传承和对社会成员的教化。对现代国家公民而言,接受包括思想政治教育在内的教育既是权利,也是义务。但是,这并不意味着思想政治教育或意识形态灌输和教化就可以是强制性的。英国后马克思主义代表人物拉克劳指出:"一个阶级行使领导权,并不在于它能够将一种统一的世界观强加于社会中的其他阶级,而在于它能够将不同的世界观巧妙地接合起来。"⑦

---

① I. A. Snook., *Indoctrination and Education*, London and Boston: Routledge & Kegan Paul, 1972, p.19.

② 《马克思恩格斯文集》第10卷,人民出版社2009年版,第562页。

③ 《列宁全集》第35卷,人民出版社2017年版,第422页。

④ 《列宁全集》第33卷,人民出版社2017年版,第269页。

⑤ 《毛泽东文集》第1卷,人民出版社1993年版,第104页。

⑥ 《毛泽东文集》第6卷,人民出版社1999年版,第11页。

⑦ Er Nesto Laclau, *Politics and Ledology in Marxist Theory*, Lodon: New Left Books, 1977, p.161.

避免思想观念的强加，不仅是一种领导策略，更是一条心理底线。恩格斯说过："我们不知道有任何一种力量能够强制处在健康清醒状态的每一个人接受某种思想。"① 显然，如果强迫头脑清醒的人们接受思想政治教育，即使教育内容是正确的，也必然会引起对方的抵触心理，导致教育活动无法顺利进行，或者只能得到对方勉强的、违心的接受，难以取得预期的、长期的效果。因此，在思想政治教育过程中，教育者与受教育者之间有思想互动，受教育者"享有思考和表达的自由"②，这才是思想政治教育的应然状态。即便在资本主义国家，资产阶级在通常情况下也会想方设法"赋予自己的思想以普遍性的形式"③，努力吸引而不是强迫民众认同资本主义意识形态。

当然，思想政治教育并非以说服教育为唯一的方法和手段。在思想政治教育领域，也有必要的法治教育和纪律要求，一些违法乱纪者也会受到相应的惩戒。另外，为了维持社会秩序，政府及相关部门也需要发布和执行各种行政命令。毛泽东指出，行政命令也要以说服教育为基础，"单靠行政命令，在许多情况下就行不通"④。列宁也说过："我们首先必须说服，然后再强制。"⑤ 可见，思想政治教育并不会因为必要的纪律要求和适当的行政命令而变成一种强制性活动。从社会治理角度来看，思想政治教育不同于强权控制、制度规范等其他社会控制方式，而是一种启发性的"社会控制的特殊模式"⑥，适用于意义认同关系。即便在法庭、监狱等某些带有强制性因素的特殊环境下，

---

① 《马克思恩格斯文集》第9卷，人民出版社2009年版，第91页。
② 李建华、赵宝玲：《思想政治教育"灌输理论"：说理与自由的统一》，《思想理论教育》2020年第8期。
③ 《马克思恩格斯文集》第1卷，人民出版社2009年版，第552页。
④ 《毛泽东文集》第7卷，人民出版社1999年版，第210页。
⑤ 《列宁全集》第41卷，人民出版社2017年版，第47页。
⑥ 孙其昂等：《思想政治教育现代转型研究》，学习出版社2015年版，第329页。

思想政治教育说服力也主要建立在人性化的说服教育和感化教育基础上。而真正强大的思想政治教育说服力，不仅能够让人信服，而且能够让人心悦诚服、乐于接受。因此，非强制性是思想政治教育说服力的题中之意。

二 针对性

思想政治教育说服力的针对性，即思想政治教育说服力是针对受教育者而言的，并由不同的受教育者各自感受和验证。思想政治教育有没有说服力或说服力强不强，旁观者或其他人固然也可以评判，但受教育者最有发言权。即便引入第三方评估，也必须充分重视受教育者的反馈意见。而且，旁观者评价或第三方评估时，他们实际上也会设身处地从受教育者的角度出发。

受教育者并非生产车间里整齐划一的产品，而是鲜活多样的人，他们具有不同的年龄、身份、职业、地位、思想、品德、性格、知识结构、认知风格、兴趣爱好等特点。毛泽东说过："共产党员如果真想做宣传，就要看对象。"① 在许多情况下，"同样一堂课、同样一个道理，能引起一部分人共鸣，但对另一部分人就缺乏说服力。"② 苏格拉底认为，人们对"真正的而非假冒的哲学家"也会产生分歧或误解，"有人说他们不值一提，有人说他们高于一切"③。换句话说，同一个思想政治教育工作者，在不同人眼里具有不同的说服力，即便是权威专家，也不一定能够得到所有人的认可。对不同的受教育者而言，同样的思想政治教育活动往往具有不同的说服力，这是思想政治教育说

---

① 《毛泽东选集》第3卷，人民出版社1991年版，第836页。
② 张健：《增强思想政治教育的说服力》，《国防大学学报》2007年第2期。
③ ［古希腊］柏拉图：《柏拉图全集》第3卷，王晓朝译，人民出版社2003年版，第3页。

第一章 思想政治教育说服力的学理阐释

服力针对性特征的集中体现。美国学者斯通认为,"自尊和其他个性因素看来与可说服度有关,自尊低的人更容易被说服。"① 在某种意义上,针对性也反映了受教育者对思想政治教育活动的感受、接受和认同等方面的差异性。

受教育者可以分为群体和个体两大类,思想政治教育说服力的针对性源于受教育者的群体差异性和个体差异性。群体差异性是指按一定标准划分的不同人群之间的整体差异性,比如,男性和女性、无产阶级和资产阶级、党员和非党员、领导干部和普通群众、小学生和大学生、青年人和老年人、激进者和保守者等不同群体之间,就存在不同的思想倾向和心理特点。当然,群体差异性也是以个体差异性为基础的一种抽象概括。从微观上讲,全世界每个人从外貌到内心都是独一无二的。如果说自然界不存在完全相同的两片树叶,那么,古今中外也不存在完全相同的两个人。即使是同一个人,在不同的时空条件下,其思想、心理、生理等各方面状况也是变动不居的。在思想政治教育领域,教育者所要关注的受教育者个体差异,主要包括以下三种:一是思想状况,包括思想信仰、政治立场、价值观念、道德品质等;二是个性特征,包括性别、年龄、气质、性格、文化程度、认知水平、接受习惯等;三是社会关系,包括身份、职业、经济地位、利益关系、社会交往等。受教育者的差异性,尤其是他们在思想观念、个性心理、身份地位、利益需求等主要方面的差异,决定了他们对思想政治教育的"口味"和"偏好"是不一样的。

一般来说,受教育者更容易接受与自身思想观念、认知水平和利益需求等比较贴近的教育信息。或者说,与受教育者思想认识、接受

---

① [美] 威廉·F. 斯通:《政治心理学》,胡杰译,黑龙江人民出版社 1987 年版,第 270 页。

特点和切身利益等具有一致性或兼容性的教育信息，对受教育者往往具有更强的说服力。从社会心理学的角度来看，这种一致性或兼容性能够消减人们在信息接收过程中可能产生的认知失调，从而提高受众对相关信息的认同度和接受度。马克思曾经批评朗格简单武断地试图将"生存斗争"视为涵盖全部历史的唯一规律，但是马克思也承认，朗格的谬论"对于那些华而不实、假冒科学、高傲无知和思想懒惰的人说来倒是一种很有说服力的方法"①。恩格斯曾经对梅林的《论历史唯物主义》一文给予充分肯定："在这里主要的东西您都论述得很出色，对每一个没有成见的人都是有说服力的。"② 以上事例也意味着，在马克思看来完全是谬误的理论，对某些无知、盲从的人却很有说服力；对没有成见的人很有说服力的文章，在某些抱有成见的人眼里却可能不值一提。

思想政治教育说服力的针对性特征，反映了受教育者状况对思想政治教育说服力实现的重要影响。在第二次世界大战期间，美国心理学家霍夫兰在美国军队中做过关于单向宣传与双向宣传效果的对比实验。当年意大利、德国相继投降之后，日本还在太平洋地区顽抗，美军指挥员担心士兵们因预见到战争快要结束而松懈斗志，他们想让士兵们相信，日本不会马上投降，大家还需要苦战至少两年时间。在单向宣传中，强调盟军补给线太长、日军有武士道精神等敌长我短的因素；在双向宣传中，除了上述内容之外，还分析了盟国海军实力强大、日本海军失利后现存实力较弱等敌短我长的因素。实验结果显示：对于文化程度较低的士兵，单向宣传的效果更好；而对于文化程度较高的士兵，双向宣传的效果更好；士兵的最初态度与宣传目标一致时，

---

① 《马克思恩格斯全集》第 32 卷，人民出版社 1974 年版，第 672 页。
② 《马克思恩格斯文集》第 10 卷，人民出版社 2009 年版，第 657 页。

单向宣传的效果更好；士兵的最初态度与宣传目标不一致时，双向宣传的效果更好。① 这个经典实验也启发我们，针对不同特点的受教育者，教育者要善于灵活采用有针对性的、合适的教育方法和策略，这样才能增强思想政治教育的说服力。

三　集成性

集成性即复合性、综合性。思想政治教育说服力的集成性，是指思想政治教育说服力一般以整体合力的形式展现出来，并给受教育者以综合性的印象和影响。思想政治教育说服力的集成性主要体现为以下两个方面。

第一，从微观来看，单项思想政治教育活动的说服力通过各构成要素的整体合力体现出来。从基本结构来看，思想政治教育说服力可以划分为目标说服力、内容说服力、主体说服力、方法说服力等不同要素。但是，这些构成要素不是单独起作用的，而是以有机结合的整体合力发挥作用的。就像一个人，从身体结构上可以划分头部、颈部、躯干、四肢四个部分，从生理功能上可以划分为神经、运动、消化、呼吸、循环、泌尿、生殖、内分泌、免疫九大系统，但在人的生命周期中，无论身体结构还是功能系统，都处于联合、协同的状态，都不可能单独存在和运行。对思想政治教育说服力的具体构成而言，同样如此。比如，主体说服力的强弱可以影响但不能单独决定思想政治教育的整体说服力。这就像高明的厨师，要是没有精良的食材和必要的厨具，也难以做出美味佳肴。反过来说，从思想政治教育整体说服力的强弱，可以具体分析但也不能简单推论单个说服力构成因素的状况。

---

① 参见时蓉华编著《社会心理学》第2版，上海人民出版社2002年版，第207页。

这就像一盘美味的海鲜，它可能是酒店名厨精心油焖的，也可能只是渔家主妇简单水煮的。当然，在其他因素不变的情况下，提升任何一种或几种说服力结构因素，都有助于增强整体的思想政治教育说服力。

第二，从宏观来看，某个时期某个国家或地区的思想政治教育说服力由各领域、各层面的思想政治教育说服力集合而成。从全社会来看，各个领域都存在思想政治教育活动。思想政治教育在面向公众、干部、学生、职工等各种不同群体时，各有其不同的内容和形式。每个群体内部也有千差万别的具体成员，每个具体成员在不同的年龄、身份、场合等条件下接受的思想政治教育活动也各不相同。总的说来，一个国家或地区的思想政治教育说服力由各个领域的思想政治教育说服力集合而成；一个领域的思想政治教育说服力由各个单位的思想政治教育说服力集合而成；一个单位的思想政治教育说服力由各项思想政治教育活动的说服力集合而成；一个人所感受到的思想政治教育说服力由其接受的全部思想政治教育活动的说服力集合而成。20世纪80年代，我国经济实力和科技水平还远远落后于西方发达国家，时任上海市市长的朱镕基曾经说过："中国什么科学能达到世界先进水平？我看思想政治工作能达到。"① 朱镕基的高度评价针对的是我国思想政治工作的整体成效，反映的其实就是集成性的思想政治教育说服力。

值得注意的是，思想政治教育说服力的集成性，不是指各个说服力要素的简单叠加或堆砌，而是指其经过协同、交融之后形成整体合力。在管理学中有一个著名的"木桶定律"，其核心内容是：一个直立木桶的盛水量，不是取决于桶壁上最长的板块，而是取决于最短的板块。当然，如果采取适当的策略，比如，将木桶往长板一侧倾斜，或

---

① 参见张蔚萍编著《新编思想政治工作概论》，中共中央党校出版社1989年版，第35页。

者将长板截下一部分以补齐短板，木桶的盛水量就会有所增加。思想政治教育整体说服力的强弱，就类似于"木桶"的盛水量，它不仅受制于单个说服力要素板块的长短，更取决于各个说服力要素板块的协同。比如，主体说服力和内容说服力可以相互弥补，主体说服力强和内容说服力弱的配合效果，与主体说服力弱和内容说服力强的配合效果可能相同或相近。所以，越是面对棘手的教育任务和不易说服的教育对象，越需要强大的说服力，也越需要主体说服力强的教育者，并且采用更有说服力的教育方法。

四 可变性

思想政治教育说服力的可变性，是指思想政治教育说服力会随着思想政治教育系统要素和外部条件的变化而增强或减弱。这种可变性包括受动的可塑性和自发的流变性两种形式。可塑性是指思想政治教育说服力可以被人为因素所改变，即教育者或相关主体可以通过一定的途径和方式增强或降低思想政治教育说服力。比如，教育者可以通过提升自身综合素质、优化教育内容和方法等途径增强思想政治教育说服力；在社会转型或社会革命等特定条件下，某些教育者（比如，新民主主义革命时期的中国共产党人）可能积极宣传更加符合时代进步潮流的先进思想理论，从而导致原先的思想政治教育说服力减弱；受教育者也可以通过提升或降低自己参与思想政治教育活动的积极性和主动性，从而在自身接受层面提升或降低思想政治教育说服力的实现程度。流变性是指随着时间和环境的变化，同一思想政治教育活动（尤其是教育内容）的说服力会自发地增强或减弱。比如，随着学生经历和知识的增长，他们对教师之前教导的某些为人处事的规则，可能会有更加深刻的理解和认同，也可能不再像之前那样深信不疑；随资本主义意识形态说服力的减弱或增强，社会主义意识形态说服力往往会相对增强或减弱，反之亦然。

　　思想政治教育说服力的可变性源于思想政治教育系统内外各种因素的发展变化，这也是宇宙万物运动变化规律的具体表现。事物的运动变化具有绝对性，一切事物都处在运动变化之中。孔子以"四时行焉，百物生焉"描述四季轮回、万物生长的规律；赫拉克利特认为，宇宙万物都在流变，时间既能造就万物，也能摧毁万物；柏拉图曾经引用赫拉克利特的论断："你不能两次踏进同一条河流，因为你会不断碰到新的水流。"① 对思想政治教育活动而言，只要目标、主体、内容、方法、环境等任何主要因素发生重大变化，思想政治教育说服力一般就会随之发生变化。这也是思想政治教育说服力具有可塑性的原因所在。以反腐倡廉教育为例，当一个官员在廉洁教育大会上发表铿锵有力的主题演说时，对于认真听讲的人而言，多少都具有一定的说服力；如果这个官员后来因为腐败问题成为"阶下囚"，他之前关于反腐倡廉的"豪言壮语"就会被人们视为笑料；如果他在监狱中真诚悔罪，或现身说法进行警示教育时，其亲身经历和肺腑之言作为反面教材又会有较强的说服力。邓小平曾经指出，对于干部群众中流行的一些重要思想问题，"要经过充分调查研究，由适当的人进行周到细致、有充分说服力的教育"②。显然，是否经过充分调查研究，由什么人进行思想政治教育，是否采用周到细致的方法等，都会影响到思想政治教育说服力。

　　同样的思想政治教育活动（尤其是教育内容）在不同时空条件下

---

　　① 转引自［英］伯特兰·罗素《罗素自选集》，戴玉庆译，商务印书馆2006年版，第22页。

　　② 《邓小平文选》第3卷，人民出版社1993年版，第144页。

具有不同的说服力,这种自发的流变性源于社会环境和人们思想意识的变动不居。认识源于实践,实践永无止境,认识永不停滞。马克思主义强调:"人们的意识,随着人们的生活条件、人们的社会关系、人们的社会存在的改变而改变。"① 由于个人生活阅历、知识积累、所处环境等方面的变化,人们的思想境界和理论需求会发生变化,对同一事物或理论的认识也会发生变化。马克思曾经提到,泰斯"来到伦敦时还是个蒲鲁东主义者,但由于跟我的个人接触和认真研究《资本论》,他完全改变了自己的信仰"②。毛泽东也说过:"我这个人从前就有过各种非马克思主义的思想,马克思主义是后来才接受的。"③ 可见,非马克思主义的思想观点曾经对泰斯和毛泽东都是有一定说服力的,但后来他们都经过学习和实践,转而接受马克思主义,成为坚定的马克思主义者;也就是说,马克思主义对他们的说服力增强了,而非马克思主义对他们的说服力减弱了。当然,在历史和现实中,也有一些人随着身份、地位和环境的变化,逐步丧失了原有的理想信念,甚至走上严重违法乱纪的道路。这也意味着,对那些思想蜕变者来说,思想政治教育说服力因为抵不过某些错误思想观念和不良社会风气的影响而趋于减弱。

从历史上看,当一个国家处于繁荣发展时期,或者一个政党处于上升进步时期,其思想政治教育说服力往往较强;而当一个国家处于发展停滞甚至衰退的历史时期,或者一个政党处于日益没落的历史时期,其思想政治教育说服力往往较弱。思想政治教育说服力的可变性启发人们,必须像重视国家现代化建设和政党先进性建设那样,高度

---

① 《马克思恩格斯文集》第2卷,人民出版社2009年版,第50—51页。
② 《马克思恩格斯全集》第34卷,人民出版社1972年版,第452页。
③ 《毛泽东文集》第7卷,人民出版社1999年版,第223页。

重视思想政治教育说服力建设，这样才能不断维护和增强思想政治教育说服力。

第四节　思想政治教育说服力的价值意蕴

美国学者葛兰杰认为，说服力的重要性在人类所有交往中都一再得到证明，"毫无疑问，说服力是成功的关键"①。在思想政治教育领域，说服力的重要性也是毋庸置疑的。思想政治教育说服力是思想政治教育的核心效能所在，增强思想政治教育说服力，有助于奠基思想政治教育实效性、巩固思想政治教育话语权、增强思想政治教育获得感、提升思想政治教育践行力。

一　奠基思想政治教育实效性

"思想政治教育能不能产生实效、能产生多大实效，关键在于能不能让受教育者信服。"② 思想政治教育的对象是人，是活生生的、多样化的、置身于复杂环境影响之中的人；更确切地说，思想政治教育的对象其实是人的思想意识，它具有主观性、复杂性、易变性等特征。人们常说思想政治教育工作难做，主要原因就在于教育对象的特殊性、教育环境的复杂性和教育效果的模糊性。立物易，立心难。在以客观事物为对象的生产劳动、科学实验等实践中，人们可以通过外力作用来改造客观事物，并以客观事物是否发生易于直观感知的位置、速度、形态、性能等方面的预期变化来衡量实践效果。但是，人的思想意识不像物质的东西那样可以直接搬运、堆砌或切割，也不能使用

---

① ［美］罗素·葛兰杰：《说服力决定成败》，张如玉译，东方出版社2009年版，第1页。
② 王思利：《思想政治教育关键在让人信服》，《解放军报》2020年11月17日第06版。

强力进行控制，只能通过无形的、以一种思想意识影响另一种思想意识的办法去激发、改造或提升。杜威说过："虽然我们能把一个人关在教养所，却不能使他悔过。"① 作为精神劳动层面的一种社会实践，思想政治教育要实现塑造或提升受教育者思想品德的目标，必须充分发挥其说服教育的精神力量，必须具备强大的说服力。只有让受教育者真正信服，思想政治教育内容和要求才能真正入脑入心、有效内化外化。

思想政治教育说服力何以必要？最根本的原因就在于人的主体性及其思维特质。孔子说过："学而不思则罔，思而不学则殆。"② 学与思是密不可分的，人们在学习或接受过程中必然带有自己的思考，这种思考包括但不限于对学习内容的质疑、求证、判断、归纳、演绎等。杜威在分析了人的思维特质后指出，只有"用心搜寻证据，确信证据充足，才形成信念"的思维"才有教育意义。"③ 毛泽东也明确要求，"共产党员对任何事情都要问一个为什么，都要经过自己头脑的周密思考"④。同样道理，每个受教育者都有自己的思考和认知，他们在接受特定的思想政治教育内容和要求并将其内化为自己的理想信念之前，也需要经过一系列的追问或反思，比如，这样到底对不对，行不行，为什么，怎么办，等等。因此，思想政治教育要取得实效，必须坚持以理服人，而且，越是面对理性思考、态度认真的人，越需要有强大的说服力。

人的头脑并非处于随时准备无条件接受填充的真空状态，而是一

---

① ［美］约翰·杜威：《民主主义与教育》，王承绪译，人民教育出版社2001年版，第33页。
② 《论语·为政》。
③ ［美］约翰·杜威：《我们如何思维》，伍中友译，新华出版社2010年版，第3页。
④ 《毛泽东选集》第3卷，人民出版社1991年版，第827页。

开始就充满各种复杂甚至奇怪的思想意识。即便是刚出生的婴儿，他们也有获取食物、寻求呵护等基本的意识和需求，并以哭闹作为传递信息的主要手段，经常让年轻的父母们感到手忙脚乱。随着年龄和阅历的增长，外部社会存在、社会意识的影响和自身的思想感悟、利益需求相互交织，使人的思想意识变得更加复杂多样。思想政治教育所要解决的基本矛盾，就是受教育者的思想意识与社会需要的思想意识之间的差距。这种差距主要体现为落后，有时也可能是超前，比如，某些人过于激进的思想意识也难以适应社会需要。无论是提升落后的思想意识，还是平抑过激的思想意识，都需要对受教育者头脑中原有的思想意识进行"涤荡"。好比一个装满水的杯子，要往里面注入新水，这个水流必须具有适当的冲击力，否则就无法将旧水充分地排挤出去并取而代之。如果把思想政治教育活动比作注入新的水流，那么，思想政治教育说服力就相当于水流冲击力。没有一定的说服力，思想政治教育就无法取得实际成效。

共产党人以实现共产主义为最终目标，并决心同传统的所有制关系及其思想观念"实行最彻底的决裂"[①]。要达到这样的效果，意味着马克思主义思想政治教育必须具有比传统思想政治教育更强大的说服力。但是，在资本主义的汪洋大海之中，马克思主义思想政治教育的说服力和实效性问题从刚开始就困扰着社会主义政权。1919年1月，因为听到从前线归来的宣传员们抱怨宣传工作"没有获得他们所期望的成绩"，高尔基专门给列宁写信，再次提议出版一份阐述苏维埃政权成就的杂志，并发给宣传员们参阅。高尔基认为，苏维埃政权在国家建设成就方面的各种事实"可以使理论生动活泼和富有说服

---

① 《马克思恩格斯文集》第2卷，人民出版社2009年版，第52页。

力",如果宣传员们能够多掌握这些事实,他们的宣传就可以取得更显著的成绩。①

与当年俄国苏维埃政权建立之初或我国社会主义制度确立之初的情况相比,当今我国思想政治教育的条件已大为改善。但是,东欧剧变、苏联解体至今,以美国为首的西方国家不时挑起各种争端,试图阻遏我国社会主义现代化进程,我国在全面建设社会主义现代化国家的新征程中也面临各种风险和考验。在不断发展变化的国内外形势下,我国思想政治教育事业面临的形势更加复杂,任务更加艰巨。只有不断增强思想政治教育说服力,才能不断提升思想政治教育实效性,才能"巩固马克思主义在意识形态领域的指导地位,巩固全党全国人民团结奋斗的共同思想基础"②,也才能更好地培养社会主义建设者和接班人。

二 巩固思想政治教育话语权

话语权是指公开表达立场、观点进而有效影响社会舆论的权力和能力。思想政治教育话语权是指教育者根据一定社会或阶级的要求,公开宣传或传播思想政治教育内容和要求,进而有效影响受教育者思想意识的权力和能力。话语权的构成包括权力和能力两个因素。从权力方面来讲,思想政治教育话语权来自正当的教育者身份和教育者权威,与教育者的职权或职责密不可分。只要是经过必要授权或认可的学校、组织、教师、干部等群体和个人,都可以成为思想政治教育者,都具备从事思想政治教育工作的合法性和传播思想政治教育信息

---

① 参见安徽大学苏联文学研究组编译《列宁与高尔基通信集》,外国文学出版社1981年版,第152页。

② 《习近平谈治国理政》第1卷,外文出版社2018年版,第153页。

的话语权。而当其失去相应的职权或职责时，其思想政治教育话语权一般也随之丧失或减弱。以领导干部为例，当他在位和掌握实权的时候，其活动和言论经常见诸媒体，其决策和指示往往成为下属遵照执行的直接依据，在其主管领域内具有很大的话语权和影响力；当他因为转岗、退休或落马等原因不在位时，往往就会"人走茶凉"，失去之前的话语权和影响力。以教师为例，当他获得教师资格和上岗许可之后，就能够以教师身份在适当场合授课或找学生谈心谈话，名正言顺地开展思想政治教育活动，采用恰当方法对学生施加积极的思想影响；当他因为违法乱纪等原因失去教师资格或离开教师岗位时，他就失去了在学校开展思想政治教育活动的正当性和话语权，即便他想采取一定方式继续开展思想政治教育活动，也难以得到学校和学生的认可。

如果说以权力为基础的话语权是刚性话语权，那么以能力为基础的话语权就是柔性话语权。思想政治教育的柔性话语权同样需要教育者有正当的资格（资格当中也必然有能力、品格等方面的基本要求），但它主要依赖教育者的能力而不是权力。这种能力包括组织能力、传播能力、表达能力、学习能力、创新能力等，这些能力归结起来，就是有效开展思想政治教育活动的综合能力，就是深刻影响受教育者的说服力。当教育者拥有高尚的品德、高超的能力，能够有效开展思想政治教育活动，使思想政治教育活动展现出强大说服力时，他就能得到受教育者更广泛更深层的认可，进而积累形成更强大的思想政治教育话语权。反之，如果一个教育者德不配位、能力不足，就难以胜任思想政治教育工作，其教育说服力就会日益减弱，最终可能因为无法得到受教育者或主管部门的认可而丧失思想政治教育话语权。

话语权最初作为一种言说的权力而存在，但从长期来看，它必须以说服力作为内在支撑。没有说服力的内在支撑，话语权必将走向衰落。有说服力的支撑，原先没有话语权或话语权弱小的主体，也可以逐步获得话语权或增强话语权。无论是对个体还是对政党、国家而言，道理都是一样的。历史上，俄国布尔什维克党和中国共产党都是在极其艰难的条件下，通过卓有成效的思想政治教育工作不断赢得广大人民群众的拥护，最终取得革命胜利，并在这个过程中确立和巩固了思想政治教育话语权。反观中国国民党和后来的苏联共产党，又都是在掌握国家政权和思想政治教育话语权的情况下，日益脱离群众、消极腐败、因循守旧，导致思想政治教育说服力不断减弱，意识形态防线逐步失守，最终丧失思想政治教育话语权和国家政权。这也应验了毛泽东在1948年9月说过的一句话："所谓领导权，就是要使被领导者相信……他们信服了，领导权就巩固了，否则会失去领导权的。"① 因此，保持或增强思想政治教育说服力，对于维护思想政治教育话语权乃至国家意识形态安全和政权稳定具有重大意义。

三 增强思想政治教育获得感

思想政治教育获得感是指受教育者在接受思想政治教育之后，因为自身精神利益从中得到满足而产生的一种正面心理体验，具体表现为受教育者获得知识、情感、价值和能力等方面的收益之后所产生的愉悦感、满足感、认同感、成就感等。近年来，思想政治教育获得感成为学界关注的新课题，其直接缘由有两个：一是自2015年以来习近平一再强调要"让人民群众有更多获得感"② "多推有利于增强人

---

① 《毛泽东文集》第5卷，人民出版社1996年版，第146页。
② 《习近平谈治国理政》第2卷，外文出版社2017年版，第102页。

民群众获得感的改革"①等，"获得感"迅速成为广为流传的热语；二是2017年教育部组织开展"高校思想政治理论课教学质量年"专项工作，明确要求增强大学生对思想政治理论课的获得感。思想政治教育获得感是检验思想政治教育效果的重要指标。②关注受教育者获得感，是坚持以人为本，提升思想政治教育针对性和实效性的必然要求。

"思想政治教育获得感是教育对象在考量实际获得的精神利益与自身心理预期的契合度而产生的相应的积极心理体验。"③这与思想政治教育说服力的生成机理有相通之处。思想政治教育者要真正说服受教育者，必须尊重并满足受教育者的合理利益需求（尤其是精神文化层面的需求），在此基础上才能有效引导和提升其思想品德。人们耗费时间和精力去接受思想政治教育，必然会考虑其成本和收益问题。让受教育者有获得感的思想政治教育才是有说服力的、可持续的。

有说服力的思想政治教育能够增进受教育者的知识、情感、价值、能力等方面的精神利益，从而提升其思想政治教育获得感。首先，有说服力的思想政治教育一般以科学理论为指导，具有跨学科的、严谨的理论知识体系，能够帮助受教育者比较系统地掌握哲学、伦理学、政治学、经济学、历史学、教育学、法学等多种哲学社会科学的基本理论和知识精华，增强其知识获得感。其次，有说服力的思想政治教育一般坚持以人为本，贴近受教育者的处境和需求，注重解决思想问题与解决实际问题相结合，能够给予受教育者人文关怀和心理疏导，增强其情感获得感。再次，有说服力的思想政治教育一般坚

---

① 《习近平谈治国理政》第2卷，外文出版社2017年版，第103页。
② 王易、茹奕蓓：《论思想政治教育获得感及其提升》，《思想理论教育导刊》2019年第3期。
③ 程仕波、熊建生：《论思想政治教育获得感》，《思想教育研究》2017年第7期。

守立德树人的目标，兼顾社会价值和个人价值，贯穿鲜明的、合理的价值导向，能够帮助受教育者辨析各种思潮和观念，树立科学的世界观、人生观和价值观，更好地把握人生的目标和方向，增强其价值获得感。最后，有说服力的思想政治教育一般注重理论联系实际，能够引导受教育者运用所学理论知识分析和解决问题，并积极投身社会实践，不断提高学习能力、辨析能力、实践能力和创新能力等，增强其能力获得感。

思想政治教育说服力能够增进受教育者获得感，关键在于思想政治教育要坚持以人为本，不断守正创新，做到以理服人、以情感人、以德育人、以行化人。受教育者获得感的增强，必将促使其进一步认同和信服思想政治教育。而受教育者的认同和信服也正是教育者所期待的教育效应，它有助于提升教育者的成就感和使命感，并鼓舞教育者继续加强和改进思想政治教育，进一步提升思想政治教育说服力，从而形成一种良性循环的局面。

四　提升思想政治教育践行力

思想政治教育的本质是社会主导意识形态的灌输和教化。意识形态不同于一般的哲学理论，虽然意识形态往往也有自己的哲学基础。马克思的名言"哲学家们只是用不同的方式解释世界，问题在于改变世界"[①]，一语挑明了意识形态与哲学理论的重要区别：哲学理论以解释世界为主要使命，而意识形态（尤其是马克思主义）以改造世界为主要使命。换句话说，实践性是意识形态不可或缺的基本属性。意识形态的实践指向，自然会引申出它的另外一个重要属性——群众性。

---

① 《马克思恩格斯文集》第1卷，人民出版社2009年版，第502页。

"思想本身根本不能实现什么东西。思想要得到实现,就要有使用实践力量的人。"① 因此,意识形态只有通过武装群众头脑,成为群众的行动指南,才能由理论解释或理论批判的精神力量转化为改造世界的物质力量——"理论一经掌握群众,也会变成物质力量"②。

意识形态的实践性要求和思想政治教育的本质规定,决定了思想政治教育的最终落脚点在于受教育者的实际行动。在思想政治教育过程中,引导受教育者的思想意识,培养受教育者的思想品德,这是必要环节也是主要环节。但是,受教育者思想意识的转变或思想品德的提升,最终都要以外在的实际行动来体现和检验。实践是认识的来源,也是认识的外化;实践出真知,真知化真行。这就是认识与实践、知与行的辩证关系。中国人自古强调知行合一。孔子主张君子要言行一致,荀子称"口能言之,身能行之"者为"国之宝也"。王守仁在《传习录》中说,"知是行之始,行是知之成""知而不行,只是未知"。对思想政治教育或道德教育来说,如果受教育者知而不行,那就意味着教育的低效甚至无效。我国台湾学者詹栋梁指出,"道德教育的本质,就是教导学生对于善与义务能知又能行"③。在西方,康德曾经说过,"任何人都不能代替受教育者本人的德性实践"④。麦金太尔同样肯定了实践对美德的重要性,他强调,"美德是人们实践的产物,它本身只有通过实践才能实现"⑤。

思想政治教育不同于一般的知识教育,它不仅要提高受教育者的思想认识,更要确立受教育者的理想信念和行为规范。检验思想政治

---

① 《马克思恩格斯文集》第1卷,人民出版社2009年版,第320页。
② 《马克思恩格斯文集》第1卷,人民出版社2009年版,第11页。
③ 詹栋梁:《德育原理》,(台北)五南图书出版公司1997年版,第13页。
④ Roger J. Sullivan, *Immanuel Kant's Moral Theory*, Cambridge: Cambridge University Press, 1989, p. 289.
⑤ 转引自俞可平《社群主义》,中国社会科学出版社2005年版,第113页。

教育效果，最终要看受教育者对思想政治教育内容和要求的践行情况。如果思想政治教育只是改变受教育者的思想认识，而未能影响受教育者的实际行动，或者这种受影响的实际行动并非发自受教育者的内心自觉，那就不能充分体现思想政治教育成效。思想是行动的指南，虽然思想落实到行动需要相应的条件，这种落实也不一定需要立即行动和原样执行，但可以肯定的是，如果受教育者普遍"知而不行"，只能说明思想政治教育流于形式、浮于表面，并没有真正深入人心的说服力和实效性。

  有说服力的思想政治教育之所以能够提升受教育者对思想政治教育内容和要求的践行力，主要在于它能够促进受教育者真学、真懂、真信、真用。毛泽东在《实践论》中说过："我们的实践证明：感觉到了的东西，我们不能立刻理解它，只有理解了的东西才能更深刻地感觉它。"① 这说明，与感性认识相比，理性认识是人类认识的高级阶段，对人的思想和行为具有更深刻、更稳定的影响。思想政治教育说服力来源于思想政治教育主体、目标、内容、方法等方面的正当性、科学性和合理性，反映受教育者对思想政治教育活动的理性接受和真诚信服，它是建立在受教育者理解和认同基础上的影响力。这种理解、认同和信服，既是前期阶段思想政治教育活动的结果，又是后续阶段思想政治教育活动的基础，能够让受教育者"更深刻地感觉"思想政治教育的存在和用处，从而持续保持良好的接收、接受、内化和外化状态，也就是做到真学、真懂、真信、真用。其中，真学是指态度，真懂是指认知，真信是指信仰，真用是指行动，这四个环节构成一个系统的、层层递进的、从认识到实践的思想政治教育接受过程。一个

---

① 《毛泽东选集》第1卷，人民出版社1991年版，第286页。

"真"字,强调的是"认真"和"真心",要求人们不能"马虎"和"虚伪"。显然,有说服力的思想政治教育最终导向受教育者的真信和真用,而真用彰显的就是受教育者对思想政治教育内容和要求的践行力。就现阶段我国思想政治教育来说,其根本目的是培养社会主义建设者和接班人,这就要求受教育者能够在坚持和发展中国特色社会主义、实现中华民族伟大复兴中国梦的生动实践中贡献自己的智慧和力量。

第二章

思想政治教育说服力的理念溯源

在人类历史长河中，积淀着丰富多彩的思想理论，同时也不断孕育、催生各种新的思想理论。每一种思想理论的形成和发展，都需要从已有的思想理论中得到启迪和滋养。研究思想政治教育说服力问题，同样需要从各种思想理论中发掘可借鉴的有益资源。当然，限于主客观条件，笔者不准备进行面面俱到的理论溯源，而是重点梳理与我国思想政治教育说服力研究最密切相关的重要思想理念。这些思想理念主要来自中国优秀传统教育思想、马克思列宁主义理论、中国化时代化马克思主义理论，以及西方的说服传播理论和道德教育理论等。其中，西方的说服传播理论和道德教育理论，已在绪论中做过简要介绍，此处不再赘述。

第一节　中国古代思想政治教育说服力理念

中国古代教育思想源远流长，其中有文字记载的可以追溯到殷周时期。当时，以国学、乡学为代表的官办学校初成系统，以礼、乐、射、御、书、数为内容的"六艺"教育也趋于完善。在"六艺"中，礼教居于首要地位，涉及政治、宗法、道德、礼仪等方面，涵盖了我国古代思想政治教育的主要内容。周公等人十分重视教育的政治功能，将教育作为治国安民、成风化人的重要手段，明确提出"保民""新民""明德慎罚"等教育思想，给后世带来深远影响。"以理服人，以文服人，以德服人，是中华文化的生命禀赋和生存耐性。"① 中国古代教育思想家们虽然较少直接论述思想政治教育说服力问题，而主要是从一般意义上阐述教育或德育的原则、内容、方法等，但许多反映中国优秀传统教育思想的观点和主张，也蕴含着深刻的思想政治教育说服力理念，对我们今天把握和增强思想政治教育说服力具有重要启迪。

一　以德化民

以德化民是中国传统德治教化思想的核心理念，其从整体上强调了思想政治教育目标、内容和方法的合理性，也集中体现了中国古代教育思想家对思想政治教育说服力的深刻理解。

以德化民的思想萌芽于夏商时期，形成于西周。商朝盛行天命思想，周灭商之后，西周统治者认为天命并非永恒不变的，而是可以转换的。鉴于夏商两代兴亡的经验教训，西周人总结出"皇天无亲，唯德是辅。民心无常，惟惠之怀"②，以及"民之所欲，天必从之"③ 等道理，认为上天只佑助有德之人，民心只归附仁爱之主，主张统治者应当以德配天、顺应民心。在《尚书》《诗经》中，"德"字出现的频率非常高。《尚书·周书》中常见"明德""敬德"之类的言论，比

---

① 《习近平新时代中国特色社会主义思想专题摘编》，中央文献出版社、党建读物出版社2023年版，第328页。
② 《尚书·蔡仲之命》。
③ 《尚书·泰誓》。

如,"先王既勤用明德""皇自敬德"等。周公等人认为"有德"的重要表现在于"保民",进而提出"敬德保民"的理论,认为江山社稷"欲至于万年,惟王子子孙孙永保民"①。可以说,敬德保民是西周时期"德"的核心内容。② 在道德及政治教化方面,周公明确提出了"明德慎罚"的思想,主张要彰显美德、慎用刑罚。周公视明德与慎罚为相辅相成的治国手段,其中,明德是基础,慎罚是保障,这对后世产生了深远影响。

春秋战国时期,儒家系统阐述了以德化民的教化思想。孔子继承了周公的德治思想,高度重视道德教化,并提出了"为政以德"的重要理念。他说:"为政以德,譬如北辰,居其所而众星共之。"③ 为政以德,强调的是道德及道德教化在治国理政中的基础地位,它既针对普通民众,也针对统治者。关于对民众的道德教化,孔子突出强调"德""礼"等道德规范所蕴涵的强大说服力。孔子指出:"道之以政,齐之以刑,民免而无耻。道之以德,齐之以礼,有耻且格。"④ 通过政令和刑罚的规制,可以使百姓尽量避免去犯罪,却不能使百姓感到犯罪是可耻的,而通过道德和礼仪的教化,则可以使百姓有羞耻心并且守规矩。关于对统治者的道德要求,孔子明确反对苛政,主张统治者要实行德政,做到以德服人。在孔子看来,"苛政猛于虎"⑤,统治者对百姓要宽厚、慈惠,因为"宽则得众""惠则足以使人"⑥。孔子还要求统治者在道德方面起到表率作用。他说:"政者,正也。子帅以

---

① 《尚书·梓材》。
② 王新山等:《中国古代思想政治教育史论》,武汉大学出版社2016年版,第8页。
③ 《论语·为政》。
④ 《论语·为政》。
⑤ 《礼记·檀弓下》。
⑥ 《论语·阳货》。

正，孰敢不正？"① "上好礼，则民莫敢不敬；上好义，则民莫敢不服；上好信，则民莫敢不用情。"② 孔子强调，为政者只要端正品行、作出表率，就能够增强自己的威信，进而得到民众的效法与服从。正是由于为政者需要具备比一般民众更高的道德品质，孔子认为，只有选拔任用正直无私的人，民众才会拥护和服从："举直错诸枉，则民服；举枉错诸直，则民不服。"③ 显然，在孔子看来，无论是教化民众还是治国理政，都要依靠道德、突出道德，这样才会有深入人心的强大说服力。孔子所主张的"德"，以"仁"为核心，以"礼"为规范，包含丰富的内涵，对调节人与人、人与社会（国家）的关系具有重要指导意义，当然，其中也带有维护封建专制制度及其等级伦理关系的浓厚色彩。

孟子继承并发展了孔子的德治思想，明确提出以德服人和施行仁政的主张。孟子指出："以力假仁者霸""以德行仁者王""以力服人者，非心服也，力不赡也；以德服人者，中心悦而诚服也""以不忍人之心，行不忍人之政，治天下可运之掌上"。④ 孟子认为，应当实行以德服人的王道而非以力服人的霸道，这样才能真正让人心悦诚服，才能更好地教化民众、治理国家。孟子是我国古代民本思想家的重要代表，他提出了民贵君轻的思想，并根据历史上政权兴亡的经验教训，深刻总结出得民心者得天下、失民心者失天下的道理。孟子还强调，统治者要赢得民心，既要在利益上恩惠于民，做到"所欲与之聚之，所恶勿施"⑤，更要在道德上教化于民，因为"善政不如善教之

---

① 《论语·颜渊》。
② 《论语·子路》。
③ 《论语·为政》。
④ 《孟子·公孙丑上》。
⑤ 《孟子·离娄上》。

得民也……善政得民财，善教得民心"①。

春秋战国时期，政治上诸侯争霸，文化上百家争鸣。除了儒家，还有道家、墨家、法家等众多思想流派，形成了繁荣灿烂的文化盛景，史称"诸子百家"。秦国在商鞅变法之后确立了法家思想的主导地位，后来灭六国而一统天下，但由于实行严刑峻法，很快因为民变而灭亡。西汉董仲舒从秦朝灭亡的教训中认识到，重刑罚不重道德，难以巩固政权，因此，他弘扬儒家思想，强调统治者应当"任德不任刑"②，"以仁安人，以义正我"③，用仁义道德去教化人民。他说："圣人之道，不能独以威势成政，必有教化。"④ 汉武帝采纳了其罢黜百家、独尊儒术的建议，自此以后，儒家思想成为我国两千多年封建社会的主导意识形态，其德治教化思想也一贯受到推崇。西汉刘向指出："政有三品：王者之政化之，霸者之政威之，强者之政胁之。夫此三者各有所施，而化之为贵矣。"⑤ 刘向认为，教化、威服、胁迫代表着治国理政的三种不同境界，这三种方法各有侧重，但教化的方法是最为可贵的，只有在确有必要或迫不得已的时候采用教化之外的其他方法，这样才能让人心服。

概而言之，中国传统德治教化思想的基本内容就是明德慎罚、以德化民、为政以德。其中，以德化民居于核心地位。古代教育思想家们认为，唯有以德化民、以德服人，思想政治教育活动才会有强大说服力，才能以民众的心灵秩序构建为基础更好地拓展社会的政治秩序，国家也才会长治久安。这种德治教化思想也是"注重文以化人，德礼

---

① 《孟子·尽心上》。
② 《汉书·董仲舒传》。
③ 《春秋繁露·仁义法》。
④ 《春秋繁露·为人者天》。
⑤ 《说苑·政理》。

并重"① 的中华传统人文精神的重要体现。

二 因材施教

因材施教是举世公认的优秀传统教育思想之一，其基本内涵是根据受教育者的不同特点采取有针对性的教育，以求最佳教育效果。因材施教契合包括思想政治教育在内的一切教育活动的针对性要求，有助于增强教育的说服力和实效性。在总结孔子等前人实践经验的基础上，朱熹等宋代思想家正式提炼出"因材施教"的教育理念。朱熹指出："圣贤施教，各因其材，小以成小，大以成大，无弃人也。"② 张栻也有类似的总结："圣人之道，精粗虽无二致，但其施教，则必因其材而笃焉。"③

孔子非常注重因材施教，并拥有丰富的施教理念和实践经验。具体表现在以下四个方面。

其一，根据学生不同的道德境界，对同一问题做出大方向一致但侧重点不同的回答。比如，对"仁"这个儒家思想核心概念的解释，颜渊"问仁"时，孔子答复："克己复礼为仁。"④ 仲弓"问仁"时，孔子则说："出门如见大宾，使民如承大祭。己所不欲，勿施于人。在邦无怨，在家无怨。"⑤ 而樊迟"问仁"时，孔子只用"仁者爱人"⑥ 四个字来概括。当学生们请教有关"礼""孝""政""知""士""君

---

① 沈小勇：《中华传统德治文化的价值意蕴与当代重构》，《贵州社会科学》2021年第3期。
② （宋）朱熹：《四书章句集注》，中华书局2011年版，第339页。
③ 参见（宋）朱熹《四书章句集注》，中华书局2011年版，第87页。
④ 《论语·颜渊》。
⑤ 《论语·颜渊》。
⑥ 《论语·颜渊》。

子"等其他问题时,孔子的回答也是因人而异。①

其二,根据学生不同的个性特点,对同一问题做出不同甚至截然相反的回答。比如,当子路请教是否应当"闻斯行诸"(听到了就要立即行动)的问题时,孔子反问道:"有父兄在,如之何其闻斯行之?"可当冉求提出同样的问题时,孔子却说:"闻斯行之。"对孔子前后不一、自相矛盾的回答,公西华感到困惑,并虚心请教。孔子解释道:"求也退,故进之;由也兼人,故退之。"② 冉求勇气不足,遇事退缩,所以要鼓励他;仲由胆量过人,敢作敢为,所以要制约他。对孔子"问同而答异"的缘由及效果,北宋思想家张载评论说:"知其人且知德,故能教人使入德。"③

其三,对学生的才智高低进行分类,主张对不同学生采用不同层次的教育内容。比如,孔子说:"中人以上,可以语上也;中人以下,不可以语上也。"④ 对中等水平以上的人,可以讲授高深的学问,对中等水平以下的人,不能讲授高深的学问。该论断实际上还包含着教育内容要有适当超越性的意蕴,这与当代美国认知心理学家柯尔伯格的道德发展阶段理论、苏联教育家维果斯基的最近发展区理论等有异曲同工之妙。

其四,在深入了解学生的基础上,有针对性地制订分类培养的目标计划。比如,孔子按照德行、言语、政事、文学等几个方面拟定了学生培养名单:"德行:颜渊、闵子骞、冉伯牛、仲弓;言语:宰我、子贡;政事:冉有、季路;文学:子游、子夏。"⑤

---

① 参见朱永新《中国古代教育思想史》第 4 版,中国人民大学出版社 2012 年版,第 128 页。
② 《论语·先进》。
③ 《正蒙·中正》。
④ 《论语·雍也》。
⑤ 《论语·先进》。

因材施教的前提，是精准认识和把握教育对象的特点。在这方面，孔子也堪称典范。孔子注意观察了解学生的表现、经历、兴趣等，"视其所以，观其所由，察其所安"；不仅"听其言而观其行"，而且"退而省其私"。①《论语》中记载了孔子评价学生的很多言论，体现了孔子对学生的天资、性情、才能等各方面的深入考察。比如："回也闻一以知十，赐也闻一以知二"②；"柴也愚，参也鲁，师也辟，由也喭"③；"由也，千乘之国，可使治其赋也……求也，千室之邑，百乘之家，可使之为宰也……赤也，束带立于朝，可使与宾客言也"④。

孟子继承并发扬了孔子因材施教的思想，强调教育方式应当灵活多样。孟子将可教之徒分成五种类型："有如时雨化之者，有成德者，有达财（通'材'）者，有答问者，有私淑艾者。此五者，君子之所以教也。"⑤ 即有的人能够像时雨滋润万物，有的人能够成就其品德，有的人能够培养其才能，有的人善于解答疑问，有的人能够为后人私下学习。在此基础上，孟子指出："教亦多术矣，予不屑之教诲也者，是亦教诲之而已矣。"⑥ 意思是，教育也有多种方式方法，有时候我不屑于教诲某个人，也是对他的一种教诲。这种"不屑之教"可以从反面激发学生的自尊心和羞愧感，进而促进学生奋发向上，堪称一种独特而奥妙的教育方式。

荀子主张根据不同学生的个性特征，有针对性地采用教育的原则、方法和内容。他详细总结了各种"治气养心之术"："血气刚强，则柔之以调和；知虑渐深，则一之以易良；勇胆猛戾，则辅之以道顺；齐

---

① 《论语·为政》。
② 《论语·公冶长》。
③ 《论语·先进》。
④ 《论语·公冶长》。
⑤ 《孟子·尽心上》。
⑥ 《孟子·告子下》。

给便利，则节之以动止；狭隘褊小，则廓之以广大；卑湿重迟贪利，则抗之以高志；庸众驽散，则刼之以师友；怠慢僄弃，则炤之以祸灾；愚款端悫，则合之以礼乐，通之以思索。"① 大意是，对刚强激进的人，要培养其柔顺调和的气质；对智谋深沉的人，要培养其忠诚专一的品格；对胆大勇猛的人，要用道理加以教化；对急躁冒进的人，要调节其行动；对心胸狭小的人，要开阔其胸怀；对目光短浅、苟且贪利的人，要培养其远大志向；对才能平庸、行为散漫的人，要通过良师益友加以改造；对轻薄自弃的人，要用灾祸的后果加以警示；对虔诚端敬的人，要以礼乐相合、思索相通使其更加完善。

除了注重考察教育对象的个体特征，中国古代教育家还注意把握教育对象的群体特点，并提出有针对性的教育原则，这也是因材施教的体现。比如，《学记》中归纳了学生"或失则多，或失则寡，或失则易，或失则止"四种心理偏差，进而提出"长善救失"的教育思想，强调教师要充分了解学生状况，对学生因势利导、扬长补短。明朝王守仁在《传习录》中对儿童性情做了细致分析，认为教育要契合学生的年龄和资质等特点，顺应而为。他说，童子的性情"乐嬉游而惮拘检，如草木之始萌芽"，应当采用"舒畅"而非"摧挠"的培育方式，"必使其趋向鼓舞，中心喜悦，则其进自不能已"。王守仁还认为，每个人的资质存在差异，施教必须注意学生的长短优劣，"随人分限所及"；如果面对的是"中人以下的人"，"便与他说性说命他也不省得，也须慢慢琢磨他起来"。

因材施教的教育理念，要求教育者在深入认识受教育者个体和群体特点的基础上，有针对性地采用合适的教育内容和教育方法。针对

---

① 《荀子·修身》。

性是说服力和实效性的必要条件。思想政治教育说服力的针对性特征，决定了同一思想政治教育活动对不同受教育者往往具有不同的说服力。思想政治教育对象是鲜活具体、复杂多样的人，其思想认识、个性特点、兴趣爱好、生活经历等可谓千差万别，如果采用千篇一律的教育内容和方法，就难以提升说服力和实效性。这就要求思想政治教育者深入把握受教育者的特点，善于根据不同的实际情况，有针对性地灵活采用合适的教育内容和方法。除了做好群体性的思想政治教育，还要做好个体性的思想政治教育，在很多具体情境下，要努力做到"一把钥匙开一把锁"。

三 言传身教

言传身教，即教育者既要通过语言传授道理，更要通过行动以身作则，以便为受教育者做出榜样和示范。孔子说过："其身正，不令而行。其身不正，虽令不从。"① 这从正反两方面揭示了教育者或管理者以身作则、正人先正己所具有的强大说服力。孟子也说过，"仁言不如仁声之入人深也"②，强调仁德的声望比仁德的言辞更能够令人信服、深入人心。"人不率则不从，身不先则不信。"③ 教育者如果不做出表率、不身先力行，思想政治教育就难以令人信服。言传身教的理念，蕴含着对教育者教育方法和主体品格两个层面的要求。

从教育方法来看，言传身教强调言传与身教的有机统一。孔子主张将"有言之教"和"无言之教"相结合，适合用"有言之教"时就用之，不适合用"有言之教"时就用"无言之教"，这样才能达到

---

① 《论语·子路》。
② 《孟子·尽心上》。
③ 《宋史·宋祁传》。

"知者不失人亦不失言"①的境界。所谓的"无言之教",即通过心理暗示或自身行为去影响、教育学生。孔子非常推崇"无言之教"的示范作用,他甚至对学生说,在今后的教育中,"予欲无言",并将"无言之教"比作天地运行的内在规律:"四时行焉,百物生焉,天何言哉。"② 这实际上就是强调要注重通过"身教"的示范作用去潜移默化地影响学生。比如,孔子要求学生好学乐学,自己就"好古敏求";要求学生见利思义,自己就是鄙视"不义而富且贵"的人。

言传与身教的有机统一必然要求教育者做到言行一致。墨子认为人要"以身戴行"③,他提出"尚贤""尚同"的政治理念,主张任用贤能之人,并要求从里长、乡长、大夫直到国君等为政者,都要做到先治其身:"政者,口言之,身必行之。"④ 在教育实践中,墨子也是这样严格要求自己做到言行一致的。史书记载:"昔者楚欲攻宋,墨子闻而悼之,自鲁趋而往,十日十夜,足重茧而不休息,裂裳裹足,至于郢。"⑤ 生动反映了墨子吃苦耐劳、不畏艰难的精神。在墨子的言传身教之下,其学生也大都具有"赴火蹈刃,死不旋踵"⑥的非凡勇气。

从主体品格来看,言传身教强调教育者要有堪为人师的综合素质。荀子提出:"师术有四,而博习不与焉。尊严而惮,可以为师;耆艾而信,可以为师;诵说而不陵不犯,可以为师;知微而论,可以为师。"⑦ 荀子认为,除了学识渊博这个要求之外,教师还必须具备以下四个条件:师道尊严,能使人敬畏;德高望重,能使人信服;能系统传授知

---

① 《论语·卫灵公》。
② 《论语·阳货》。
③ 《墨子·修身》。
④ 《墨子·公孟》。
⑤ 《淮南子·修务训》。
⑥ 《淮南子·泰族训》。
⑦ 《荀子·致士》。

识而且不违反师说；能通晓精微的道理并善于阐发。《学记》中说："君子既知教之所由兴，又知教之所由废，然后可以为人师也""善教者，使人继其志"。强调教师不仅要具备高尚的品德和精进的学识，还要掌握正确的教育原则和方法，能够使学生继承和发扬教师的志向。东晋袁宏说过："经师易遇，人师难遭。"① "经师"的主要职能是传授知识，而"人师"除了传授知识，更要为人师表，在人品学问等方面做别人的表率和榜样。西汉韩婴《韩诗外传·卷五》上有言："智如泉涌，行可以为表仪者，人师也。"扬雄《法言·学行》中也说："师者，人之模范也。"南宋袁采说："己之才学为人所尊，乃可诲人以进修之要；己之性行为人所重，乃可诲人以操履之详。"② 总体而言，古人强调教育者只有具备深厚的才学和优秀的品行，才能胜任教书育人的职责。

言传身教、为人师表的延伸要求，是倡导尊师爱生，建立和谐的师生关系。对此，中国古代教育家们也身体力行。孔子关心学生的品德和学业，也关心学生的生计与健康，与学生建立了深厚的情谊。学生进步，他倍感欣慰；学生家贫，他时常接济；学生生病，他前去看望；学生去世，他十分悲痛。比如，听到得意门生颜回死去的消息，年事已高的孔子恸哭不已，从此拒绝爱吃的肉，不久自己也去世了。孔子说："爱之，能勿劳乎？忠焉，能勿诲乎？"③ 还说："二三子以我为隐乎？吾无隐乎尔。"④ 孔子对学生做到了无私无隐，并寄予无限期望："后生可畏，焉知来者之不如今也？"⑤ 他还鼓励年轻人勇于担当重任，即使在老师面前也可以"当仁不让于师"⑥。孔子为人师表、言

---

① 《后汉记·灵帝纪上》。
② 《袁氏世范》卷二。
③ 《论语·宪问》。
④ 《论语·述而》。
⑤ 《论语·子罕》。
⑥ 《论语·卫灵公》。

传身教，学生们自然也"亲其师，信其道"。颜渊赞叹说："仰之弥高，钻之弥坚……夫子循循然善诱人，博我以文，约我以礼，欲罢不能。"①子贡说："夫子之不可及，犹天之不可阶而登也。"② 孔子去世后，学生们在其墓旁搭建草房，守丧三年，分别时痛哭难舍。子贡不忍离开，又住了三年。宋代的朱熹、胡瑗、程颢、程颐等一些教育家也是尊师爱生的典范。比如，朱熹发扬孔子循循善诱、诲人不倦的精神，既严格要求学生，又注重启发引导，对学生有深厚的感情。他的学生黄榦在其编撰的《朱子行状》中说："朱子讲论经典，通贯古今，率至夜半。虽疾病支离，至诸生问辨，则脱然沉疴之去体，一日不讲学，则惕然常以为忧。"真切反映了一代名师敬业爱生的伟大情操。学生们对孔子、朱熹等人的敬仰和缅怀，自然也反映了孔子、朱熹等人思想及其教育活动的强大说服力和感染力。

与教育者刻意选择或塑造先进典型来进行榜样教化不同的是，言传身教强调"将教化主体与教化载体（榜样）合二为一，教化主体的身教示范被视为榜样教化的主要表现形态"③。为此，中国古代教育家对教育者或君子的自身修养提出了很高的要求。比如，孔子提出了"修己以安人"④"躬自厚而薄责于人"⑤"己所不欲，勿施于人"⑥等一系列主张，强调要安人先修己，要责人先自厚，自己不愿意接受的不要施加给别人，等等。这对于我们今天加强思想政治教育者的自身修养也很有启发意义。

---

① 《论语·子罕》。
② 《论语·子张》。
③ 陈继红：《榜样教化：古代社会治理中的思想政治教育》，《教学与研究》2021年第1期。
④ 《论语·宪问》。
⑤ 《论语·卫灵公》。
⑥ 《论语·卫灵公》。

四 启发引导

中国古代教育家十分重视采用启发引导的教育方法，以激发受教育主体意识、开发受教育者认知潜能。在他们看来，教育说服力或影响力的充分实现离不开受教育者自身的学思践悟。早在两千多年前，孔子、孟子等人就深刻论述并生动实践过启发式教学。"不愤不启，不悱不发，举一隅不以三隅反，则不复也。"① 孔子不仅强调了启发的必要性，而且阐明了启发的时机，就是当受教育者有求知通理的强烈愿望却感到困惑时，就适合给予启发，使其能够举一反三。

孔子经常采用启发式教学。比如，子贡问："贫而无谄，富而无骄，何如？"孔子说："可也。未若贫而乐，富而好礼者也。"子贡问："《诗》云：'如切如磋，如琢如磨'，其斯之谓与？"孔子称赞道："赐也！始可与言《诗》已矣。告诸往而知来者。"② 子贡在思考人的品德问题时，孔子引导他拓展思路，从贫穷而能不谄媚、富有而能不骄纵的一般层次，提升到贫穷却能乐道、富有却能好礼的更高要求。当子贡体会到，学习或修养要像《诗经》中所说的加工骨器玉石那样不断切磋、不断琢磨、精益求精时，孔子充分肯定他能够举一反三，从已有的讨论中领悟出还没有说到的意思。子夏问："'巧笑倩兮，美目盼兮，素以为绚兮'，何谓也？"孔子回答："绘事后素。"子夏领悟出老师的意思：绘画需要先有素洁的底子，就像"礼"必须建立在"仁"的思想基础之上。但子夏对自己的理解是否准确还不敢肯定，于是追问："礼后乎？"孔子高兴地说："起予者商也！始可与言《诗》已

---

① 《论语·述而》。
② 《论语·学而》。

矣。"① 孔子避免简单的道德说教，而是由形象的生活事例，引向抽象的道德观念，启发学生主动、深刻地思考和认识"仁"的意义，从而自觉接受"礼"的规范，这是一次很好的"启发式教学的范例"②。在西方教育史上，"苏格拉底法"是极为著名的教育方法。古希腊的苏格拉底经常使用问答的谈话方法，引导人们发现存在于自己内心的真理，他认为自己不是授人以知识，而只是帮助知识产生的"产婆"。因此，"苏格拉底法"也被称为"助产术"或"产婆术"。有学者认为，"孔子运用问答式方法教育学生并不逊色于苏格拉底"③。

孟子也说过："君子引而不发，跃如也。"④ 主张教师要像射手那样张开弓却不发箭，做出跃跃欲试的姿势，以引导和调动学生的学习积极性。孟子还注重引导学生进行自我教育，提出"深造自得"教育理念："君子深造之以道，欲其自得之也。"⑤

《学记》对启发式教学也有重要论述："君子之教，喻也。道而弗牵，强而弗抑，开而弗达。道而弗牵则和，强而弗抑则易，开而弗达则思。和易以思，可谓善喻矣。"意思是，好的教育，重在启发引导，让学生自己理解和感悟；引导学生而不是牵着学生，就能使教学过程更加和谐；激励学生而不是压抑学生，就能使学生感到轻松；启发学生而不是直陈结论，就能促进学生思考。做到这些，就可以说是善于启发引导了。

启发引导既是具体的教学方法，又是普遍的教育原则，与长善救失、因材施教等其他教育理念密切相关。《学记》中说："人之学也，

---

① 《论语·八佾》。
② 张岱年、方克立主编：《中国文化概论》修订版，北京师范大学出版社 2004 年版，第 152 页。
③ 朱永新：《中国古代教育思想史》第 4 版，中国人民大学出版社 2012 年版，第 27 页。
④ 《孟子·尽心上》。
⑤ 《孟子·离娄下》。

或失则多，或失则寡，或失则易，或失则止。此四者，心之莫同也。知其心，然后能救其失也。教也者，长善而救其失者也。"意思是，学生在学习过程中往往存在贪多不专、孤陋寡闻、浮躁易变、浅尝辄止四种毛病，反映了学生对待学习的不同心态；教师只有充分了解这些心态，才能帮助学生克服缺点；教师的职责，就是因势利导，既要发扬学生的优点，又要纠正学生的缺点。也就是说，启发引导学生要有针对性，要充分考虑学生的个性特征和学习状态，努力促进学生的进步和完善。当然，多与寡、易与难并非固定不变的，得与失也可以相互转化。王夫之说："多、寡、易、止虽各有失，而多者便于博，寡者易以专，易者勇于行，止者安于序，亦各有善焉；救其失，则擅长矣。"① 多、寡、易、止虽各有毛病，但其中也各有一定的积极因素。教师应全面考察学生，懂得教育辩证法，依据不同类型学生"至学之难易"和"资质"之"美恶"，克服消极因素，发扬积极因素。王夫之的论述既突出了正面教育、因势利导的意义，又蕴含着因材施教的思想。② 关于启发引导的具体方法，王夫之根据学生的品德、气质等状况，总结了"或顺而成之""或逆而矫之""或诱之以易从""或困之以难得"等多种教育之"术"③，充分体现了教育方法的灵活性、综合性。

中国古代教育思想家注重对学生进行启发引导的同时，也强调教师教学和学生学习都要遵循思想认识形成的发展规律，做到循序渐进，既不可急于求成，也不可止步不前。孔子说："不怨天，不尤人，下学

---

① 《礼记章句》卷十八。
② 张岱年、方克立主编：《中国文化概论》修订版，北京师范大学出版社2004年版，第155页。
③ 《四书训义》卷三十六。

而上达。"① 对此，朱熹在《四书章句集注》中解释道："此但自言其反己自修，循序渐进耳。"他认为孔子所说的"下学而上达"就是"循序渐进"的意思。孟子将学习活动看作一个自然发展的过程，强调既要坚持不懈，又不能急躁冒进。他将进学的次序比作水流，"流水之为物也，不盈科不行；君子之志于道也，不成章不达"②。同时，也要注意避免"其进锐者，其退速"③的情况。孟子还将人的成长过程与禾苗的自然生长过程进行类比，将教育人比作种植禾苗，主张一方面要尽力耕耘，不能放任自流；另一方面要顺其自然，不能拔苗助长。《学记》中也提出教学要循序渐进："不陵节而施之谓孙（通'逊'，意为顺）""杂施而不孙，则坏乱而不修"。意思是，教学不超越学生的接受能力才叫合乎顺序，如果不按照顺序，杂乱施教，就会混乱不堪、适得其反。朱熹明确提出了"循序而渐进"④的教学思想，他说："君子教人有序，先传以小者近者，而后教以远者大者。"⑤ 强调教学要按照一定的顺序，由小到大，由近到远，由浅到深，由低到高。朱熹还说："圣贤教人，下学上达，循循有序，故从事其间者，博而有要，约而不孤，无妄意凌躐之弊。"⑥ 在朱熹看来，教学应当循序渐进，如果不事下学而妄想上达（不循序而躁进），或者专事下学而不求上达（虽循序而不进），最终都达不到目的。

知识的积累和品德的发展都需要一个渐进的过程，既不可能一蹴而就，也不应该浅尝辄止。中国古代圣贤们强调教育既要注意启发引导，充分发挥受教育者的主动性和积极性；又要注意把握教与学的阶

---

① 《论语·宪问》。
② 《孟子·尽心上》。
③ 《孟子·尽心上》。
④ 《读书之要》。
⑤ 《朱子语类》卷八。
⑥ 《续近思录》卷二。

段性和节奏感，做到循序渐进，这是符合客观规律的。做到这两个方面的辩证统一，自然有助于增强教育的说服力和实效性。

第二节　马克思列宁主义思想政治教育说服力理念

马克思列宁主义是马克思、恩格斯创立的马克思主义及其继承者列宁创立的列宁主义的合称。马克思列宁主义以辩证唯物主义和历史唯物主义为哲学基础，以实现无产阶级和全人类的彻底解放为奋斗目标，包含着博大精深的理论体系，为世人提供了科学的世界观和方法论。包括中国共产党在内的大多数无产阶级政党都将马克思列宁主义作为自己的理论基础或行动指南。马克思列宁主义理论中直接涉及思想政治教育说服力的论述固然不多，但有关社会存在与思想意识、理论彻底性与理论说服力、科学对待马克思主义、注重意识形态斗争等方面的思想观点，可以为思想政治教育说服力研究提供强大的方法论指导。

一　社会存在决定社会意识

研究思想政治教育说服力，不能不关注人的思想意识。在很大程度上，思想政治教育说服力就是教育者思想意识对受教育者思想意识的有效影响力。马克思主义哲学认为，世界的本源是物质，先有物质，后有意识，物质决定意识，意识反映物质；在社会意识和社会存在的关系上，也是社会存在决定社会意识，社会意识反映社会存在，而不是相反。这个唯物主义基本原理对我们科学认识人的思想意识，进而正确把握思想政治教育规律具有基础性的指导意义。

思想意识是人类特有的高级精神活动，它以大脑作为自己的物质器官，以现实生活作为自己的反映对象。现代科学证明，人脑是自然界最发达、最复杂的神经系统。高度发达的人脑以及基于人脑的语言和意识，逐步形成和发展于人类进化的漫长历史，其中，劳动和社会交往起到了关键作用。在极其恶劣的自然环境中，由古猿进化而来的原始人从事狩猎、采集等生产劳动，以满足个体和群体的生存需要。随着生产劳动的发展，人与人之间的联系和沟通不断加强，语言的产生也就成为水到渠成的事情。人类的物质生产和社会实践不仅直接促成了人脑、语言和意识的发展，而且构成了千姿百态的人类思想意识的根本内容。马克思深刻指出："思想、观念、意识的生产最初是直接与人们的物质活动，与人们的物质交往，与现实生活的语言交织在一起的。"①

如何认识纷繁复杂的思想意识和社会历史，这是哲学史上长期困扰人们的问题。在马克思主义诞生之前，旧哲学家们大多认为，自然界的演变进化存在客观规律，而人类社会的发展变迁却无章可循。历史唯心主义者则提出，人类历史发展取决于杰出人物的意志，或者上帝的旨意、绝对的观念等神秘力量。这种唯心史观将人类历史置于唯意志论或神秘主义的混沌状态。马克思、恩格斯认为，"全部社会生活在本质上是实践的"②，在社会历史领域，一切活动本质上都是人们有意识、有目的、有选择的实践活动。但是，人的动机、目的和意志，无法改变"历史进程是受内在的一般规律支配的"③ 这一事实。要发现人类社会发展的客观规律，关键在于弄清引发人的意识和动机的物质因素，这样才能找到历史人物的动机，以及使广大群众、整个民族、

---

① 《马克思恩格斯文集》第 1 卷，人民出版社 2009 年版，第 524 页。
② 《马克思恩格斯文集》第 1 卷，人民出版社 2009 年版，第 501 页。
③ 《马克思恩格斯文集》第 4 卷，人民出版社 2009 年版，第 302 页。

整个阶级行动起来的动机背后"构成历史的真正的最后动力的动力"①。

  在深入研究经济学、哲学的基础上,马克思、恩格斯创立了唯物史观,科学揭示了人的思想意识和人类社会发展的一般规律。唯物史观的基本原理主要包括生产力决定生产关系、经济基础决定上层建筑、社会存在决定社会意识等。马克思、恩格斯指出,一切人类生存以及一切历史的第一个前提,就是人们为满足吃、喝、住、穿等基本生活需要而进行的物质生产;人们在自己赖以生活的社会生产中,必然会发生一定的、不以人的意志为转移的、同物质生产力的发展阶段相适应的生产关系;生产关系的总和构成社会的经济基础,经济基础决定了"法律的和政治的上层建筑"以及与之相适应的"一定的社会意识形式";因此,"物质生活的生产方式制约着整个社会生活、政治生活和精神生活的过程。不是人们的意识决定人们的存在,相反,是人们的社会存在决定人们的意识"②;这种决定作用的突出表现,就是"人们的意识,随着人们的生活条件、人们的社会关系、人们的社会存在的改变而改变"③。

  马克思、恩格斯以非凡的洞察力深刻揭示了人类社会的内在结构因素及其矛盾运动规律,有力地破除了唯心史观带来的认识误区。在马克思主义视域下,社会存在是物质生产、精神生产、人口生产以及社会关系的总和,其中物质生产构成社会存在的本体。④ 考察人的思想意识以及各种社会意识形态,都要注意从社会存在尤其是物质生产实践中去追寻根源,这就是马克思主义唯物史观所提供的基本方法。同样,在分析自己的理论时,马克思、恩格斯也自觉遵循社会存

---

① 《马克思恩格斯文集》第4卷,人民出版社2009年版,第304页。
② 《马克思恩格斯文集》第2卷,人民出版社2009年版,第591页。
③ 《马克思恩格斯文集》第2卷,人民出版社2009年版,第50—51页。
④ 邹诗鹏:《马克思的社会存在概念及其基础性意义》,《中国社会科学》2019年第7期。

在决定社会意识的原理,强调科学社会主义"就是无产阶级运动的理论表现"①。

当然,马克思主义哲学是辩证的而非机械的。一方面,社会存在决定社会意识;另一方面,社会意识产生之后,有其相对独立性,可以跨越时空、传承发展,也可以通过指导人们的实践活动,进而对社会存在产生能动的反作用。正因为有思想意识,人可以能动地认识世界、改造世界,以促进自然、社会以及人自身的发展。正如马克思所言,"理论一经掌握群众,也会变成物质力量"②。值得注意的是,出于批判历史唯心主义以及指导无产阶级革命的需要,马克思、恩格斯突出强调了社会存在的决定作用,而对社会意识的相对独立性及其反作用只是零星论及,未做更系统的阐述。这也导致后来的一些学者和马克思主义者教条主义地片面理解社会存在与社会意识(也包括观念和制度的上层建筑)的关系。因此,直到今天,一些西方学者还经常宣称,"经济决定论"(Economic Determinism)是马克思主义及马克思主义者的一个重要标识。③ 其实,恩格斯从1890年开始,就多次批评过当时一些资产阶级学者和第二国际理论家基于对唯物史观的歪曲或误解所鼓吹的"经济因素是唯一决定性的因素"④的错误观点。

在物质与意识、认识与实践的关系上,列宁继承了马克思主义哲学的基本立场。列宁曾经给物质下过一个经典定义⑤,既强调了物质

---

① 《马克思恩格斯文集》第9卷,人民出版社2009年版,第300页。
② 《马克思恩格斯文集》第1卷,人民出版社2009年版,第11页。
③ [美]利昂·P. 巴拉达特:《意识形态:起源和影响》第10版,张慧芝、张露璐译,世界图书出版公司2009年版,第178页。
④ 《马克思恩格斯文集》第10卷,人民出版社2009年版,第591页。
⑤ 列宁指出:"物质是标志客观实在的哲学范畴,这种客观实在是人通过感觉感知的,它不依赖于我们的感觉而存在,为我们的感觉所复写、摄影、反映。"参见《列宁选集》第2卷,人民出版社2012年版,第89页。

的客观实在性及其对意识的决定作用,也肯定了意识反映物质的主观能动性。另外,列宁也遵循认识与实践的辩证统一关系,一方面,强调实践决定认识——"人以自己的实践证明自己的观念、概念、知识、科学的客观正确性"①;另一方面,也肯定认识对实践具有指导作用——"没有革命的理论,就不会有革命的运动"②。

总之,人的思想意识既不是遗传的,也不是凭空产生的。无论是个人"精神方面的动机"③,还是社会上各种思想理论、法律制度、道德规范等意识形态,归根结底都源于社会存在尤其是物质生活条件。与社会存在决定社会意识的基本原理密切相关的,还有认识来源于实践、思想离不开利益、占统治地位的思想是占统治地位的物质关系的表现等一系列马克思主义观点。这些原理和观点从表面上看并没有直接涉及思想政治教育说服力问题,但实际上包含着普遍而深刻的思想政治教育道理:无论是研究和把握人的思想意识,还是从事思想政治教育工作,都应当坚持理论联系实际,善于从社会存在中探寻根源。如果脱离时代条件、社会现实以及受教育者的思想实际和利益需求,思想政治教育只能成为空洞无力的说教。思想政治教育活动越是贴近实际、贴近群众,教育内容越是正确反映社会存在及其发展规律,就会越有说服力,越容易被人们所接受,进而转化为指导社会实践、促进社会发展的物质力量。

二 理论只要彻底就能说服人

马克思、恩格斯、列宁等无产阶级革命导师高度重视思想政治教

---

① 《列宁全集》第55卷,人民出版社2017年版,第161页。
② 《列宁选集》第1卷,人民出版社2012年版,第311页。
③ 《马克思恩格斯文集》第4卷,人民出版社2009年版,第302页。

育工作。在他们看来,思想政治教育是精神力量转化为物质力量的重要条件,而思想政治教育的成效主要取决于理论的彻底性和说服力。

在《〈黑格尔法哲学批判〉导言》中,马克思指出:"理论只要说服人,就能掌握群众;而理论只要彻底,就能说服人。"① 显然,在马克思的语境中,"说服人"和"彻底"都蕴含着"有说服力"的意思。马克思的上述名言堪称马克思主义思想政治教育观的简明概括,其基本内涵可以有两种理解:第一,思想政治教育的目的是掌握群众,掌握群众的前提是说服群众,说服群众的关键是理论彻底(有说服力);第二,理论只要彻底(有说服力),就能说服群众、掌握群众,进而被群众付诸实践,变成物质力量。前者指明思想政治教育的目的和条件,后者彰显思想政治教育的理论自信。无论从哪个角度去理解,马克思对理论彻底性和理论说服力的强调都是毋庸置疑的。

那么,什么样的理论才是彻底的、有说服力的呢?马克思强调:"所谓彻底,就是抓住事物的根本。而人的根本就是人本身。"② 马克思以德国哲学理论对宗教的批判为例,阐明理论的彻底性和说服力最终指向人的自由和解放,体现为理论维护"人的最高本质",以及"推翻使人成为被侮辱、被奴役、被遗弃和被蔑视的东西的一切关系"的"实践能力"③。马克思还强调:"任何一种解放都是把人的世界和人的关系还给人自己。"④ 正因为有以人为本的深厚情怀和解放人民的崇高理想,马克思和他的亲密战友恩格斯创立了马克思主义理论,指导国际共产主义运动,致力于推翻剥削人、压迫人的资本主义制度,建立以人的自由全面发展为基本原则的共产主义社会。在《共

---

① 《马克思恩格斯文集》第1卷,人民出版社2009年版,第11页。
② 《马克思恩格斯文集》第1卷,人民出版社2009年版,第11页。
③ 《马克思恩格斯文集》第1卷,人民出版社2009年版,第11页。
④ 《马克思恩格斯全集》第1卷,人民出版社1956年版,第443页。

产党宣言》中,马克思、恩格斯旗帜鲜明地宣告了共产主义运动的人民立场:"过去的一切运动都是少数人的,或者为少数人谋利益的运动。无产阶级的运动是绝大多数人的,为绝大多数人谋利益的独立的运动。"① 实践证明,马克思主义的人民性,是其理论彻底性和说服力的坚实基础。

彻底的理论应当是人民的、以人为本的理论,还应当是科学的、有说服力的理论。在长期的理论创作和宣传实践中,马克思、恩格斯高度重视增强理论说服力,表现出坚毅执着的探索精神和严谨求实的创作态度。这也造就了马克思主义理论强大说服力的另一个重要支撑——科学性。为了研究政治经济学和写作《资本论》,马克思20年如一日,每天坚持到大英博物馆苦读钻研,阅读了2000多册经济学著作,收集了4000多种报纸杂志,研究了大量的英国官方会议文件和蓝皮书,以及能够搜集到的其他国家的经济资料,写下的各种摘录、手稿、提纲、札记等达100多本。② 1867年,马克思呕心沥血写成的《资本论》第一卷在德国正式出版,很快引起热烈反响,被誉为"工人阶级的圣经"。一些资产阶级作家虽然不喜欢马克思的结论,但也在评论中明确表示:"不能不承认他的逻辑具有说服力,他的论证有力量并且赋予了最枯燥的政治经济学问题以独特的魅力。"③《俄国财富》杂志的尼·米海洛夫斯基对马克思主义持批判态度,又承认"《资本论》给我们提供了一个把逻辑力量同渊博学识、同对全部经济学文献和有关事实的细心研究结合起来的范例"。列宁在批驳其对马克思

---

① 《马克思恩格斯文集》第2卷,人民出版社2009年版,第42页。
② 参见鲁从明《〈资本论〉的思想精华和伟大生命力》修订本,中共中央党校出版社2016年版,第13—14页。
③ 参见[苏]列·阿·列文《马克思恩格斯著作的发表和出版》,周维译,生活·读书·新知三联书店1976年版,第65页。

学说的曲解时指出:"现在可以看出,把马克思同达尔文相比是完全恰当的:《资本论》不是别的,正是'把堆积如山的实际材料总结为几点概括性的、彼此紧相联系的思想'。"①

为了确保理论的严谨性和说服力,马克思、恩格斯在写作上总是精益求精、不断修改。比如,1859年8月,恩格斯致信马克思,征求马克思对自己所写的一篇文章的意见,其中特别指出:"用唯物主义世界观的某些令人信服的例子来代替二月革命的那些缺乏说服力的例子是适当的。"② 马克思的女婿拉法格曾回忆说,马克思"决不出版一本没有经过他仔细加工和认真琢磨过的作品"③。

作为马克思主义的重要继承者、发展者,列宁也高度重视理论宣传工作及其说服力。列宁明确指出:"任何一个代表着未来的政党的第一个任务,都是说服大多数人民相信其纲领和策略的正确。"④ 在马克思主义思想史上,列宁最先把"说服力"一词与马克思主义意识形态宣传工作直接联系起来。1905年11月,列宁在《论党的改组》一文中指出,为了适应"同典型的群众代表打交道"的新要求,俄国社会民主工党的宣传鼓动方法"必须更通俗化,善于处理问题,善于用最简明的和真正有说服力的方式解释社会主义的基本真理"。⑤ 为了广泛动员群众,列宁要求每个党员在从事宣传工作时,应当善于根据不同场合和对象,有针对性、有说服力地谈论相关问题。列宁强调,每个宣传员和鼓动员要用最有效的方式影响听众,在阐明真理时,"要尽可能对他们有更大的说服力"⑥。在十月革命取得胜利之后,列宁也丝毫没

---

① 《列宁选集》第1卷,人民出版社2012年版,第2、10页。
② 参见《马克思恩格斯全集》第29卷,人民出版社1972年版,第451页。
③ 《回忆马克思恩格斯》,人民出版社1973年版,第12页。
④ 《列宁选集》第3卷,人民出版社2012年版,第476页。
⑤ 《列宁全集》第12卷,人民出版社2017年版,第82页。
⑥ 《列宁全集》第21卷,人民出版社2017年版,第21页。

有降低对宣传工作说服力的要求。比如，1918年11月，列宁通过电报发出指示：如果加入红军的德军士兵的立场尚未转向布尔什维克，"就应当在代表大会上作详细的并有充分说服力的原则性发言，宣传布尔什维主义及其任务"①。1922年1月，列宁致信托洛茨基，建议他立即在报刊上公开驳斥孟什维克分子的恶毒言论，"有说服力地号召全党振奋精神"②。列宁一生写过几千万字的论著，做过无数次的演说和报告，他无论阐述什么问题，"总是要找到最有说服力的论据、找到提供材料最适当的形式和阐明事件的最明快的色彩"③。列宁非常重视自己所写文章的说服力，评判别人的文章同样看重说服力。比如，在季诺维也夫的一篇书面意见上做批注时，列宁建议："最好把总的'调子'再放缓和些。这只会更有说服力。"④列宁也曾经赞扬杰纳利写给共产国际执行委员会委员们的信"清楚，准确，而且极有说服力"⑤。

值得一提的是，"理论彻底"是思想政治教育说服力的必要条件而非充要条件，除此之外，还需要思想政治教育者的"彻底说服"⑥。因此，马克思、恩格斯、列宁等人既高度重视思想理论本身的彻底性和科学性，又十分注意宣传鼓动工作的针对性和有效性，并对党的政论家、宣传员、鼓动员等工作人员的思想理论素养和宣传教育方法等提出了很高的要求。这两个方面相辅相成，共同造就了马克思主义思想

---

① 《列宁全集》第48卷，人民出版社2017年版，第369页。
② 《列宁全集》第52卷，人民出版社2017年版，第207页。
③ [苏]高里科夫等：《列宁是怎样写作的》，刘循一译，生活·读书·新知三联书店1984年版，第157页。
④ 《列宁全集》第28卷，人民出版社2017年版，第68页。
⑤ 《列宁全集》第51卷，人民出版社2017年版，第359页。
⑥ 钟启东：《从"理论彻底"到"彻底说服"——马克思"理论只要彻底就能说服人"经典论断解析》，《观察与思考》2020年第3期。

政治教育活动的强大说服力，也为各国无产阶级政党的思想政治教育实践提供了宝贵经验。

三 以科学态度对待马克思主义

思想政治教育必须以科学理论为指导思想和核心内容，否则就不会有真正强大的说服力。而能否以科学态度对待包括自身在内的理论，又是检验这种理论是否彻底的重要标准。如果某种理论对自己采取故步自封而非与时俱进的态度，即便其原先具有科学性和先进性，也必将逐步走向衰落。对此，马克思主义经典作家们有着极为清醒的认识。马克思主义认为，"意识一开始就是社会的产物"[1]。任何意识或理论都是在一定社会历史条件下产生的，反映了当时人们的实践状况和认识水平，哪怕是真理，也各有绝对性和相对性的一面。马克思主义本身也不例外，其基本原理和具体观点都有一定的适用条件。随着时代的变化和实践的发展，马克思主义需要与时俱进，加以丰富和发展，以便更好地适应和指导新的实践，这恰恰是科学理论的说服力和生命力所在。因此，针对当时一些人教条主义地理解和运用马克思主义的现象，马克思主义创始人一再强调，马克思主义基本原理的实际运用，"随时随地都要以当时的历史条件为转移"[2]；"我不主张我们树起任何教条主义的旗帜"[3]。

1847年9月，倾向于小资产阶级民主主义立场的卡尔·海因岑在报纸上撰文非议共产主义。海因岑宣称，共产主义教义的核心，就是废除私有财产和共同利用人间财富的原则。对此，恩格斯进行了有力

---

[1]《马克思恩格斯文集》第1卷，人民出版社2009年版，第533页。
[2]《马克思恩格斯文集》第2卷，人民出版社2009年版，第15页。
[3]《马克思恩格斯文集》第10卷，人民出版社2009年版，第7页。

的批驳:"共产主义不是教义,而是运动。它不是从原则出发,而是从事实出发。"① 恩格斯的相关论述,充分反映了马克思主义唯物史观所确立的基本原理,也充分彰显了马克思主义理论及其倡导的共产主义运动的科学性和实践性。

马克思主义自诞生以来,遭遇过两种不同的对待。一种是来自资产阶级阵营的诋毁攻击,另一种是来自各类真假"马克思主义者"的教条主义理解或曲解。19世纪70年代末,法国一些所谓的"马克思主义者"随意曲解马克思学说,对这些人,马克思曾经幽默地讽刺道:"我只知道我自己不是马克思主义者。"② 在马克思逝世之后,恩格斯成为捍卫马克思主义的权威旗手。与之前和马克思并肩批判或反击各种错误思想理论不同的是,恩格斯更加担忧教条主义对马克思主义科学性的损害。比如,法国工人党政论家杰维尔写有《卡尔·马克思的〈资本论〉》等通俗理论著作,但存在淡化相关原理的前提条件、将马克思主义绝对化的倾向。对此,恩格斯在19世纪80—90年代多次进行过批评指正,比如,"杰维尔在许多地方把马克思的个别论点绝对化了"③。

恩格斯在晚年一再告诫人们,马克思主义理论提供的是方法而不是教条,不能把马克思主义理论绝对化、凝固化、模式化,而要根据各国实际加以运用、检验和发展。作为一种科学的方法论,马克思主义是认识和改造世界的重要指南,但不会为所有问题提供现成答案,对实际问题一定要具体分析,要充分考虑"把这一理论应用于本国的经济条件和政治条件"④。恩格斯多次强调:"马克思的整个世界观不

---

① 《马克思恩格斯文集》第1卷,人民出版社2009年版,第672页。
② 《马克思恩格斯文集》第10卷,人民出版社2009年版,第590页。
③ 《马克思恩格斯全集》第39卷,人民出版社1974年版,第79—80页。
④ 《马克思恩格斯文集》第10卷,人民出版社2009年版,第532页。

第二章　思想政治教育说服力的理念溯源

是教义，而是方法。"① "我们的理论是发展着的理论，而不是必须背得烂熟并机械地加以重复的教条。"②

马克思、恩格斯反对教条主义的另一重要表现，是及时反思和更新自己的某些理论观点。1848年《共产党宣言》发表之后，随着资本主义生产力的持续发展和资产阶级统治方式的部分调整，无产阶级和资产阶级斗争的条件逐渐改变，原先设想的某些斗争方法也就难以适应新的形势。在后续的研究和宣传中，马克思、恩格斯不忘对客观形势的发展变化做出新的分析，对某些具体结论的实际运用进行新的阐述。比如，马克思在《法兰西内战》中分析了巴黎公社的经验教训，提出了新的思想观点："工人阶级不能简单地掌握现成的国家机器，并运用它来达到自己的目的。"③ 马克思、恩格斯在《〈共产党宣言〉1872年德文版序言》中分析了最近25年来经济政治形势的发展变化，总结了二月革命和巴黎公社的实际经验，一方面强调"这个《宣言》中所阐述的一般原理整个说来直到现在还是完全正确的"，另一方面也明确指出"这个纲领现在有些地方已经过时了"④，并列举了几处可以修改的地方。另外，马克思主义一贯主张以暴力革命推翻资本主义制度，后来，恩格斯也根据资本主义民主制度的发展变化，提出了关于和平斗争的策略思考：无产阶级"可以为自己争得普选权"⑤，以及开展"耐心的宣传工作和议会活动"⑥ 等。

马克思、恩格斯对待马克思主义理论的科学态度，也深刻影响了列宁。一方面，列宁坚持马克思主义，强调"我们完全以马克思的理

---

① 《马克思恩格斯文集》第10卷，人民出版社2009年版，第691页。
② 《马克思恩格斯文集》第10卷，人民出版社2009年版，第562页。
③ 《马克思恩格斯文集》第3卷，人民出版社2009年版，第151页。
④ 《马克思恩格斯文集》第2卷，人民出版社2009年版，第15页。
⑤ 《马克思恩格斯全集》第21卷，人民出版社2003年版，第113页。
⑥ 《马克思恩格斯文集》第4卷，人民出版社2009年版，第550页。

论为依据"①,旗帜鲜明地反对伯恩斯坦等人宣称马克思主义"不完备和过时"的修正主义论调。另一方面,列宁也旗帜鲜明地反对不顾俄国实际、僵化地理解和运用马克思主义的教条主义态度。列宁明确指出,马克思主义"只是给一种科学奠定了基础,社会党人如果不愿落后于实际生活,就应当在各方面把这门科学推向前进"②。

列宁既坚持又发展马克思主义,在理论和实践方面均取得重大成就。在理论上,列宁根据资本主义发展到帝国主义阶段的新形势,创造性地运用和发展马克思主义,创立了列宁主义,提出了包括"帝国主义论""一国胜利论"在内的新理论,成为指导20世纪世界无产阶级革命和社会主义建设的又一重大理论成果。在实践上,列宁领导的布尔什维克党取得了俄国十月革命的胜利,建立了世界上第一个社会主义国家,后来又果断结束试图向社会主义直接过渡的"战时共产主义政策",转而实施"新经济政策",取得了显著成效,为经济文化落后的国家探索社会主义建设道路提供了宝贵经验。

实践证明,无论是马克思主义还是列宁主义,其求真务实、与时俱进地对待包括自身在内的真理的科学态度,是其强大说服力和生命力的重要源泉。而这种科学态度也是马克思列宁主义思想政治教育说服力理念的重要组成部分。

四 捍卫真理需要意识形态斗争

对思想政治教育而言,说服力离不开阐释力,也离不开战斗力。对各种错误的、有害的思想理论观点进行有理有力的批判和斗争,可以检验和提升思想政治教育说服力。在这方面,马克思列宁主义也为

---

① 《列宁选集》第1卷,人民出版社2012年版,第273页。
② 《列宁选集》第1卷,人民出版社2012年版,第274页。

我们提供了强大的思想武器。

马克思、恩格斯通过对人类历史的深入研究，科学地揭示了阶级斗争的历史作用及其运动规律。在他们看来，意识形态斗争是阶级斗争的重要组成部分，无产阶级应当建立政党并积极开展包括意识形态斗争在内的阶级斗争，从而更好地争取广大人民群众的信任和支持。马克思指出，对付试图误导和破坏工人革命运动的"一切阴谋诡计"，唯一而且有力的办法，就是将其"彻底公开"和"揭穿"，"使它们失去任何力量"①。马克思还强调，"用沉默的办法来遮盖这些阴谋"，是一种幼稚、怯懦甚至背叛的行为。② 恩格斯也明确指出："毫无疑问，旧政党的空洞的豪言壮语……给我们的宣传造成了很大的障碍……如果放弃在政治领域中同我们的敌人作斗争，那就是放弃了一种最有力的行动手段，特别是组织和宣传的手段。"③ 在当时的社会条件下，报刊是政党的主要宣传阵地，因此，恩格斯特别强调，党的报刊的任务，"首先是组织讨论，论证、阐发和捍卫党的要求，批驳和推翻敌对党提出的各种要求和论断"④。也就是说，要坚持正面宣传和反面批判相结合。实践证明，对非无产阶级的思想意识进行批判和斗争，既是启发教育工人群众的重要手段，也是增强马克思主义理论说服力的重要途径。正如毛泽东所言："真理是在同谬误作斗争中间发展起来的。马克思主义就是这样发展起来的。"⑤

批判性是马克思主义科学性和革命性的重要体现。马克思说过："辩证法不崇拜任何东西，按其本质来说，它是批判的和革命的。"⑥

---

① 《马克思恩格斯全集》第18卷，人民出版社1964年版，第372页。
② 《马克思恩格斯全集》第18卷，人民出版社1964年版，第372页。
③ 《马克思恩格斯文集》第3卷，人民出版社2009年版，第91—92页。
④ 《马克思恩格斯文集》第1卷，人民出版社2009年版，第660页。
⑤ 《毛泽东文集》第7卷，人民出版社1999年版，第280页。
⑥ 《马克思恩格斯文集》第5卷，人民出版社2009年版，第22页。

马克思主义有三大组成部分，即哲学、政治经济学、科学社会主义，这三大组成部分对应了马克思主义的三大批判——"哲学批判、政治经济学批判和空想社会主义批判"①。其中，哲学批判和政治经济学批判，是从"现实的人"和"现实的历史"出发，科学揭示被物与物的关系掩盖的人与人的关系，获得了唯物史观和剩余价值论这两大发现，进而深刻系统地分析、批判了资本主义社会的基本矛盾和资产阶级的剥削本性，并在此基础上创立了科学社会主义理论——这同时也意味着对空想社会主义的批判和超越。通过这三大批判，马克思、恩格斯"同传统的观念实行最彻底的决裂"②，树立起自己的理论旗帜——马克思主义，并将这个新理论明确指向实现人类彻底解放的最终目的。

马克思、恩格斯在批判古典理论的过程中创立了马克思主义，在传播、捍卫和发展马克思主义的过程中，他们还对各种反动的、保守的、空想的非无产阶级社会主义流派进行过系统而有力的批判和斗争。其中包括批判魏特林的空想共产主义、批判"真正的社会主义"、反对蒲鲁东主义的斗争、反对"苏黎世三人团"的斗争、批判拉萨尔主义、批判巴枯宁主义等。③ 比如，他们批判蒲鲁东主义者反对用暴力革命推翻资本主义制度，只是寄希望于改良生产关系，以维护"现代社会的生存条件"和"现存的社会"④；他们既肯定了空想社会主义对资本主义的抨击和对工人阶级的同情，又指出其看不到工人阶级的历史地位和作用，只是"超乎阶级斗争"和"反对阶级斗争"的"幻想"，其意义"是同历史的发展成反比的"⑤。恩格斯曾经说过："谁要是像马

---

① 孙正聿：《马克思与我们》，中国人民大学出版社2018年版，第17页。
② 《马克思恩格斯文集》第2卷，人民出版社2009年版，第52页。
③ 参见石云霞主编《马克思主义理论教育思想发展史研究》上，中国社会科学出版社2012年版，第268—276页。
④ 《马克思恩格斯文集》第2卷，人民出版社2009年版，第61页。
⑤ 《马克思恩格斯文集》第2卷，人民出版社2009年版，第64页。

克思和我那样，一生中对冒牌社会主义者所作的斗争比对其他任何人所作的斗争都多（因为我们把资产阶级只当做一个阶级来看待，几乎从来没有去和资产者个人交锋），那他对爆发不可避免的斗争也就不会感到十分烦恼了。"①

马克思、恩格斯对各种具体理论观点的批判，例子更是不胜枚举。比如，在《1861—1863年经济学手稿》中批判了资产阶级经济学家将剩余价值和利润、利息、地租相混淆的理论观点；在《反杜林论》中批判了杜林提出的永恒的、超阶级的道德观；在《费尔巴哈论》中批判了费尔巴哈的唯心主义宗教哲学和伦理学；等等。就连《共产党宣言》这个名称的确定，也包含着马克思、恩格斯与形形色色的非无产阶级社会主义思想划清界限的鲜明态度。恩格斯在《〈共产党宣言〉1888年英文版序言》中，对当时为何采用"共产主义"而不采用"社会主义"的名称作了说明。恩格斯在分析了当年"社会主义者"和"共产主义者"的真正内涵和不同立场之后指出："可见，在1847年，社会主义是资产阶级的运动，而共产主义则是工人阶级的运动。"② 因此，马克思、恩格斯当年"毫无疑义"地选择使用"共产主义"这个名称，而且后来也从未抛弃。

列宁继承并发展马克思、恩格斯的意识形态斗争理论，强调意识形态的阶级属性，提出要与阻碍无产阶级革命运动的各种错误思想作坚决斗争。在十月革命之前，列宁批判了俄国社会民主党内的民粹主义、伯恩斯坦的修正主义、马赫主义及其在俄国的追随者，以及普列汉诺夫的庸俗唯物主义倾向。③ 列宁在《怎么办?》一文中提出著名的

---

① 《马克思恩格斯文集》第10卷，人民出版社2009年版，第486页。
② 《马克思恩格斯文集》第2卷，人民出版社2009年版，第13—14页。
③ 参见王让新等《马克思恩格斯意识形态斗争的理论与实践研究》，人民出版社2019年版，第253—255页。

"灌输论",强调工人阶级单靠自己本身的力量,只能形成工联主义意识,社会主义意识"只能从外面灌输进去"①;"对社会主义意识形态的任何轻视和任何脱离,都意味着资产阶级意识形态的加强"②。十月革命之后,列宁强调,工人阶级要占领文化教育领域,积极开展意识形态方面的斗争,包括反对"向机会主义献媚、从理论上把马克思主义空前庸俗化的行为"③。

"哲学社会科学要有批判精神,这是马克思主义最可贵的精神品质。"④ 马克思主义在批判、驳斥各种错误思想,以及指导、支持各国无产阶级革命的火热实践中,不断发展成为国际共产主义运动的指导思想,并深刻改变了近现代世界历史进程。实践证明,马克思主义在无产阶级意识形态领域的指导地位不是与生俱来的,而是充分发挥其理论说服力和战斗力,不断扩大思想文化阵地的结果。

第三节 中国共产党思想政治教育说服力理念

高度重视思想政治教育是中国共产党的优良传统。长期以来,中国共产党不断开拓马克思主义新境界、推进马克思主义大众化,在思想政治教育方面也创造了系统的思想理论,积累了丰富的实践经验。以毛泽东、邓小平、江泽民、胡锦涛、习近平为主要代表的中国共产党人,对思想政治教育工作有一系列重要论述,其中关于坚持实事求是的思想路线、坚持以人民为中心的价值取向、思想问题只能说服不能压服、思想政治教育要增强说服力等思想观点,对我们加强和改进

---

① 《列宁选集》第1卷,人民出版社2012年版,第317—318页。
② 《列宁选集》第1卷,人民出版社2012年版,第327页。
③ 《列宁选集》第3卷,人民出版社2012年版,第588页。
④ 《习近平谈治国理政》第2卷,外文出版社2017年版,第341页。

思想政治教育、增强思想政治教育说服力具有重要的指导意义。

一 思想政治教育要坚持实事求是

实事求是是马克思主义理论的精髓，也是中国共产党思想路线的简明概括。实事求是的思想路线，是中国共产党人运用马克思主义的世界观和方法论，在解决中国革命实际问题并同各种错误思想做斗争的过程中总结提炼出来的。经过长期的实践检验，这条思想路线被证明是完全正确的，"是我们党的生命线"①，也为增强党的思想政治教育说服力提供了重要的方法论指导。

实事求是作为党的思想路线，萌芽于第一次国内革命战争时期，奠基于第二次国内革命战争时期，确立于抗日战争时期。20世纪20年代，毛泽东以马克思列宁主义为指导，开展了一系列调查研究，提出了关于农民问题和中国革命道路的初步思考，其中就蕴含着实事求是的精神。1929年，毛泽东在一封信中第一次提出了"思想路线"②的表述。1930年，毛泽东在《反对本本主义》一文中，明确提出了理论和实际相结合的原则。毛泽东指出，我们需要学习马克思主义的"本本"，"但是一定要纠正脱离实际情况的本本主义"。③ 1937年，毛泽东发表《实践论》《矛盾论》两篇重要哲学论著，运用辩证唯物主义和历史唯物主义的基本原理，阐明了实践与认识、矛盾的普遍性与特殊性的辩证统一关系，剖析了党内存在的"左"倾和右倾错误，特别是"左"倾教条主义错误的思想根源，为党的思想路线提供了系统的哲学论证。

---

① 张启华、张树军主编：《中国共产党思想理论发展史》上卷，人民出版社2011年版，第390页。
② 《毛泽东文集》第1卷，人民出版社1993年版，第74页。
③ 《毛泽东选集》第1卷，人民出版社1991年版，第111—112页。

1938年，毛泽东在党的六届六中全会上提出"马克思主义中国化"概念和任务的同时，借用我国传统文化中"实事求是"的命题①，来提倡将马克思主义同中国具体实际相结合的科学态度。毛泽东指出："共产党员应是实事求是的模范。"② 在延安整风期间，毛泽东系统阐述了坚持实事求是的重要性，并对实事求是的含义作了科学界定，强调要从客观存在的一切事物和实际情况出发，找出事物和实际发展变化的内部联系或固有规律，"作为我们行动的向导"。③ 在《反对党八股》的报告中，毛泽东强调，共产党不靠吓人吃饭，而是靠真理、实事求是和科学吃饭。④ 1942 年，毛泽东还为中央党校题写了"实事求是"四个字作为校训。经过延安整风和党的七大，全党在思想上和组织上达到了空前的团结统一，毛泽东思想被确立为党的指导思想，实事求是的思想路线也在全党得以确立。

新中国成立之后，中国共产党继续坚持实事求是的思想路线，顺利完成了社会主义改造，并进行了有说服力的思想政治教育工作。比如，在对资本主义工商业进行社会主义改造时，中共中央明确指出：对于资产阶级队伍中的几部分人的实际情况，必须实事求是地全面分析、分别对待，灵活地运用党的又团结又斗争的政策，我们这样做，就有了"充分的理由"和"充分的说服力"。⑤

在 1956 年前后，毛泽东对中国革命和建设中照搬苏联经验的做法进行反思，强调要实现马克思主义与中国实际的"第二次结合"。毛泽东明确要求以苏为鉴，独立自主地探索适合中国国情的社会主义建设

---

① "实事求是"一词源自东汉班固《汉书·河间献王刘德传》中的"修学好古，实事求是"，原意是注重实际考证。
② 《毛泽东选集》第 2 卷，人民出版社 1991 年版，第 522 页。
③ 《毛泽东选集》第 3 卷，人民出版社 1991 年版，第 801 页。
④ 《毛泽东选集》第 3 卷，人民出版社 1991 年版，第 835—836 页。
⑤ 《建国以来重要文献选编》第 8 册，人民出版社 1994 年版，第 156 页。

道路，并提出了包括改进思想政治工作在内的一系列重要思想观点。但是，由于国内外形势的波动和"左"倾错误的影响，毛泽东晚年违背了自己一手确立并一贯倡导的实事求是的思想路线。加上林彪、江青两个反革命集团进行了大量祸国殃民的罪恶活动，毛泽东等人在初步探索中提出的很多正确思想没有得到坚持和落实，导致我国社会主义建设历经曲折，最终酿成"文化大革命"十年内乱。

"文化大革命"结束以后，邓小平通过拨乱反正，恢复并发展了实事求是的思想路线，大力提倡解放思想、实事求是。鉴于"左"倾教条主义带来的沉痛教训，邓小平将解放思想看作一个重大政治问题，强调只有解放思想，及时研究新情况、解决新问题，才能真正达到实事求是，才能顺利推进社会主义现代化建设，也才能顺利发展马列主义、毛泽东思想。① 1980 年 2 月，邓小平对思想路线的内容首次做出明确概括："实事求是，一切从实际出发，理论联系实际，坚持实践是检验真理的标准，这就是我们党的思想路线。"② 1982 年 9 月，党的十二大通过的《中国共产党章程》吸收了以上表述的基本内容。此后，党章经历多次修订，但对思想路线内容的规定是一贯的、明确的。比如，党的二十大通过的新党章规定："党的思想路线是一切从实际出发，理论联系实际，实事求是，在实践中检验真理和发展真理。"③

在长期的革命、建设和改革进程中，中国共产党坚持实事求是，既运用马克思主义理论解决中国实际问题，又不断与教条主义、经验主义等错误思想作斗争，在实践中推进理论创新，并有效开展思想政治教育工作。党能够领导中国人民不断攻坚克难，取得新民主主义革

---

① 《邓小平文选》第 2 卷，人民出版社 1994 年版，第 143 页。
② 《邓小平文选》第 2 卷，人民出版社 1994 年版，第 278 页。
③ 《中国共产党第二十次全国代表大会文件汇编》，人民出版社 2022 年版，第 82 页。

命、社会主义革命、社会主义建设和改革开放的一个又一个伟大胜利，引领国家、民族和人民实现一个又一个伟大飞跃，并推动中国特色社会主义进入新时代，与坚持实事求是的思想路线是密不可分的。

坚持实事求是，也是做好思想政治教育工作、增强思想政治教育说服力的重要前提。早在1930年5月，毛泽东就强调："没有调查，没有发言权。"① 显然，如果抱着本本主义的态度，不做调查研究，不了解实际情况，思想政治教育工作就难免带有主观性和盲目性，就很难有针对性和说服力。1956年3月，中共中央下发指示，重申"应该把我国的真实情况告诉外宾和给外宾看"的要求，强调在接待外宾参观访问、向外宾介绍各方面情况时，不但要给他们看或向他们介绍"好的有成绩的一面"，还应该给他们看或向他们介绍"坏的落后的一面"，最好能让他们同时了解"好的、中等的、坏的三种"，以示我们认真地对待客观现实，"只有这样才能具有最大的说服力"。② 1957年3月，毛泽东在中国共产党全国宣传工作会议上指出，宣传工作者"应该老老实实地办事，对事物有分析，写文章有说服力，不要靠装腔作势来吓人"③。

改革开放以后，邓小平多次强调开展思想政治教育一定要坚持实事求是。1980年12月，邓小平在中央工作会议上指出：加强思想政治工作，首先要正确评价新中国成立以来党的工作，一定要充分肯定巨大成绩，又要严肃批评缺点和错误，"但决不能说得一团漆黑"，"必须毫不动摇地坚持这种实事求是的立场"。④ 1985年9月，邓小平

---

① 《毛泽东选集》第1卷，人民出版社1991年版，第109页。
② 《中共中央文件选集（1949年10月—1966年5月）》第22册，人民出版社2013年版，第351页。
③ 《毛泽东文集》第7卷，人民出版社1999年版，第277页。
④ 《邓小平文选》第2卷，人民出版社1994年版，第365页。

在党的全国代表会议上指出："教育一定要联系实际……群众关心的实际生活问题和时事政策问题，各级领导一定要经常据实讲解……"①1986年制定的国家"七五"计划（1986—1990）中也明确要求："进行思想教育，要讲求实事求是，注意调查研究，进行周到细致、有充分说服力的工作。"②

二 思想政治教育要以人民为中心

马克思主义认为，人类历史由无数个人活动构成，凡是从事一定活动的人，都是历史的参与者，其中顺应历史发展规律、推动社会发展进步的人民群众，是历史的创造者。马克思主义是指引人民群众追求自身解放和社会进步的理论，是代表人民利益、以人民为中心的理论。作为马克思主义政党，中国共产党以全心全意为人民服务为根本宗旨，把人民放在心中最高位置。毛泽东强调："人民，只有人民，才是创造世界历史的动力。"③习近平指出："人民是历史的创造者，群众是真正的英雄。"④在中国共产党的政治话语体系中，"人民"绝对是一个核心词、高频词，由此也派生出"为人民服务""人民解放军""人民共和国""人民政府"等一系列专有名词，深刻反映了"人民至上"的执政理念。

中国共产党自成立以来就坚守人民立场，把为中国人民谋幸福、为中华民族谋复兴作为自己的初心和使命，并贯彻落实到党的全部奋斗之中。毛泽东指出，中国共产党区别于其他政党的显著标志之一，

---

① 《邓小平文选》第3卷，人民出版社1993年版，第144页。
② 《中华人民共和国国民经济和社会发展第七个五年计划（1986—1990）》，人民出版社1986年版，第206页。
③ 《毛泽东选集》第3卷，人民出版社1991年版，第1031页。
④ 《习近平著作选读》第1卷，人民出版社2023年版，第61页。

"就是和最广大的人民群众取得最密切的联系"①。习近平也强调:"人民立场是中国共产党的根本政治立场。"②

中国共产党始终坚持人民利益高于一切,时刻关心人民群众生活、真心实意为人民群众谋利益,并将其视为体现党的性质、宗旨和工作方法的重大问题。1934年1月,毛泽东在中华苏维埃第二次全国代表大会上指出:"一切群众的实际生活问题,都是我们应当注意的问题。"③ 1934年11月,邓小平主编的《红星》报在社论中提出:"宣传的方式必须首先从群众切身的利益开始,然后逐步进入到苏维埃基本主张的宣传。"④ 1942年12月,毛泽东在陕甘宁边区高级干部会议上强调:"一切空话都是无用的,必须给人民以看得见的物质福利。"⑤ 1944年9月,毛泽东在张思德同志追悼会上发表了《为人民服务》的著名演讲,第一次系统阐释了为人民服务的思想。毛泽东指出:"我们这个队伍完全是为着解放人民的,是彻底地为人民的利益工作的。"⑥ 1945年4月,毛泽东在党的七大上正式提出"全心全意地为人民服务"⑦的宗旨,同年6月,党的七大通过的党章中明确规定:"中国共产党人必须具有全心全意为中国人民服务的精神。"⑧

为了践行全心全意为人民服务的根本宗旨,中国共产党人提出一系列群众观点,并总结出"一切为了群众,一切依靠群众,从群众中来,到群众中去"的群众路线。毛泽东强调:"共产党人的一切言论行

---

① 《毛泽东选集》第3卷,人民出版社1991年版,第1094页。
② 《习近平谈治国理政》第2卷,外文出版社2017年版,第40页。
③ 《毛泽东选集》第1卷,人民出版社1991年版,第137页。
④ 《邓小平年谱(1904—1974)》上,中央文献出版社2009年版,第112页。
⑤ 《毛泽东文集》第2卷,人民出版社1993年版,第467页。
⑥ 《毛泽东选集》第3卷,人民出版社1991年版,第1004页。
⑦ 《毛泽东选集》第3卷,人民出版社1991年版,第1094页。
⑧ 《建党以来重要文献选编(1921—1949)》第22册,中央文献出版社2011年版,第535页。

动，必须以合乎最广大人民群众的最大利益，为最广大人民群众所拥护为最高标准。"① 此外，党领导的人民军队制定并严格遵守不拿群众一针一线、损坏东西要赔等三大纪律八项注意，时刻注意维护群众利益，铸就了军民鱼水情，得到了人民群众的全力支持。陈毅曾经深有感触地说："淮海战役的胜利，是人民群众用小车推出来的。"② 正因为中国共产党始终坚持人民主体地位和人民利益高于一切，人民群众自然也坚定地拥护和支持中国共产党。这是中国共产党能够在各种艰难条件下不断发展壮大、胜利前进的力量之源。

改革开放以来，中国共产党尊重人民首创精神，回应人民热切期盼，领导人民成功开创了中国特色社会主义道路。中国特色社会主义坚持发展为了人民、发展依靠人民、发展成果由人民共享，不断促进全体人民共同富裕和人的全面发展。邓小平着眼于我国社会主义初级阶段及其主要矛盾，把解放和发展生产力、最终实现人民共同富裕作为社会主义的本质要求。一方面，通过改革计划经济体制、建立社会主义市场经济体制，极大地调动了人民群众的积极性和创造性，有效解决了人民的温饱问题。另一方面，始终强调社会主义的目的是"最终达到共同富裕"③。针对改革开放过程中一些干部群众思想僵化、畏首畏尾等问题，邓小平强调要将是否有利于提高人民的生活水平等"三个有利于"，以及人民赞成不赞成、高兴不高兴、满意不满意、答应不答应作为评判一切工作是非成败的标准。江泽民指出："实现、维护和发展人民群众的利益，始终是我们最大最重要的政治"④；党的思

---

① 《毛泽东选集》第3卷，人民出版社1991年版，第1096页。
② 沙健孙：《中国共产党史稿（1921—1949）》第5卷，中央文献出版社2006年版，第368页。
③ 《邓小平文选》第3卷，人民出版社1993年版，第195页。
④ 《江泽民思想年编（1989—2008）》，中央文献出版社2010年版，第371页。

想政治工作必须坚持走群众路线,各级领导干部一定要"带着对人民群众的深厚感情去做思想政治工作"①。2007年,胡锦涛在党的十七大报告中再次强调:"要始终把实现好、维护好、发展好最广大人民的根本利益作为党和国家一切工作的出发点和落脚点。"②

党的十八大以来,以习近平同志为核心的党中央进一步弘扬全心全意为人民服务的宗旨,提出以人民为中心的发展思想。2012年11月,刚刚当选中共中央总书记的习近平在同中外记者见面时明确提出:"人民对美好生活的向往,就是我们的奋斗目标。"③ 2013年8月,习近平在全国宣传思想工作会议上首次提出"以人民为中心"④ 这个概念。此后,习近平多次强调思想文化领域要坚持以人民为中心的工作导向、创作导向和研究导向等。2015年10月,党的十八届五中全会提出:"必须坚持以人民为中心的发展思想,把增进人民福祉、促进人的全面发展作为发展的出发点和落脚点。"⑤ 2017年10月,党的十九大报告将"坚持以人民为中心"⑥ 作为新时代坚持和发展中国特色社会主义的基本方略之一。

坚持以人民为中心,也是思想政治教育应有的根本价值取向。毛泽东强调:"只有代表群众才能教育群众,只有做群众的学生才能做群众的先生。"⑦ 邓小平指出:"办什么事,不考虑群众情绪,光从政治思想入手,不解决实际问题,不够。"⑧ 习近平一再强调,宣传思想

---

① 《江泽民文选》第3卷,人民出版社2006年版,第95页。
② 《胡锦涛文选》第2卷,人民出版社2016年版,第624页。
③ 《习近平著作选读》第1卷,人民出版社2023年版,第60页。
④ 《习近平谈治国理政》第1卷,外文出版社2018年版,第154页。
⑤ 《十八大以来重要文献选编》中,中央文献出版社2016年版,第789页。
⑥ 《习近平谈治国理政》第3卷,外文出版社2020年版,第16页。
⑦ 《毛泽东文集》第3卷,人民出版社1991年版,第864页。
⑧ 《邓小平年谱(1904—1974)》下,中央文献出版社2009年版,第1638页。

工作"要树立以人民为中心的工作导向,把服务群众同教育引导群众结合起来,把满足需求同提高素养结合起来"①;哲学社会科学工作者要"着眼群众需要解疑释惑、阐明道理,把学问写进群众心坎里"②。早在1990年4月,时任福建宁德地委书记的习近平就特别指出,"解决不了群众的生产与生活中的实际问题,思想政治工作也就缺乏说服力"③。显然,在中国共产党人看来,只有真正把人民群众放在心上,真正实现好、维护好、发展好最广大人民的根本利益,人民群众才会信任党和政府以及思想政治教育工作者,思想政治教育工作也才会有说服力。

三 思想问题只能说服不能压服

基于无产阶级政党的性质宗旨和思想政治教育的规律要求,中国共产党坚持以说服教育为主的思想政治教育原则和方法,提出了思想问题只能说服不能压服的重要理念。

从新民主主义革命到社会主义建设的不同时期,中国共产党人一再强调,要采用民主的而非强迫的、说服的而非压服的办法开展思想政治工作。1933年下半年,张闻天撰文指出:"党对于群众的最主要的方法,便是说服!"④ 结合一些地方试图用强迫命令来扩大红军结果宣告失败的事例,张闻天强调,从事包括动员群众加入红军在内的任何工作,如若想用强迫命令的方法,"那我们党决不会在群众中得到任何信仰"⑤。1937年10月,毛泽东、张闻天向朱德等八路军负责人发出

---

① 《习近平著作选读》第1卷,人民出版社2023年版,第148—149页。
② 习近平:《一个国家、一个民族不能没有灵魂》,《求是》2019年第8期。
③ 习近平:《摆脱贫困》,福建人民出版社1992年版,第144页。
④ 《张闻天文集》第1卷,中共党史资料出版社1990年版,第180页。
⑤ 《张闻天文集》第1卷,中共党史资料出版社1990年版,第168页。

指示：没收汉奸政策主要针对当汉奸的大地主，"工农中有被迫为汉奸者，应取宽大政策，以说服教育为主"①。在延安整风期间，毛泽东总结出"惩前毖后，治病救人"和"团结—批评—团结"的工作方针，纠正了过去曾经采用的"残酷斗争，无情打击"的错误方法，既提高了广大党员的马列主义理论水平，又使全党达到了空前的团结统一。1950年3月，邓小平在中共川东区委扩大会议上指出："要能够用道理说服人，这才算是共产党。"②

1957年2月，毛泽东在《关于正确处理人民内部矛盾的问题》的报告中，深刻总结了党的思想政治工作经验，对说服教育问题作了深入的论述。毛泽东强调，凡属于思想性质和人民内部争论的问题，只能用民主的、讨论的、批评的、说服教育的方法去解决，"而不能用强制的、压服的方法去解决"③。在毛泽东看来，企图用强制或命令的办法去解决思想问题、是非问题，不但无效，而且有损党的形象和党群关系。因此，毛泽东从马克思主义的原则和立场出发，深刻阐述了说服教育的方法论意义："马克思主义者从来就认为无产阶级的事业只能依靠人民群众，共产党人在劳动人民中间进行工作的时候必须采取民主的说服教育的方法，决不允许采取命令主义态度和强制手段。"④毛泽东还指出，政府和相关部门为了维持社会秩序而发布和执行行政命令时，"也要伴之以说服教育，单靠行政命令，在许多情况下就行不通"⑤。在这里，毛泽东从正反两方面加以阐述，强调思想政治工作只能采用说服教育的方法，否则就不会有说服力和实效性。1957年3月，

---

① 《毛泽东文集》第2卷，人民出版社1993年版，第41页。
② 《邓小平文集（1949—1974）》上卷，人民出版社2014年版，第67页。
③ 《毛泽东文集》第7卷，人民出版社1999年版，第209页。
④ 《毛泽东文集》第7卷，人民出版社1999年版，第211页。
⑤ 《毛泽东文集》第7卷，人民出版社1999年版，第210页。

第二章　思想政治教育说服力的理念溯源

毛泽东在党的全国宣传工作会议上再次强调，宣传工作者要逐步宣传马克思主义，并且要宣传得好，使人愿意接受，"不能强迫人接受马克思主义，只能说服人接受"①。

即便是在纪律严明的部队，我军也一贯强调既要严格要求，又要耐心说服教育，防止简单粗暴。因为我军战士都是劳动人民出身，有较高的政治觉悟并且积极向上，只要耐心说服教育，多启发表扬，就能更好地调动他们的积极性和自觉性。《中国人民解放军连队管理教育工作》指出：说服教育是我军的优良传统和管理教育的主要方法，必须坚持对战士们进行耐心的说服教育；有些同志错误地将说服教育与严格管理对立起来，认为说服教育太哆嗦、太麻烦，"是缺乏群众观点和阶级观点的表现"②。

改革开放之后，中国共产党结合党和国家事业发展的新局面、新要求，在思想政治教育中进一步突出以说服教育为主的重要原则。邓小平不仅将说服教育视为思想政治教育的基本方法，而且强调说服教育要深入细致、有充分说服力。1978年12月，邓小平在中央工作会议上指出："对于思想问题，无论如何不能用压服的办法，要真正实行'双百'方针。"③ 1985年9月，邓小平在党的全国代表会议上对如何正确开展说服教育、如何进行有充分说服力的思想政治教育做了深刻阐述。其主要思想观点包括以下四点：第一，说服教育要坚持问题导向。要进行充分的调查研究，摸清"一部分干部和群众中流行的影响社会风气的重要思想问题"。第二，说服教育要周到细致、有充分说服力。要由熟悉情况、胜任工作的"适当的人"进行教育，

---

① 《毛泽东文集》第7卷，人民出版社1999年版，第270页。
② 中国人民解放军总政治部编：《中国人民解放军连队管理教育工作》，人民出版社1964年版，第29页。
③ 《邓小平文选》第2卷，人民出版社1994年版，第145页。

在方式方法上要细致周到不要简单,要全面深入不要片面,要以理服人不要武断,要合理合法不要过火,等等。即便是在反对资产阶级自由化等错误的思想和宣传时,也要坚持"双百"方针,坚持法定的各项自由,坚持以说服教育为主,"不搞任何运动和'大批判'"。第三,说服教育要回应群众的现实关切。包括各级领导在内的思想政治工作者,一定要深入了解"群众关心的实际生活问题和时事政策问题",经常向群众据实讲解,告知其客观情况以及党和政府所作的努力,并及时纠正"群众所反映的不合理现象"。第四,说服教育要让群众心悦诚服。事实胜于雄辩,思想政治教育必须实事求是、有理有据,而不能空口说白话。说服教育的内容及其效果,离不开现实的支撑,尤其是经济社会发展成就和人民群众利益满足的支撑。只有让群众"从事实上感觉到党和社会主义好",各种思想政治教育"才会有效"。①

当然,说服教育也有其适用范围,并非唯一的、万能的方法。思想政治教育坚持以说服教育为主,并不排斥必要的、带有某些强制性的方法。比如,毛泽东强调,思想政治教育要辅之以必要的政治纪律。早在土地革命初期,党就明确规定了红军的严明纪律。1927年红军"三湾改编"时,毛泽东制定了"三大纪律",1928年又补充了"六项注意",这些内容后来几经修订和完善,到解放战争时期正式成为中国人民解放军的"三大纪律八项注意"。1938年,鉴于张国焘在长征途中漠视并严重破坏党的纪律的行为,毛泽东强调,"必须重申党的纪律"②。新中国成立之后,人民解放军在管理教育工作中

---

① 此处所引用的邓小平思想观点出自其《在中国共产党全国代表会议上的讲话》一文,参见《邓小平文选》第3卷,人民出版社1993年版,第144—145页。
② 《毛泽东选集》第2卷,人民出版社1991年版,第528页。

既坚持以耐心的说服教育为主要方法，又"不排斥必要的批评和纪律处分"①。改革开放以来，我国一贯强调新时期要培养和造就有理想、有道德、有文化、有纪律的"四有"新人，其中"有纪律"就凸显了遵纪守法方面的要求。

四　思想政治教育要增强说服力

中国共产党一贯重视思想政治教育说服力。在新民主主义革命时期，毛泽东指出："当你写东西或讲话的时候，始终要想到使每个普通工人都懂得，都相信你的号召，都决心跟着你走"②；"我们必须在党内，在人民解放军内，在人民群众中，有说服力地进行教育工作"③。在具体实践中，中国共产党总结出了许多行之有效、很有说服力的思想政治教育方法和经验。比如，经常采用树立榜样、典型示范的方法，而且注意到"典型一定要从群众中涌现，这样的典型，才有说服力，才能使群众信服"④。

新中国成立之后，中国共产党结合全面执政的新形势新任务，进一步强调说服教育的原则方法，明确要求开展有说服力的思想政治教育。1956年4月，中国共产党在《关于无产阶级专政的历史经验》一文中，批评了宣传工作中存在的教条主义、官僚主义习气，强调宣传工作者应当辛勤努力，掌握大量材料，用分析的方法和人民的语言，

---

① 中国人民解放军总政治部编：《中国人民解放军连队管理教育工作》，人民出版社1964年版，第30页。
② 《毛泽东选集》第3卷，人民出版社1991年版，第843页。毛泽东在《反对党八股》的讲演中所说的这句话，引自1935年8月季米特洛夫在共产国际第七次代表大会上所作的发言。
③ 《毛泽东文集》第5卷，人民出版社1996年版，第230页。
④ 《余秋里回忆录》上册，人民出版社2011年版，第291页。

"很有说服力地去说明马克思列宁主义的普遍真理和中国具体情况的统一"①。1957年3月,毛泽东在党的全国宣传工作会议上指出,宣传工作者"应该老老实实地办事,对事物有分析,写文章有说服力,不要靠装腔作势来吓人"②。毛泽东还十分重视对各种错误思想的批评,一方面强调不能任凭错误思想到处泛滥,另一方面又强调这种批评要有科学的分析和"充分的说服力"③。毛泽东等人的深刻总结和思考,促进了新中国思想政治教育理论和实践的发展。当然,在"大跃进"和"文化大革命"等曲折时期,思想政治教育的声誉和说服力也一度遭到严重削弱。

改革开放之后,中国共产党吸取经验教训,并着眼于新时期新要求,把增强思想政治教育说服力作为一项重要任务。在相关报告、文件或讲话中,这方面的论述屡见不鲜。1980年12月,邓小平在中央工作会议上强调,要"积极主动、理直气壮而又有说服力地宣传四项基本原则"④。1982年11月,国务院《关于第六个五年计划的报告》提出,"要寻求和创造新的方式方法,力求使思想教育工作生动活泼,有战斗力、说服力和吸引力"⑤。1983年6月,在全国六届人大一次会议上,《政府工作报告》提出,要"通过深入细致的、有说服力的宣传教育,统一大家的认识"⑥。在一些具体工作领域,有关领导和部门也提出了相应的要求。1984年6月,万里在全国高校思想政治工作会议上

---

① 《建国以来重要文献选编》第8册,中央文献出版社1994年版,第235页。
② 《毛泽东文集》第7卷,人民出版社1999年版,第277页。
③ 《毛泽东文集》第7卷,人民出版社1999年版,第233页。
④ 《邓小平文选》第2卷,人民出版社1994年版,第364页。
⑤ 《中华人民共和国第五届全国人民代表大会第五次会议文件》,人民出版社1983年版,第88页。
⑥ 《中华人民共和国第六届全国人民代表大会第一次会议文件汇编》,人民出版社1983年版,第28页。

强调："要善于摆事实、讲道理，善于根据青年的思想特点，用实践和理论对他们进行生动的、有说服力的教育。"① 1985 年 9 月，邓小平在党的全国代表会议上指出，对干部群众中流行的一些重要思想问题，要"由适当的人进行周到细致、有充分说服力的教育"②。国家"七五"计划（1986—1990）第五十四章对思想政治工作进行了专门阐述，其中也明确要求"进行周到细致、有充分说服力的工作"③。1987 年 1 月，中央军委《关于新时期军队思想政治工作的决定》指出，要"联系官兵的现实思想，进行生动的、有说服力的教育"④。1990 年 5 月，李瑞环在《关于职工思想政治工作的若干问题》讲话中要求："坚持尊重人、理解人、关心人的原则，增强思想政治工作的吸引力、说服力。"⑤ 1993 年 8 月，中组部、中宣部、国家教委颁发《关于新形势下加强和改进高等学校党的建设和思想政治工作的若干意见》，其中明确指出，马克思主义理论课和思想品德课要"以增强说服力和有效性为目标"⑥。

值得一提的是，邓小平特别注重以党和国家事业发展成就作为增强思想政治教育说服力的现实支撑，反对脱离实际的空谈和说教。早在 1980 年 5 月，邓小平就深刻指出："空讲社会主义不行，人民不相信。"⑦ 1985 年 9 月，邓小平又强调："群众从事实上感觉到党和社会

---

① 《万里文选》，人民出版社 1995 年版，第 349 页。
② 《邓小平文选》第 3 卷，人民出版社 1993 年版，第 144 页。
③ 《中华人民共和国国民经济和社会发展第七个五年计划（1986—1990）》，人民出版社 1986 年版，第 206 页。
④ 《十二大以来重要文献选编》下，人民出版社 1988 年版，第 1282 页。
⑤ 《十三大以来重要文献选编》中，人民出版社 1991 年版，第 1087 页。
⑥ 《加强和改进大学生思想政治教育重要文献选编（1978—2014）》，知识产权出版社 2015 年版，第 131 页。
⑦ 《邓小平文选》第 2 卷，人民出版社 1994 年版，第 314 页。

主义好",这样对他们进行各种思想政治教育"才会有效"。①

  关于增强思想政治教育说服力,江泽民、胡锦涛等人也有诸多论述。1991年7月,江泽民在庆祝中国共产党成立70周年大会上指出:"要以充分的说服力、强烈的感染力和坚强的战斗力,长期不懈地进行坚持四项基本原则、反对资产阶级自由化的教育和斗争。"② 1994年1月,江泽民在全国宣传思想工作会议上指出,新的形势对宣传思想战线提出了更高的要求,包括"党和政府所采取的一系列推进改革和建设的新举措,需要向群众做通俗的、有说服力的解释"③。2000年6月,江泽民在中央思想政治工作会议上强调,要与时俱进,不断增强马克思主义理论的说服力和战斗力,增强马克思主义理论教育的吸引力和说服力,"使群众乐于接受"④。2001年7月,江泽民在庆祝中国共产党成立80周年大会上的讲话中要求"加强有说服力的思想政治工作"⑤。2002年1月,胡锦涛在全国宣传部长会议上要求"不断增强理论工作的说服力、战斗力"⑥,强调要把解决思想问题同解决实际问题结合起来,"为群众排忧解难,多办实事好事,就是最直接、最生动、最有说服力的思想政治工作"⑦。2004年9月,胡锦涛在党的十六届四中全会上提出:"要加强马克思主义理论研究,不断增强说服力和战斗力,真正使马克思主义成为全党全国人民团结奋斗的精神支柱。"⑧

---

  ① 《邓小平文选》第3卷,人民出版社1993年版,第144—145页。
  ② 《江泽民文选》第1卷,人民出版社2006年版,第160—161页。
  ③ 《十四大以来重要文献选编》上,人民出版社1996年版,第649页。
  ④ 《江泽民文选》第3卷,人民出版社2006年版,第93页。
  ⑤ 《江泽民文选》第3卷,人民出版社2006年版,第295页。
  ⑥ 《十五大以来重要文献选编》下,人民出版社2003年版,第2207页。
  ⑦ 《十五大以来重要文献选编》下,人民出版社2003年版,第2220页。
  ⑧ 《十六大以来重要文献选编》中,中央文献出版社2006年版,第318页。

党的十八大以来，以习近平同志为核心的党中央切实抓好意识形态工作这一项极端重要的工作。习近平反复强调要牢牢掌握意识形态工作领导权，建设具有强大凝聚力和引领力的社会主义意识形态，并提出充满理论自信的愿景："二十一世纪中国的马克思主义一定能够展现出更强大、更有说服力的真理力量！"① 从意识形态工作全局出发，党和国家将思想政治教育说服力导向摆在突出地位，对相关领域工作提出明确要求。2015年6月，刘云山强调要"改进和创新思想政治理论课，增强说服力感染力吸引力"②。2017年2月，党中央、国务院要求进一步办好高校思想政治理论课，"增强教学的吸引力、说服力、感染力"③。2017年3月，中央军委办公厅要求在开展维护核心、听从指挥主题教育活动中端正学风教风，"增强教育说服力感召力"④。《2018—2022年全国干部教育培训规划》中也要求"不断增强理论学习教育的吸引力感染力说服力"⑤。2018年5月，习近平在北京大学考察时勉励大家认真开展新时代中国特色社会主义思想研究，拿出更多有分量有说服力的研究成果。⑥ 2019年3月，习近平在学校思想政治理论课教师座谈会上提出"八个相统一"的要求，为进一步提升学校思

---

① 《习近平谈治国理政》第3卷，外文出版社2020年版，第21页。
② 《刘云山在马克思主义理论研究和建设工程工作座谈会上强调 提升理论自觉 增强理论自信 更好推动马克思主义中国化时代化大众化》，《人民日报》2015年6月24日第01版。
③ 《中共中央国务院印发〈关于加强和改进新形势下高校思想政治工作的意见〉》，《人民日报》2017年2月28日第01版。
④ 《经中央军委主席习近平批准 中央军委办公厅印发〈意见〉开展维护核心、听从指挥主题教育活动和推进"两学一做"学习教育常态化制度化》，《人民日报》2017年3月30日第01版。
⑤ 《中共中央印发〈2018—2022年全国干部教育培训规划〉》，《人民日报》2018年11月2日第05版。
⑥ 《习近平在北京大学考察时强调 抓住培养社会主义建设者和接班人根本任务 努力建设中国特色世界一流大学》，《人民日报》2018年5月3日第01版。

想政治教育说服力和实效性提供了基本遵循，其中第一条就是"要坚持政治性和学理性相统一，以透彻的学理分析回应学生，以彻底的思想理论说服学生，用真理的强大力量引导学生"①。2023年3月，习近平要求各级党校特别是中央党校拓展研究阐释的深度和广度，用通俗易懂的语言将党的创新理论中的道理学理哲理"讲得令人信服"②。

综上所述，从新民主主义革命时期到中国特色社会主义新时代，中国共产党一贯强调，思想政治教育要有说服力，而且要通过理念创新、理论创新和方法创新等，不断增强思想政治教育说服力。

---

① 《习近平主持召开学校思想政治理论课教师座谈会强调　用新时代中国特色社会主义思想铸魂育人　贯彻党的教育方针落实立德树人根本任务》，《人民日报》2019年3月19日第01版。

② 习近平：《在中央党校建校90周年庆祝大会暨春季学期开学典礼上的讲话》，《求是》2023年第7期。

第三章

思想政治教育说服力的生成机理

马克思说过:"如果你在恋爱,但没有引起对方的爱……那么你的爱就是无力的,就是不幸。"① 同样道理,如果思想政治教育没有引起受教育者的正向反应,没有产生预期效果,就是缺乏说服力的表现。那么,思想政治教育如何才能有说服力呢?这就需要我们深入研究思想政治教育说服力的生成机理,其主要涉及思想政治教育说服力的内生条件、通达机理、变化方向等。探究思想政治教育说服力的生成机理,对我们科学认识和把握思想政治教育规律具有重要的理论意义,但目前学界对这些问题还缺乏系统性的研究。

第一节 思想政治教育说服力的内生条件

唯物辩证法告诉我们,事物的发展变化是内因和外因共同作用的结果,其中,内因起到决定性作用。思想政治教育说服力的强弱,从

---

① 《马克思恩格斯文集》第 1 卷,人民出版社 2009 年版,第 247—248 页。

根本上取决于思想政治教育系统的内部因素。总体而言，思想政治教育目标、内容、主体、方法等基本要素的结合状况和效能水平，构成了思想政治教育说服力的内生条件。一般来说，思想政治教育目标越合理、内容越彻底、主体越权威、方法越恰当，思想政治教育说服力就越强。

一　思想政治教育目标合理

任何社会实践活动都包含实践主体的价值追求，都指向一定的目的或目标。马克思指出："历史不过是追求着自己目的的人的活动而已。"[①] 思想政治教育目标，就是教育者事先规划并追求的思想政治教育活动所要达到的预期效果，它在思想政治教育系统要素中居于统摄地位。思想政治教育目标贯穿于思想政治教育全过程，指向培养什么人的根本问题，对思想政治教育活动起到导向、动力、凝聚、纠偏的重要作用。导向作用，就是为思想政治教育活动指明发展方向，引领思想政治教育活动取得预期效果。动力作用，就是为思想政治教育活动提供发展动力，激发教育者努力实现教育目标的责任感和使命感。凝聚作用，就是将教育者、受教育者以及相关社会力量凝聚起来，为实现思想政治教育目标而齐心协力、同向同行，促进思想政治教育活动顺利开展。纠偏作用，就是预防和纠正偏离预期目标的思想政治教育活动，指引教育者和受教育者排除相关因素的干扰，保证思想政治教育活动朝着正确方向发展。当然，只有合理的、有说服力的思想政治教育目标才能充分发挥这些作用。

思想政治教育的基本表现是教育者用一定的思想理论、政治观点

---

① 《马克思恩格斯文集》第1卷，人民出版社2009年版，第295页。

和道德规范持续影响受教育者。那么，教育者施加影响的目的或目标是什么？受教育者需不需要这种影响？这种影响会不会成为片面的宣传、说教甚至"洗脑"？此类关乎思想政治教育正当性的疑问并不鲜见，这也是部分受教育者质疑甚至排斥思想政治教育，以及一些教育者未能理直气壮、满怀信心地做好思想政治教育工作的心理动因。对一般民众而言，他们费时费力接受思想政治教育，也必然会考虑其中的效用问题：思想政治教育到底有什么用，有多大用？合理的思想政治教育目标定位有助于化解此类疑问，增强思想政治教育说服力和感召力，进而提升受教育者对思想政治教育的信任度和接受度，以及教育者做好思想政治教育工作的自信心和自豪感。

思想政治教育目标是否合理、能否实现，是影响思想政治教育说服力的重要因素。确立思想政治教育目标，必须综合考虑社会发展需要、受教育者发展需要和思想政治教育规律，而不能单凭教育者的主观愿望。合理的思想政治教育目标，应当具有科学性、适应性、整体性、层次性等特征，从增强思想政治教育说服力来看，尤其要符合社会性与个体性相统一、鲜明性与具体性相统一的要求。

（一）社会性和个体性相统一

从发生学意义上讲，思想政治教育是社会整合个体和个体适应社会这两种需要相协调、相统一的产物。因此，"思想政治教育目标要追求社会需要与个体需要的和谐统一"①，这也反映了思想政治教育社会价值和个体价值和谐统一的内在要求。社会与个体是相辅相成、辩证统一的。一方面，社会是个体生存和发展的必要条件，个体离不开社会。人是群体性生物，人与人之间相互交往、相互依存，并形成各种

---

① 王恒亮：《论思想政治教育目标的和谐之维》，《求实》2014年第1期。

社会群体和社会关系，人的本质就是"一切社会关系的总和"①。每个人都生活在一定的社会环境中，都是社会的成员之一，正常情况下，社会能够协调个体利益、凝聚个体力量，为个体生存和发展提供必不可少的基本保障。更好地融入社会、适应社会，实现人的社会化，丰富人的社会性，是个体生存和发展的内在需要。另一方面，个体是社会存在和发展的现实基础，社会也离不开个体。任何社会都是由无数个体有机组成的，个体是社会的细胞，没有个体也就没有社会存在和发展的可能性与必要性。千千万万民众的需求和奋斗，汇聚成社会存在和发展的根本动力；而社会存在和发展的根本价值，就在于更好地满足个体的美好生活需要并促进个体的全面发展。基于社会与个体的辩证关系，思想政治教育目标只有统筹兼顾社会需要和个体需要，才是完整的、合理的。片面强调社会需要而忽视个体需要，或者一味迎合个体需要而不顾社会需要的思想政治教育目标，都难免缺乏说服力和可行性。

社会需要是思想政治教育存在和发展的根本动因，也是思想政治教育目标确立的首要依据。社会是人们生活和交往的共同体，需要维持一定的秩序并进行文化传承。作为人类社会普遍存在的一种社会实践活动，思想政治教育产生于社会共同体对个体思想行为进行协调和规范的需要。正如杜威所言：社会公众的共同需要和共同目的，"要求我们日益加强思想的交流和感情的和谐一致"②。在历史和现实中，尽管各种意见分歧、社会矛盾、利益冲突乃至阶级斗争屡见不鲜，但促进社会良性运行和发展进步是大多数人的共同愿望，而且某些矛盾或斗争的发生本身也是为了化解矛盾冲突，促进社会发展。因此，大多

---

① 《马克思恩格斯文集》第1卷，人民出版社2009年版，第505页。
② 赵祥麟、王承绪编译：《杜威教育名篇》，教育科学出版社2014年版，第14页。

数人都不会否认,思想政治教育应当适应社会要求,培养符合社会需要的人的思想品德。社会需要是无数个体需要的最大公约数,社会需要的正确表达有助于协调个体需要、凝聚社会力量。

在现代社会,执政党和政府是所在国家或地区思想政治教育的顶层设计者和总体组织者。思想政治教育存在和发展的直接动力,就是执政党和政府对思想政治教育的现实需要。这种需要从根本上讲,就是灌输主导意识形态、凝聚思想理论共识、培养合格社会成员、维护社会治理体系。从全球范围来看,各国政党和政府都将意识形态视为凝聚民众的主要手段之一,进而"费尽心力地将它们社会中的主导价值和规范灌输给它们的人民"[1]。灌输和维护主导意识形态,不仅对处于相对弱势的社会主义国家而言是一项极端重要的工作,即便是西方发达资本主义国家,"在这个问题上,他们也是抓得很紧的"[2]。因此,我国思想政治教育目标的确立,首先要立足于党和国家的意识形态工作需要。

个体需要是受教育者接受思想政治教育的直接动因,也是思想政治教育目标确立的现实依据。马克思主义认为,需要是人的本性,人的需要包括生存需要、交往需要和发展需要;在未来共产主义社会,"每个人的自由发展是一切人的自由发展的条件"[3]。马斯洛提出了著名的需要层次理论,认为人的需要从低级到高级依次表现为生理需要、安全需要、归属和爱的需要、尊重的需要、自我实现的需要五个层次。现实中,每个人除了衣食住行等基本的物质生活需要外,还有丰富的精神生活需要,比如,学习、工作、交往、娱乐、审美、信仰、道德

---

[1] [美]利昂·P. 巴拉达特:《意识形态:起源和影响》第10版,张慧芝、张露璐译,世界图书出版公司2009年版,第180页。
[2] 《江泽民文选》第3卷,人民出版社2006年版,第86页。
[3] 《马克思恩格斯文集》第2卷,人民出版社2009年版,第53页。

修养、政治参与、发展进步、社会认同等各种需要。可以说，个体需要的层次越高，越体现个体的社会性发展要求以及个体与社会的辩证统一关系，也越需要社会为个体提供更好更充分的保障。

由于需要的必然性和发展性，人们自然高度关注与自身需要（包括利益）密切相关的问题，并形成追求个体需要满足的动机。一方面，这种动机能够促使人们积极采取行动，并转化为攻坚克难的精神动力。另一方面，当个体需要尤其是合理需要没得到相应的尊重或满足时，人们就会产生消极甚至抵触的思想情绪。因此，思想政治教育活动如果不考虑受教育者的个体需要，容易被受教育者视为没有实际意义的说教，甚至是别有用心的"洗脑"，就很难让他们接受和信服，思想政治教育目标就容易变成教育者一厢情愿的追求，社会需要的实现也就无从谈起。即使受教育者因为种种原因接受了片面强调社会需要的思想政治教育，最终也容易造成人们个性的压抑和社会活力的不足。思想政治教育活动如果能够贴近受教育者的合理需要，努力为受教育者的成长进步、生活工作、精神建构等提供良好的服务和保障，就能增强思想政治教育说服力，使思想政治教育目标真正成为教育者和受教育者共同努力的方向，进而实现思想政治教育社会价值和个体价值的最大化。习近平强调，高校思想政治工作"必须围绕学生、关照学生、服务学生，不断提高学生思想水平、政治觉悟、道德品质、文化素养，让学生成为德才兼备、全面发展的人才"[①]。这样的思想政治教育目标和要求充分体现了社会性和个体性的辩证统一，对大学生之外的其他受教育者群体而言，也是同样适用的。

[①] 《习近平在全国高校思想政治工作会议上强调　把思想政治工作贯穿教育教学全过程　开创我国高等教育事业发展新局面》，《人民日报》2016年12月9日第01版。

(二) 鲜明性和具体性相统一

思想政治教育目标对受教育者是否具有鲜明而具体的感召力、引领力，是衡量其说服力状况的重要标准。思想政治教育的根本任务是立德树人，这就要求思想政治教育活动必须旗帜鲜明、公开明确地展现符合社会需要的价值导向和教育目标，而不能模糊不清、模棱两可，以至于让受教育者不得要领、无所适从。在西方国家，思想政治教育活动注重采用隐性渗透的方法，但在培养符合国家需要的公民意识、传承社会核心价值观等基本目标上同样是公开明确、毫不含糊的。比如，美国的道德教育或公民教育以培养"美国公民"为目标，要求学生了解美国的历史和社会制度，确立对美国文化和制度的认同，培养学生的民主理念、爱国精神，以及诚实、勇敢、公正、尊重、忠诚、爱心等道德品格和广泛参与社会事务的知识技能。①"共产党人不屑于隐瞒自己的观点和意图。"② 对思想政治教育尤其是马克思主义思想政治教育而言，其立场和目标越是旗帜鲜明，就越是光明正大，就越有说服力和感召力。因此，毛泽东强调："我们党所进行的一切宣传工作，都应当是生动的，鲜明的，尖锐的，毫不吞吞吐吐。"③ 思想政治教育目标的鲜明性，既是思想政治教育规律的客观要求，也是教育者自信心和责任感的重要体现。

除了鲜明性，思想政治教育目标还应有具体性。一方面，在不同时期、不同领域，立德树人或社会需要的具体内涵并不相同，只有制定具体的目标要求，才能进一步落细落实思想政治教育目标的鲜明性。1937年10月，毛泽东在给陕北公学的题词中开宗明义地指出："要造

---

① 周琪等：《比较思想政治教育学》，高等教育出版社2018年版，第161页。
② 《马克思恩格斯文集》第2卷，人民出版社2009年版，第66页。
③ 《毛泽东选集》第4卷，人民出版社1991年版，第1322页。

就一大批人，这些人是革命的先锋队。"同时，毛泽东进一步对这些人提出了"具有政治远见""充满着斗争精神和牺牲精神""胸怀坦白""不谋私利""不怕困难""脚踏实地富于实际精神"等一系列具体要求。① 在这里，毛泽东实际上为新民主主义革命时期党的思想政治教育工作提出了明确而具体的目标要求——培养具有相应素质的革命者。新中国成立之后，尤其是确立社会主义基本制度之后，我国思想政治教育以培养社会主义建设者和接班人为根本目标，这是一贯的、鲜明的。1962年11月，陆定一在一次会议上指出："思想政治教育方面……我们加了要使学生'懂得一切社会财富，包括自己的衣食住行，都是来自劳动人民的劳动成果'，这实际上是灵魂，没有这些东西，我们的思想品德教育就和过去的'修身'、'公民'一样了。"② 陆定一所列举的新旧中国思想政治教育内容的重大区别，实际上反映了社会主义条件下我国思想政治教育阶级属性和根本目标的时代变迁。

另一方面，我国思想政治教育目标在不同时期都有不同的表述，同一时期的教育目标也可以细分为不同的类别和层次，分别针对不同的领域、群体和年龄段。比如，改革开放以后，我国思想政治教育目标是培养社会主义的有理想、有道德、有文化、有纪律的"四有"新人，并将爱祖国、爱人民、爱劳动、爱科学、爱社会主义的"五爱"作为公民道德规范，以促进人的全面发展。党的十八大以来，我国思想政治教育以培养担当民族复兴大任的时代新人为根本目标，并在全社会大力培育和践行"富强、民主、文明、和谐；自由、平等、公正、法治；爱国、敬业、诚信、友善"的社会主义核心价值观。这种鲜明而具体的目标要求为教育者组织和实施思想政治教育提供了基本遵循，

---

① 《毛泽东年谱（1893—1949）》修订本·中卷，中央文献出版社2013年版，第34页。
② 《陆定一文集》，人民出版社1992年版，第662页。

也为受教育者接受和认同思想政治教育指明了正确方向，具有强大的说服力和感召力。

此外，思想政治教育目标的具体性，还体现为教育目标要与受教育者的实际情况相适应。从全社会来看，受教育者分布于不同的行业、阶层、地域以及年龄段等，可以划分为不同的群体、类别和层次，其具体情况千差万别，不同受教育者的思想品德状况及其发展潜力必然存在差异。因此，在确定思想政治教育目标时，除了统一性、整体性的根本目标要求之外，还要有针对性、层次性的具体目标要求，充分考虑不同受教育者的实际情况、发展潜能与接受能力等，避免将思想政治教育目标定得过高或过低，从而让教育目标更具适应性和说服力。

二 思想政治教育内容彻底

如本书第一章所述，从教育者选择和传播信息的角度来看，思想政治教育内容主要包括基本理论、阐释说明和论据材料三大类，思想政治教育内容说服力可以细分为理论说服力、阐释说服力和论据说服力三种类型。思想政治教育所依据和灌输的基本理论（包括各种思想、学说、观点、道理、政策等），实际上构成了思想政治教育的核心内容，阐释说明和论据材料都是服务于基本理论的，阐释说服力和论据说服力也是从属于理论说服力的。以彻底的、科学的理论武装群众头脑，这是马克思主义思想政治教育的鲜明特质，也是其整体说服力的根本支撑。马克思主义创始人将理论彻底性视为理论说服力的根源，提出了"理论只要彻底，就能说服人"[1]的重要论断。中国共产党人也一再强调，"理论上不彻底，就难以服人"[2]。思想政治教育说服力

---

[1] 《马克思恩格斯文集》第1卷，人民出版社2009年版，第11页。
[2] 《习近平谈治国理政》第2卷，外文出版社2017年版，第34页。

的关键,在于思想政治教育核心内容即基本理论的彻底性。马克思主义是我国思想政治教育的指导思想和核心内容,马克思主义的理论彻底性为我国思想政治教育说服力奠定了坚实基础。下面,笔者结合马克思主义的理论品格,阐述思想政治教育内容彻底性的内涵和要求。

(一) 思想政治教育内容的真理性

真理性是内容说服力的根本条件。真理性也就是科学性、正确性,主要表现为主观与客观的统一性,以及理论自身的严密性。马克思指出:"所谓彻底,就是抓住事物的根本。"① 理论是否彻底,首先意味着理论是否具有真理性,即是否抓住事物的根本、是否揭示事物发展的规律。真理就是人们在实践过程中获得的对客观事物及其发展规律的正确认识。陀思妥耶夫斯基说过:"一切都会过去的,唯有真理长存。"亚里士多德说过:"吾爱吾师,吾更爱真理。"追求真理是人类理性的高阶反映,也是个人成长和社会进步的重要动力。思想政治教育发挥效用的基本方式是以理服人,也就是依靠真理的力量去说服民众。当然,由于思想政治教育具有鲜明的阶级性,自古以来,剥削阶级及其统治者为了维护自己的利益和统治,经常有意无意地忽视真理,而宣扬封建迷信、宗教神学、极端主义等非科学的思想理论,在很大程度上禁锢了民众思想。在特定的历史条件下,这样的思想政治教育固然能起到一定作用,"但是就人类社会历史发展的整体进程而言,这种教育归根结底是无效的"②。换句话说,以某些错误的、落后的思想理论来进行思想政治教育,即便在部分群众中有一定的说服力,那也是局部的、短期的说服力,最终会消失殆尽。

不同于一切代表剥削阶级的政治力量,无产阶级政党以马克思主

---

① 《马克思恩格斯文集》第1卷,人民出版社2009年版,第11页。
② 沈壮海:《思想政治教育有效性研究》第3版,武汉大学出版社2016年版,第83页。

义作为自己的理论指南,高度重视以科学理论武装党员和群众的头脑。马克思主义创立了辩证唯物主义和历史唯物主义的新世界观,深刻揭示了人类社会发展的一般规律,以及社会主义必然代替资本主义、最终实现共产主义的历史规律,是无产阶级和劳动人民认识世界、改造世界的科学指南。恩格斯说过:"我们党有个很大的优点,就是有一个新的科学的世界观作为理论的基础。"① 毛泽东指出,马克思主义"在我们的实践中,在我们的斗争中,证明了是对的"②。

当然,任何真理都是绝对性与相对性的辩证统一,不能教条主义地加以对待。从根本上讲,实践是认识的来源,也是检验认识正确与否的根本标准,实践永无止境,认识也永无止境。任何理论都产生于特定的历史条件下,都受到当时社会历史条件和人们认识水平的制约,哪怕是真理,也需要随着人类认识和实践的发展而不断得到检验、丰富和发展。邓小平指出:"真正的马克思列宁主义者必须根据现在的情况,认识、继承和发展马克思列宁主义。"③ 马克思主义在其诞生的170多年来,就经过包括中国共产党人在内的各国马克思主义者的坚持和发展,产生了一系列与时俱进的创新成果。这是马克思主义真理性及其说服力、生命力的重要体现。正如习近平所言:"马克思主义是不断发展的开放的理论,始终站在时代前沿。"④

真理必须始终站在时代前沿,这实际上也要求真理必须具有先进性。同样道理,思想政治教育内容要保持说服力,也要具有先进性。思想政治教育要说服人们抛弃错误的而树立科学的世界观、人生观和

---

① 《马克思恩格斯文集》第 2 卷,人民出版社 2009 年版,第 599 页。
② 《毛泽东选集》第 1 卷,人民出版社 1991 年版,第 111 页。
③ 《邓小平文选》第 3 卷,人民出版社 1993 年版,第 291 页。
④ 习近平:《在纪念马克思诞辰 200 周年大会上的讲话》,《人民日报》2018 年 5 月 5 日第 02 版。

价值观,要引领人们思想品德发展的正确方向,其内容必须以先进的思想理论为依据,展现符合时代发展要求的理想信念和价值观念。列宁指出:"社会民主党无论在什么时候什么地方都是、并且不能不是觉悟工人的代表,而不是不觉悟工人的代表。"① 只有保持内容的真理性和先进性,思想政治教育才能有真正的说服力和引领力,也才能真正实现自身的社会价值与个体价值。

(二) 思想政治教育内容的真实性

真实性是思想政治教育内容说服力的前提条件。对思想政治教育内容来说,真理性侧重于对基本理论的要求,而真实性侧重于对具体阐释和论据材料的要求。真实性的核心要求是符合客观事实。事实是客观存在的、不因人的主观意愿而发生改变的实际情况,因而具有无可辩驳的说服力。同样道理,基于事实、与事实相符合而不是相矛盾的思想政治教育内容也更能让人信服。恩格斯曾经一再强调事实的说服力:只有事实才能"使读者确立无可争辩的信念"②;"应当由事实来使人们信服"③。爱因斯坦也说过:"一个希望受到应有的信任的理论,必须建立在有普遍意义的事实之上。"④ "信以为真"是生活中常见的认知现象,即人们有时候误将虚假的事物当作真实的事物去相信。这种现象也表明,人们更愿意相信真实的事物。在阶级对立的社会条件下,统治阶级为了维护自身的特殊利益,往往将自身利益说成是全社会利益,甚至采取某些手段蒙蔽人民群众。但是,对客观事实的掩盖和对受教育者的欺瞒,不可能产生普遍而持久的思想政治教育说服

---

① 《列宁全集》第 4 卷,人民出版社 2013 年版,第 276 页。
② 《马克思恩格斯全集》第 42 卷,人民出版社 1979 年版,第 277 页。
③ 《马克思恩格斯全集》第 37 卷,人民出版社 1971 年版,第 348 页。
④ 《爱因斯坦文集》第 1 卷,商务印书馆 1976 年版,第 104 页。

力。在某些条件下，谎言也会有一定的说服力，但是，真相最终会揭穿谎言。当然，有时候人们也会采用一些富有启发意义但难以考证其内容真实性的神话、寓言、传说，以及文学作品中虚构的故事、情节等作为辅助性的教育素材。在这种情况下，真实性的要求主要体现在材料出处是否明确，以及故事、情节等内容是否符合"艺术的真实"——虽然虚构或者无从考证，但不违背现实生活逻辑。

马克思主义政党及其领导的社会主义运动与最广大人民的根本利益是一致的，这为马克思主义思想政治教育内容的真实性提供了可靠保证，也提出了更高要求。马克思主义经典作家一贯强调思想政治教育内容必须真实、教育者必须讲真话。列宁说过："决不要撒谎！我们的力量在于说真话！"[①] "如果认为人民跟着布尔什维克走是因为布尔什维克的鼓动较为巧妙，那就可笑了。不是的，那是因为布尔什维克的鼓动说实话。"[②] 毛泽东强调，要在群众中间进行生动的、切实的政治教育，并且"应当经常把发生的困难向他们作真实的说明"[③]。邓小平也明确指出："我们要提倡加强思想政治工作，工作中遇到困难要向群众说真话，讲清道理，使群众明了情况。"[④] 当然，思想政治教育内容服务于一定的教育目标，需要经过一定的筛选和把关。现实中，教育者大多以正面宣传为主，突出强调有利的事实，淡化或回避不利的事实，这是一种常见的宣传教育策略，但这种"多报喜少报忧"甚至"报喜不报忧"的策略不能滥用，更不能刻意掩盖事实甚至颠倒是非。否则，一旦被人揭穿，必将损害思想政治教育的公信力和说服力。

---

① 《列宁全集》第11卷，人民出版社2017年版，第329页。
② 《列宁全集》第38卷，人民出版社2017年版，第84页。
③ 《毛泽东文集》第7卷，人民出版社1999年版，第236页。
④ 《邓小平文集（1949—1974）》中卷，人民出版社2014年版，第306—307页。

内容真实性要以事实为依据，但并不等于内容只要符合事实就必定真实可信。由于事物之间存在着普遍而复杂的联系，人们关注事实不能局限于探寻一个个孤立的真相，而应当深入把握各个事实与其他事实之间的整体联系。只有从整体上把握和理解事实，才能得出科学的、有说服力的而非片面的、经不起推敲的结论。《世界文明史》的作者杜兰特夫妇认为："历史是如此的丰富多彩，以至于只要在事例中加以选择，就可以为任何历史结论找到证据。"[①] 列宁也说过，在社会现象领域，"如果事实是零碎的和随意挑出来的，那么它们就只能是一种儿戏，或者连儿戏也不如"[②]。列宁的论述揭示了"摆事实"所应当坚持的正确原则，从逻辑思维的角度来看，就是要遵守"充足理由律"，注意科学把握事实的整体性、联系性，不能以偏概全，以免从片面的事实中得出错误的结论。

（三）思想政治教育内容的价值性

价值性是内容说服力的必要条件。价值性就是事物对人的有用性，符合人的利益或需要。思想政治教育内容的价值性，体现在其对社会需要和个体需要的满足程度。马克思指出："理论在一个国家实现的程度，总是取决于理论满足这个国家的需要的程度。"[③] 思想政治教育内容如果不能契合国家和人民的需要，不能反映受教育者利益并解答受教育者关注的问题，就谈不上有真正的说服力。

某个事物或活动是否有价值、对谁有价值，这是人们在进行价值判断时最常见的思考。价值判断必然影响态度倾向，只有当人们认为

---

① [美] 威尔·杜兰特、阿里尔·杜兰特：《历史的教训》，倪玉平、张闶译，四川人民出版社 2015 年版，第 172 页。
② 《列宁全集》第 28 卷，人民出版社 2017 年版，第 364 页。
③ 《马克思恩格斯文集》第 1 卷，人民出版社 2009 年版，第 12 页。

某个事物或活动对他人或社会有价值而且对自己也有价值时，才可能有积极接受的态度。科学性与价值性相统一，是马克思主义的鲜明特征之一。因此，我们强调思想政治教育内容的真理性、真实性，实际上也包含着对价值性的追求。正如毛泽东所言，"共产党人必须随时准备坚持真理，因为任何真理都是符合于人民利益的。"① 价值性的最高体现，就是人民性。科学的思想理论必须代表最广大人民的根本利益，这样才能找到"最大公约数"，才可能得到最广大人民的真学、真信、真用。如果某种思想理论只代表少数人的利益，而排斥多数人的利益，即便这种理论貌似在特定条件下也有其科学性的一面，也必然会因为失去多数人的支持而日益封闭僵化，最终走向破产。

马克思主义是人民的理论，人民性是马克思主义的宝贵品格。在人类历史上，科学的理论知识不胜枚举，但很少像马克思主义那样真正体现了科学性和革命性相统一、真理性与人民性相统一。普列汉诺夫曾经高度评价马克思主义理论所开创的其对劳动人民的科学指导意义：有史以来，"第一次发生了科学与劳动者的接近：科学跑去帮助劳动群众"②。人民群众是历史的创造者，真正代表人民群众的理论才是彻底的理论，才能得到人民群众的信赖。马克思主义强调"人的根本就是人本身"③，真正坚持以人为本、关心人民利益，强烈追求人的自由与解放，这是马克思主义具有强大说服力和吸引力的价值根源。

综上所述，思想政治教育内容的彻底性主要表现为真理性、真实性和价值性。受教育者对教育内容进行选择和接受的思维过程，主要包括与真理性、真实性和价值性直接相关的三种判断：以知识

---

① 《毛泽东选集》第3卷，人民出版社1991年版，第1095页。
② 《普列汉诺夫文选》，人民出版社2010年版，第205页。
③ 《马克思恩格斯文集》第1卷，人民出版社2009年版，第11页。

储备为参照进行科学判断——是否正确；以实践经验为参照进行事实判断——是否真实；以利益关系为参照进行价值判断——是否有用。如果教育内容与受教育者的三种判断标准是契合或兼容的，即被受教育者认为是正确、真实和有用的，受教育者就容易信服和接受教育内容，并进行同向建构，进一步强化或完善自己的认知。如果教育内容有悖于受教育者的认知，受教育者就会质疑内容的正确性、真实性和价值性，进而产生不同的态度倾向和接受可能：直接否定和排斥自己认为是错误的、虚假的、没有价值的内容；根据具体情况选择接受、部分接受或不接受自己认为是正确的、真实的却价值不大的内容，或者错误的、虚假的却对自己有价值的内容，以及其他具体情形的内容。比如，有调查显示，如果在网上碰到与思想政治理论课中不同的价值观点与言论，有48.9%的大学生选择"积极关注，若有道理就会接受"，有29.54%的大学生选择"不为所动，我有自己的价值观"。[1]

三 思想政治教育者有权威

任何组织的建构和运行都离不开权威。恩格斯在《论权威》中指出，在现代社会关系和联合活动条件下，权威是必不可少的组织要素，"不论在哪一种场合，都要碰到一个显而易见的权威"[2]。列宁也说过，在对农民等非无产阶级群众进行组织工作和思想教育工作时，"只靠暴力是什么也做不成的。特别需要组织和道义上的权威"[3]。通常情况下，权威奠基于一定的认同或支持，权威的另一方面是信服或服从。恩格

---

[1] 任艳妮：《大学生思想政治教育传播有效性研究》，中国社会科学出版社2019年版，第212—213页。
[2] 《马克思恩格斯文集》第3卷，人民出版社2009年版，第337页。
[3] 《列宁全集》第38卷，人民出版社2017年版，第347页。

斯指出："一方面是一定的权威……另一方面是一定的服从，这两者都是我们不得不接受的。"① 齐泽克说过："只要权威是好的、明智的、仁慈的，它就值得服从。"②

权威与权力既有联系又有区别。权力是一种带有强制性的支配权，权力主体可以不管别人是否认可和同意而迫使别人执行自己的指令、实现自己的意志；而权威是一种以别人普遍认同和自愿服从为基础的影响力，这种普遍认同和自愿服从也被称为合法性，没有合法性基础就没有真正的权威。因此，权威一般表现为令人信服而顺从的权力和威望，对公众而言主要是一种非强制性的精神力量，它主要借助掌权者的声誉、威信等精神因素来发挥影响公众的作用。俞可平认为，权力与权威的实质性区别在于强制服从和自愿服从，这两个概念与中国传统政治哲学中"以力服人"的"霸道"和"以德服人"的"王道"极为相似。③

正因为权威与大众的认同、信服、支持等积极态度紧密相连，可以说，权威不一定意味着绝对说服力，但权威确实是说服力的重要来源。在现实生活中，为什么人们谈论问题时喜欢引用名人名言？为什么人们更容易相信专业人士的判断？为什么人们更愿意听从德高望重者的意见？显然，名人名家的经典论断往往十分精辟，专业人士具有扎实的知识技能，德高望重者富有人格魅力，他们身上都带有某种权威性，因而比一般人具有更强的主体说服力。

在意识形态领域，说服力也离不开一定的权威。学者们认为，"话语权的建立有两个必要条件：一是言说者的权威性，二是言说内容的

---

① 《马克思恩格斯文集》第3卷，人民出版社2009年版，第337页。
② [斯洛文尼亚] 斯拉沃热·齐泽克：《意识形态的崇高客体》第2版，季广茂译，中央编译出版社2017年版，第38—39页。
③ 俞可平：《权力与权威：新的解释》，《中国人民大学学报》2016年第3期。

可信性"①;"意识形态只有科学说理、权威发声,才能为人们所信服"②。从信息传播的角度来看,信息需求者一般都希望从权威人士或机构那里得到可靠的信息。同样内容的信息,出自权威者或高权威者比出自非权威者或低权威者更容易让人信服。比如,媒介公信力研究发现,权威性是公信力判断的重要维度,我国民众往往根据媒体主办单位的行政级别来判断媒体公信力,因此,《人民日报》等中央级党报的公信力高于省市级党报。③

思想政治教育说服力的生成需要教育者的权威。这种权威具有特殊性和复合性,它不是一般的教育权威,也不是一般的政治权威,而是政治权威和教育权威的复合体。在我国,思想政治教育者"从总体上说是党和国家,在具体过程中则是党和国家的思想政治教育工作者"④。因此,思想政治教育者的权威主要包括两个方面:党和政府的政治权威、思想政治教育工作者的教育权威。

(一)执政党和政府具有政治权威

政治权威是以国家政权为核心的政治体系,基于公众普遍认同和支持而展现出来的一种令人自愿服从的政治影响力。思想政治教育具有鲜明的政治性,是执政党和政府治国理政的重要方式,这就决定了思想政治教育说服力与政治权威的内在关联。一方面,执政党和政府树立和增强政治权威需要借助思想政治教育说服力;另一方面,思想政治教育说服力也必须以执政党和政府的政治权威作为必要保障。如

---

① 王习胜:《意识形态及其话语权审思》,《马克思主义研究》2007年第4期。
② 李合亮:《对新时代社会主义意识形态凝聚力和引领力建设的全面认识》,《学校党建与思想教育》2021年第20期。
③ 张洪忠:《大众媒介公信力理论研究》,人民出版社2006年版,第56页。
④ 刘建军:《寻找思想政治教育的独特视角》,中国人民大学出版社2017年版,第120页。

果某个执政党及其政府因为各种原因失去人民的拥护和支持，丧失了政治权威，其主导的思想政治教育活动也必然会失去说服力。在这个问题上，中国国民党和苏联共产党就是前车之鉴。

基于前文对权力与权威的辨析，我们可以推论，政治权威固然离不开政治权力，但政治权力只有衍生出或升华为政治权威，才能更好地发挥治国安民的作用。政治学理论认为，"政治统治以构建政治权威与服从关系为基本内容"①。在剥削阶级占统治地位的阶级社会中，统治者为了维护其特殊阶级利益基础上的政治权威，往往"把自己的利益说成是社会全体成员的共同利益"，把自己的思想"描绘成唯一合乎理性的、有普遍意义的思想"②，并以"君权神授"或"人民主权"等学说为自己的政治统治披上神秘或神圣的外衣，以便使被统治者相信这种政治统治的合理性、正当性。因此，在阶级对立的旧社会里，要么只有政治压迫而没有政治权威，要么只有建立在虚幻的"共同利益"基础上的稀薄而脆弱的政治权威。只有当剥削阶级的统治被推翻，或者剥削阶级被消灭以后，国家政权转移到人民手中，人民主权得到真正实现，人民利益得到切实保障，真正的政治权威才可能形成。

民心是最大的政治，政治权威最深厚的基础在民心。近代以来，由于西方列强入侵和封建统治腐败，中国逐步沦为半殖民地半封建社会，中华民族遭受了前所未有的劫难。在各派救亡运动风起云涌、各种救国方案轮番出台却都以失败告终的背景下，历史和人民选择了中国共产党。一百多年来，中国共产党始终牢记自己的初心和使命，团结带领全国各族人民为争取民族独立、人民解放和实现国家富强、人民幸福而不懈奋斗，先后创造了新民主主义革命的伟大成就、社会主

---

① 王浦劬：《政治学基础》，北京大学出版社2006年版，第120页。
② 《马克思恩格斯文集》第1卷，人民出版社2009年版，第552页。

义革命和建设的伟大成就、改革开放和社会主义现代化建设的伟大成就、新时代中国特色社会主义的伟大成就，赢得了全国各族人民的衷心拥护。党坚持全心全意为人民服务的根本宗旨，代表中国最广大人民的根本利益，没有任何自己特殊的利益，也从来不代表任何利益集团、权势团体或特权阶层的利益，这是党立于不败之地而且具有强大政治权威的根本所在。在党的十九大召开期间，藏族老党员其美旺堆告诉《人民日报》记者："习近平的报告我虽然不能完全听懂，但我们藏族人相信习近平，对未来充满了信心。"① 习近平及党中央的崇高威望和坚强领导，令各族人民群众充分信任，党的理论和政策也因此具有更强大的说服力和感召力。

政治权威不是与生俱来的，也不是一劳永逸的。党和政府只有继续坚持一切为了人民、一切依靠人民，发扬人民民主、勇于自我革命，不断加强自身建设、提升执政能力，领导人民创造新的伟大业绩，才能继续赢得全体人民的拥护和支持，从而巩固自己的政治权威，并为包括思想政治教育在内的意识形态工作提供令人信服的理论成果和实践支撑。

（二）思想政治教育工作者具有教育权威

教育权威是教育工作者在组织实施教育活动时所必须具有的"被教育对象服从的一种影响力"②。有学者指出，在意识形态领域，思想言说的内容及其解释力、权威性，"与言说者的地位、身份、知名度、公信力乃至理性与道德形象密切相联"③。意识形态言说效果

---

① 参见张垚《写好理论宣传新篇章》，《党的文献》2020 年第 1 期。
② 王学俭、许伟：《思想政治教育权威及权威生成研究》，《思想政治教育研究》2015 年第 2 期。
③ 胡潇：《文化的意识与逻辑——基于唯物史观的解释》，中国社会科学出版社 2015 年版，第 103 页。

的这种人格化影响因素实际上也表明，思想政治教育说服力与思想政治教育工作者的权威性和可信度密切相关，这种权威性和可信度也就是教育权威的表现。教育权威是一种先在的角色认同，意味着教育者和受教育者在正式进入教育场域之前，就已经明确认同各自角色及其权利义务，并做好了"教"与"学"的心理准备。没有这种角色认同和心理准备，尤其是受教育者对教育者主导地位的认同和服从，思想政治教育活动就难以顺利开展，思想政治教育说服力也就无从谈起。

当然，受教育者对教育工作者教育权威的认同和服从并不是绝对的、无条件的。比如，2023年2月，安徽某高校一位在省内基础教育界具有较高知名度的副教授到某中学进行感恩和励志的主题演讲时，由于部分观点及所举事例不当，引发师生不满，还被一名高中生上台抢过话筒当场予以反驳。一般来说，思想政治教育者的权威主要来自两个方面，即"社会认定的制度性权威和由教育者个人因素而产生的非制度性权威"[①]。制度性教育权威主要是一种权力性影响，包括思想政治教育规章制度赋予教育工作者的教育职责和话语权力、奖惩权力等，其背后实际上是执政党和政府的政治权威，以及社会主导意识形态的引领地位。非制度性教育权威主要是一种非权力性影响，包括教育工作者基于其个人素质、能力和形象等因素所产生的知识权威、话语权威、人格权威等。制度性教育权威和非制度性教育权威在教育工作者身上是合二为一的，也是缺一不可的。如果缺乏这两种教育权威赖以产生的制度因素和个人因素，或者制度因素和个人因素弱化，都将导致受教育者对教育权威的认同和服从程度下降，进而削弱思想政

---

① 郭毅然：《思想政治教育者与思想政治教育有效性的社会心理分析》，《理论与改革》2007年第5期。

治教育说服力。

总体而言，思想政治教育工作者要树立良好的教育权威，必须具备教育资格和综合素质这两大条件。

第一，教育工作者要具备相应的教育资格。思想政治教育活动是多样化、常态化的，但并非任何人都可以随便开展。从事思想政治教育活动是一种履行社会责任而非谋求私人目标的行为，因此，教育工作者需要具备一定的资格（包括得到合法有效的认定和授权等）。从广义上讲，思想政治教育者具体包括政党、政府、单位、组织、学校、社区、家庭及其工作人员或成员等，这些组织和个人在责任范围内开展相应的思想政治教育活动才有公认的合法性。《中华人民共和国宪法》规定："国家倡导社会主义核心价值观……在人民中进行爱国主义、集体主义和国际主义、共产主义的教育，进行辩证唯物主义和历史唯物主义的教育。"《中华人民共和国教师法》规定："国家实行教师资格制度"，教师有义务"对学生进行宪法所确定的基本原则的教育和爱国主义、民族团结的教育，法制教育以及思想品德、文化、科学技术教育"。此类法律规章等，营造了重视思想政治教育的制度环境和社会氛围，为思想政治教育工作者确立了制度性教育权威；相应地，教育工作者的思想和言行等也要符合各种制度规范和社会期待。如果教育工作者因为某些原因丧失了法定的教育资格或者被取消相应的教育授权，其教育权威也将随之消失。

第二，教育工作者要具备良好的综合素质。"师者，人之模范也。"自古以来，人们对教育工作者提出了很高的素质要求，认为他们应当成为道德和学识等方面的楷模。思想政治教育地位重要、使命重大，对教育工作者的素质要求比一般标准更高。马克思、恩格斯强调，无产阶级运动所需要的教育者要无条件地掌握无产阶级世界观，要对无产阶级运动有益处,"必须带来真正的教育因素",能够对无产阶级进行正确的深刻的社会主义思想教育,而某些资产者出身的教育者的首要原则就是拿自己没有学会的东西教给别人,"党完全可以不要这种教育者"①。恩格斯曾经以海因岑为反面例子,对"党的政论家"提出了全面的素质要求:除了坚定的信念、善良的愿望、正直、勇气和毅力、洪亮的嗓音等条件以外,"党的政论家还需要具有更多的智慧、更明确的思想、更好的风格和更丰富的知识"②。习近平多次对学校思想政治理论课教师等思想政治教育工作者群体提出期望和要求,强调教育者要先受教育,要先明道信道,要具备良好的综合素质,要掌握科学的教育方法,等等。比如,习近平指出,要让信仰坚定、学识渊博、理论功底深厚的教师来讲思政课,思政课教师应当做到政治要强、情怀要深、思维要新、视野要广、自律要严、人格要正,还要积极推动思政课改革创新等。③ 思想政治教育工作者的综合素质是影响其教育权威和主体说服力的重要因素,其主要包括从事思想政治教育工作所需要的政治立场、道德品质、理论素养、专业能力、社会经验、个人声誉等。一般来说,教育工作者的政治立场越坚定、道德品质越高尚、理论素养越深厚、专业能力越突出、社会经验越丰富、个人信誉越良好,其教育权威和主体说服力就越强。

四 思想政治教育方法恰当

思想政治教育方法是联结教育者与受教育者、教育内容与教育目标的桥梁和纽带,对思想政治教育系统内部关系的有效确立以及相关

---

① 《马克思恩格斯文集》第3卷,人民出版社2009年版,第483—484页。
② 《马克思恩格斯文集》第1卷,人民出版社2009年版,第664页。
③ 习近平:《思政课是落实立德树人根本任务的关键课程》,《求是》2020年第17期。

要素的协调运行起到重要作用。思想政治教育方法是否恰当,不仅决定其本身是否具有说服力,而且对思想政治教育内容等其他方面的说服力能否充分实现具有直接而重要的影响。恰当的思想政治教育方法,有助于确立教育者与受教育者之间的和谐关系,激发受教育者的积极性和创造性,帮助受教育者更好地理解和接受思想政治教育内容,促进思想政治教育活动的顺利开展和思想政治教育目标的成功实现。不恰当的思想政治教育方法,则会导致相反的结果。

对受教育者而言,教育者采用什么样的教育方法,这种方法是否让人易于接受、乐于接受,这是他们一开始就可以直观感受到的。如果受教育者对教育方法不认可、不接受,后续的思想政治教育活动就很难对他们产生实质性影响,哪怕有再好的内容,思想政治教育说服力也会大打折扣。在延安时期,毛泽东曾经以"玫瑰花虽然可爱但是刺多扎手"[①]打比方,形象地指出某些宣传工作方法过于简单生硬、让人不易接受的问题。教育方法的使用或创新,在很大程度上综合反映了教育者的理念、态度、情感和能力。作为思想政治教育说服力的生成条件之一,恰当的思想政治教育方法应当具有正当性和适应性。

(一) 思想政治教育方法的正当性

在社会领域,正当性是对人的行为及其结果的最低道德要求。思想政治教育的根本任务是立德树人,以科学的理论和价值观引领受教育者,这就理所当然地更要确保教育方法的正当性。思想政治教育方法正当性的基本要求,就是合情、合理、合法。合情,就是教育方法要符合人与人之间交往的常情,并且贴近受教育者正当的情感需要

---

① 《毛泽东文集》第3卷,人民出版社1996年版,第317页。

和利益诉求。合理，就是教育方法要符合主流思想政治理论和社会伦理道德，以及思想政治教育自身属性、目标和规律等要求。合法，就是教育方法要符合法律规章的要求，未被法律规章所明确禁止。其中，合情是基础，合理是关键，合法是底线。只有合情、合理又合法的思想政治教育方法，才具有充足的正当性，才可能让人接受和信服。不合情、不合理、不合法的思想政治教育方法，很难让受教育者接受和信服，也容易遭到其他人的质疑和反对。比如，2018 年在陕西省洋县某中学发生了一起"教官让学生吃泔水"的事件①，就引起较大的社会争议。尽管教官的出发点是教育学生，但在文明社会里，采取让学生吃泔水这样极端的教育方法，"带给学生的恐怕不是自省，而是羞辱"②。

第一，正当的教育方法应当具有人本情怀。思想政治教育工作面对的是鲜活具体的、富有思想感情的人，而不是没有主体性的、可以任人摆布的物。一般来说，受教育者希望自己的人格和权利得到尊重，利益和需求得到满足，希望教育者能够成为自己的良师益友，以身作则践行思想政治教育的价值导向，也能够做到"己所不欲，勿施于人"。因此，教育者必须坚守教育情怀，坚持以人为本，把关心人、尊重人、服务人、培育人作为自己的基本使命，在思想政治教育过程中能够设身处地为受教育者着想，注意把解决思想问题与解决实际问题、以理服人与以情感人结合起来，并使教育方法有法可依、有章可循。如果教育者对受教育者的实际处境尤其是"急难愁盼"的

---

① 据相关媒体报道，在该校高一新生军训期间，教官为了教育学生节约粮食，让部分用餐时剩饭剩菜较多的学生每人在泔水桶里用手指蘸着嗅或捡着吃。后来，学校及时介入，涉事教官被军训基地解聘，军训基地领导还到学校向相关学生当面道歉。

② 光明网评论员：《今天，我们到底需要怎样的军训》，光明网，2018 年 9 月 9 日，https：//guancha.gmw.cn/2018-09/09/content_31068728.htm。

事情漠不关心或虚与委蛇，对受教育者的人格尊严、合法权利等没有充分尊重甚至随意践踏，再精心设计的教育方法也很难让受教育者真正信服。

第二，正当的教育方法应当以说服教育为基础。思想政治教育的具体方法多种多样，其中，说服教育是根本的原则方法。即便是开展法纪方面的教育，或者对违规违纪的受教育者进行必要的惩戒，也要以说服教育为前提。在很大程度上，思想政治教育就是通过说服教育使人们理解、认同、接受、践行某些思想理论或价值观的过程。要使人们信服思想政治教育内容和要求，必须进行耐心细致的说服教育。违背说服教育原则的教育方法，其合理性是难以保证的。意大利共产党创始人葛兰西指出，统治阶级要实现"文化领导权"或"精神和道德的领导"（其实就是意识形态领导权），必须主要依靠宣传、说服和教育。① 毛泽东也强调："只有采取讨论的方法，批评的方法，说理的方法，才能真正发展正确的意见，克服错误的意见，才能真正解决问题。"② 教育者若要真正坚持说服教育的原则方法，就要注重摆事实、讲道理，进行充分的说理和论证，同时要注重言传与身教相结合，对思想政治教育内容和要求做到身体力行、率先垂范。正如习近平所言："在上面要求人、在后面推动人，都不如在前面带动人管用。"③

第三，正当的教育方法应当不违背法律规章。法治是社会主义核心价值观的重要内容，全面依法治国是中国特色社会主义的本质要求和重要保障。在法治社会里，合法是对思想政治教育方法的底线要求。

---

① 参见俞吾金《意识形态论》，上海人民出版社 2014 年版，第 193—194 页。
② 《毛泽东文集》第 7 卷，人民出版社 1999 年版，第 232 页。
③ 习近平：《在"不忘初心、牢记使命"主题教育总结大会上的讲话》，《人民日报》2020 年 1 月 9 日第 02 版。

违背法律规章的教育方法很难确证自己的正当性，更无法完成教育使命。比如，关于教师应当如何管教学生，2020年12月教育部颁布的《中小学教育惩戒规则（试行）》明确规定，学校、教师基于教育目的，可以在有必要的情况下以适当方式对违规违纪学生实施教育惩戒，同时也明确禁止体罚、变相体罚、侵犯学生人格尊严等7类侵害学生权利的行为。显然，如果教师使用体罚等违反规定的方式方法教育学生，即便其目的似乎合情合理，也很容易引起争议、矛盾甚至冲突，更谈不上有多少说服力了。

（二）思想政治教育方法的适应性

作为联结其他教育要素的必要中介，教育方法必须适应于、有利于其他教育要素效能的充分发挥，否则就会失去其存在的价值。因此，有说服力的思想政治教育方法也必然要有正当性基础上的适应性。思想政治教育方法的适应性，具体包括针对性、综合性和创新性。

第一，思想政治教育方法要有针对性。不同的教育方法可以产生不同的说服力。由于受到对象、内容、环境等相关因素的影响，方法与说服力之间的因果关系存在多种可能性。如何在同等条件下充分实现思想政治教育说服力？这就给教育者提出了教育方法的选择或优化等问题。思想政治教育的对象、内容以及要解决的思想问题是多种多样的，思想政治教育所处的时代背景和社会环境也是复杂多变的，教育者要善于根据各种实际情况，有针对性地采用合适的、有效的乃至最优的教育方法。受教育者有个体和群体之分，更存在年龄、职业、地位、文化水平、政治面貌、思想观念、个人经历、个性需求等种种差异，这些具体特点是教育方法针对性所要考虑的重要问题。美国学者斯通指出，受众个性是影响说服沟通效果的重要因素，人们在选择最有效的沟通说服方法时，要考虑受众的文化水平、专业兴趣、智力状况等,甚至"要注意他们的知识和情绪差异"①。思想政治教育方法针对性的实质要求,是契合思想品德形成发展规律和思想政治教育规律,针对不同的教育对象、思想问题、教育任务和教育环境等,灵活采用不同的、适当的教育方法,避免千篇一律或一刀切等简单化倾向。当然,教育者在有针对性地选择和使用某种教育方法时,也要注意其对整体教育活动和其他教育目标的契合性,防止针对性演变成为狭隘性。比如,教师既要培养学生的仁爱之心,又要培养学生的规则意识,如果某种教育方法能够激励学生的仁爱之心,却容易模糊学生的规则意识,那它的针对性就有偏颇,很可能导致思想政治教育说服力的内耗。

第二,思想政治教育方法要有综合性。不同的思想政治教育方法各具特色、优势和效用,一般来说,综合运用多种教育方法,有利于更好地引导、激励、说服、感化受教育者,从而提升思想政治教育说服力。列宁指出,在工农群众中开展宣传鼓动工作时,除了依靠说服教育,还要采取"帮助"和"奖励"等方法。② 中国共产党也十分注重采用综合的、辩证的方法开展思想政治工作。比如,在对资本主义工商业进行社会主义改造时,党中央明确要求对资产阶级分子"灵活地运用党的又团结又斗争的政策,对于他们中的好人好事加以鼓励,对于他们的错误和缺点加以批评",并特别指出:"只有批评没有鼓励,或者只有鼓励没有批评,这些都是片面的,都是没有说服力的。"③ 当今时代,思想认识问题的复杂性、社会环境影响的广泛性、个体发展需求的多样性、单一教育方法的局限性等,都对思想政治教育方法的

---

① [美]威廉·F. 斯通:《政治心理学》,胡杰译,黑龙江人民出版社1987年版,第270页。
② 《列宁选集》第4卷,人民出版社2012年版,第357页。
③ 《建国以来重要文献选编》第8册,中央文献出版社1994年版,第156页。

综合运用提出了更高要求。习近平指出，只有"打好组合拳"，才能讲好思政课，"实现知、情、意、行的统一，叫人口服心服"①。对其他思想政治教育工作而言，要增强说服力，同样需要打好组合拳，灵活运用多种教育方法。当然，这不等于简单堆砌各种教育方法，而是要在综合分析思想政治教育活动要素和过程、不同教育方法特点和优势的基础上，同时或先后选择契合教育活动要求的两种以上教育方法进行科学的统筹协调，构建出和谐匹配、优势互补、动态适应的方法体系，以充分发挥不同方法的综合优势和协同效应。

第三，思想政治教育方法要有创新性。创新是事物发展进步的内在要求和外在表现。关于思想政治工作，邓小平说过："时间不同了，条件不同了，对象不同了，因此解决问题的方法也不同。"② 当今时代，国内外经济政治文化科技等各方面形势日新月异，人们的思想观念和利益需求也发生着深刻变化，思想政治教育方法的创新比过去任何时代都显得更有必要。"思想政治教育方法是随着社会的经济、政治、文化和科学技术的发展而不断向前发展的。"③ 但是，思想政治教育方法的发展并非自发的，而是需要教育者创新意识和实践能力的推动。教育者只有与时俱进，善于根据复杂多变、层出不穷的新情况、新问题，创造性地应用老方法，开拓性地探索新方法，才能更好地适应思想政治教育工作的发展要求和受教育者的接受特点。思想政治教育方法的创新，主要表现为三个层面：一是开创全新的教育方法，比如，基于互联网技术的各种网络思想政治教育方法，就是20世纪90年代以来新出现的教育方法（至少在技术方式上是前所未有的）；二是在传统教

---

① 习近平：《思政课是落实立德树人根本任务的关键课程》，《求是》2020年第17期。
② 《邓小平文选》第2卷，人民出版社1994年版，第119页。
③ 郑永廷主编：《思想政治教育方法论》修订版，高等教育出版社2010年版，第57页。

育方法基础上注入某些创新元素，比如，将多媒体展示、体验式互动等方法应用到学校思想政治理论课教学中；三是对特定的对象或问题采用过去未曾使用的方法，比如，对屡次受到批评却又不思悔改的学生转而采用正面激励的方法。当然，教育方法的创新也要注意继承和发扬思想政治教育工作的优良传统，而且新方法也必须具有正当性和适应性才能产生说服力。

第二节　思想政治教育说服力的通达机理

思想政治教育说服力固然源自受教育者之外的思想政治教育要素，但它指向受教育者，其主要衡量标准在于受教育者是否真正信服思想政治教育内容和要求并因此产生思想行动上的积极响应。思想政治教育说服力在通达受教育者的思想意识之前，还只是一种内蕴的、理想的存在状态，只有经过受教育者的有效接受环节，思想政治教育说服力才能最终得到外化和实现。受教育者的有效接受基于理性、情感、利益、环境等方面的综合考量，相应地，思想政治教育过程中的理论感召、情感共鸣、利益关联和环境影响，也就构成了思想政治教育说服力通达受教育者的主要运行机理。

一　理论感召

理论来源于实践，升华于实践，因而能够观照实践、指导实践。恩格斯指出："一个民族要想站在科学的最高峰，就一刻也不能没有理论思维。"[①] 以理服人是思想政治教育发挥效用的根本路径，对受教育者而言，就是在相关理论的感召下产生思想上的触动、觉悟、认同、

---

① 《马克思恩格斯文集》第9卷，人民出版社2009年版，第437页。

顺服等积极反应,进而将理论贯彻运用到具体实践中。因此,理论感召是思想政治教育说服力通达受教育者的首要条件。

理论能够感召人的前提条件是理论具有真理性,即理论应当是科学的、正确的,是真理,对实践具有指导意义。以改造社会的相关理论为例,千百年来,人类为了寻求没有剥削、没有压迫的社会生活和社会制度,提出过"均贫富""等贵贱""大同""太平""乌托邦""新和谐"等各式各样带有社会主义色彩的理想和主张。但是,由于不懂得剥削的根源、社会发展的规律和阶级斗争的作用,这些理想和主张除了讲一些"反对剥削的空话"① 以外,并未找到通向理想社会的现实道路。直到马克思、恩格斯创立科学社会主义理论以后,人类才基于对以上根本问题的科学认识,真正找到了通向社会主义(共产主义)新社会的可行之路。正如陈先达所言:"马克思主义对于立志改造社会、改变世界的人来说,最具有理论说服力和理想吸引力。"②

真理具有征服人心的强大说服力和感召力。一方面,真理是客观的,真理的内容反映了不以人的意志为转移的客观规律,能够为人们认识世界、改造世界,进而造福人民提供科学的行动指南;另一方面,真理又是可贵的,真理的发现、掌握和坚持,是人们在长期实践中付出艰辛和努力的结果,发现、掌握和坚持真理的人们也因而令人尊敬。培根说过:"尽管人世腐败,但只要人接触到真理,还是不能不被真理所征服。"③ 真理之所以能够说服人、感召人,除了真理的科学性之外,还在于真理的价值性。在培根看来,这种价值性主要表现在真理作为某种尺度,可以"衡量谬误"和"衡量自身"④,从而帮助人们更好地

---

① 《列宁选集》第1卷,人民出版社2012年版,第288页。
② 陈先达:《马克思主义信仰十讲》,人民出版社2018年版,第24页。
③ [英]弗兰西斯·培根:《培根人生论》,何新译,湖南文艺出版社2012年版,第3页。
④ [英]弗兰西斯·培根:《培根人生论》,何新译,湖南文艺出版社2012年版,第3页。

认识世界。当然，人们除了认识世界，还要改造世界，认识世界也是为了更好地改造世界。马克思主义区别并超越其他理论的一个鲜明特征，就是"问题在于改变世界"①的实践性，而且这种实践性与人民性紧密结合，从而将马克思主义所引领的科学社会主义运动定位为"绝大多数人的，为绝大多数人谋利益的独立的运动"②。这是马克思主义之所以具有强大的说服力和感召力，能够"在世界的一切文明语言中都找到了拥护者"③的根本原因。

  理论能够感召人的关键因素，是理论需要与群众需要的有机统一。在这里，理论需要是指理论不断传播并武装人民群众头脑的需要，群众需要是指人民群众掌握科学理论并应用于解决相关问题的需要。任何理论都是由人总结和创造出来的，并且着眼于解决人们认识或实践方面的问题。离开了人，理论无法产生，也无法传播和应用。因此，理论只有被群众所掌握，并且得到群众的实际应用，才能延展自身存在的时间和空间，才能真正发挥自身的价值，这是理论的内在需要。当然，理论并非真正意义上的主体，所谓的理论需要，实际上也就是人的需要，尤其是创造和掌握理论的统治阶级或政治集团的需要。另外，群众在改造主观世界和客观世界的过程中，也需要科学理论的指导，以消除思想认识上的模糊和偏差，更好地确立行动的目标、路径和方法等。苏格拉底提出了"美德即知识"的著名论断，强调只有当一个人有理性、有智慧时，即"在智慧的指导之下"，而非"在愚蠢的指导之下"时，包括节制、正义、勇敢、聪明等诸如此类的美德对他才是有益的，结局才会幸福，否则，结局就会相反。比如，不谨慎的

---

① 《马克思恩格斯文集》第1卷，人民出版社2009年版，第502页。
② 《马克思恩格斯文集》第2卷，人民出版社2009年版，第42页。
③ 《马克思恩格斯文集》第4卷，人民出版社2009年版，第265页。

勇敢就是"鲁莽","无理性的自信对人有害"。① 列宁也指出:"没有革命的理论,就不会有革命的运动。"② 因此,理论需要只有与群众需要进行有效对接,理论的说服力和感召力才能得到充分发挥。马克思指出:"哲学把无产阶级当做自己的物质武器,同样,无产阶级也把哲学当做自己的精神武器。"③ 可以说,马克思主义从根本上实现了理论需要与群众需要的有机统一,因而具有强大的说服力和感召力。

　　科学的理论(也就是真理)一般具有普遍的指导意义,但是,"理论在一个国家实现的程度,总是取决于理论满足这个国家的需要的程度"④。也就是说,理论只有密切联系实际、贴近国家和人民需要,才能得到充分的运用和实现。实现无产阶级和全人类的彻底解放,即实现共产主义,这是共产党人和马克思主义者追求的最终目标,这个最终目标必须结合各国的具体实际及其人民利益,分解为一个个阶段性的最低目标和奋斗纲领,才能更好地发挥引领作用。实际上,共产主义既是长远的奋斗目标,又是不断超越现状的实践活动。长期以来,中国共产党人坚持最高纲领与最低纲领的统一,既坚定共产主义远大理想,又结合不同历史阶段的具体国情,制定了新民主主义的基本纲领和社会主义初级阶段的基本纲领,以及国民经济和社会发展五年计划或规划、社会主义现代化建设"三步走"发展战略、"两个一百年"奋斗目标等中长期发展目标。习近平指出:"我们党在不同历史时期,总是根据人民意愿和事业发展需要,提出富有感召力的奋斗目标,团结带领人民为之奋斗。"⑤ 经过几代人万众一心的艰苦奋斗,

---

① 《柏拉图全集》第1卷,王晓朝译,人民出版社2002年版,第520页。
② 《列宁选集》第1卷,人民出版社2012年版,第311页。
③ 《马克思恩格斯文集》第1卷,人民出版社2009年版,第17页。
④ 《马克思恩格斯文集》第1卷,人民出版社2009年版,第12页。
⑤ 《习近平谈治国理政》第1卷,外文出版社2018年版,第12页。

中国共产党领导人民逐步实现了中华民族从积贫积弱到国富民强，从备受欺凌到屹立东方，从站起来到富起来再到强起来的伟大转变，也使马克思主义理论的说服力、感召力在长期实践中得到充分体现。

理论本身是对客观世界和实践经验的高度抽象，理论说服力的充分实现离不开透彻的阐释说理。这就好比盐，只有溶解于水，才容易被吸收利用。早在1847年，恩格斯曾经尖锐批评德国激进民主派政论家海因岑，指出其一味发出革命号召却根本没有花费精力向人民说明任何问题的"训诫和说教"是毫无意义的。同时，恩格斯还详细阐述了德国民主派报刊的宣传任务，包括从哪几个方面"证明民主制的必要性"，以及应当"说明""证明""探讨"关于产生压迫、消除压迫、实现民主制的哪些具体问题。[①] 恩格斯对海因岑不当宣传的批评和对报刊宣传任务的论述，也给我们提供了一个重要启示：单纯有正确的理论和号召而缺乏透彻的说理和分析，并不能充分实现思想政治教育说服力；只有紧密联系社会现实和群众思想认识，对理论所涉及的重要问题以及容易让人产生疑惑的某些问题进行深入细致的阐释说明，包括对有一定影响力的某些错误理论或不良思潮进行有理有据的批驳，才能充分实现思想政治教育说服力。

二 情感共鸣

人类具有高度发达的大脑和极其丰富的情感。情感是人们对客观事物是否满足自身需要而产生的态度体验。17世纪，英国"剑桥柏拉图学派"的重要代表人物亨利·莫尔认为，人的基本情感有三种，即热爱、敬佩和仇恨，其他情感都是这三类基本情感的表现。[②] 理性和情

[①] 参见《马克思恩格斯文集》第1卷，人民出版社2009年版，第660—661页。
[②] 宋希仁主编：《西方伦理思想史》第2版，中国人民大学出版社2010年版，第198页。

感是人类思想意识的两大维度，两者相互交融、相互影响。在哲学史上，人们对理性和情感的相对地位有着不同的理解。理性主义者们强调理性而贬低情感，认为情感充满了主观性的激情，因而是不可靠的，而情感主义者们则充分肯定情感对价值的基础性作用，甚至认为价值只不过是情感的表达。① 笔者认为，对人的思想品德形成和发展而言，理性固然起到更关键的作用，但情感对人的影响往往优先于理性对人的影响，情感的影响力在许多情况下也不亚于理性的影响力。人在婴儿期就会有哭闹、安静、欢喜等情绪反应，并逐渐形成对父母等亲人的情感依恋，但至少要到7岁以后才会有一定的理性思维能力。人们很早就认识到："发乎情，民之性也""动人心者，莫先乎情""君子情同而亲合，亲合而事生之"。在古人看来，情感是人性的基础，也是行为的先导，人们如果情投意合，就会亲密合作，进而取得事业上的成功。在西方，柏拉图将人的灵魂划分为欲望、情感、理性三个部分，认为情感介于欲望和理性之间，要么协助理性控制欲望，要么与欲望联手反对理性。亚里士多德十分关注道德情感，他反复强调，快乐可以促使人们去做卑鄙的事情，而痛苦可以促使人们离开美好的事物，因此，人们应当从小就培养起对应做之事的正确情感，并勇于追求伦理德性。

知、情、意、行是人们心理活动的基本环节，其中，情感是认知的升华，是意志的基础，同时也对人的认知和行为起到动力和调控作用。《学记》中说，君子"安其学而亲其师，乐其友而信其道，是以虽离师辅而不反"，这就体现了积极情感（亲、乐）对认知（学、信）、意志及行为（安、不反）的促进作用。在思想政治教育活动中，情感

---

① 王伦光：《论价值与情感》，《哲学研究》2009年第8期。

贯穿始终，对教育活动各环节产生直接或间接的影响。这种影响主要包括两个方面，一是以兴趣或动机等形式表现出来的动力作用，二是以决心或意志等形式表现出来的调控作用。马克思指出："激情、热情是人强烈追求自己的对象的本质力量。"① 列宁也强调："没有'人的感情'，就从来没有也不可能有人对于真理的追求。"② 显然，一个人热爱真理，就会促使他坚持真理、抵制错误；一个人热爱工作，就会促使他认真负责、攻坚克难。

思想政治教育既要以理服人，也要以情感人。从受教育者接受特点来看，"与一般的知识接受不同，思想政治教育接受行为更容易受到情感、意志等非理性因素的影响"③。从教育者施教过程来看，思想政治教育在很大程度上也是一种情感教育。首先，情感教育是思想政治教育的重要内容。一个人的情感与其思想品德、政治立场、价值观念和行为模式等紧密联系，思想政治教育的内容和目标，包括培育受教育者积极正确的情感，比如政治情感、道德情感、爱国情感、民族情感、职业情感等。因此，教育者要善于把握受教育者的情感状态，注意激励其积极情感，纠正其错误情感，疏导其消极情感，"使其情感紧跟社会需要，且始终保持正确的方向"④。其次，情感互动是思想政治教育的必要环节。思想政治教育不应当是单向的知识传授和理论宣讲，而应当是双向的思想交流和情感互动。马克思说过，人与人之间"只能用爱来交换爱，只能用信任来交换信任"⑤。没有爱和信任就没有教育，教育尤其是思想政治教育应当植根于对人的仁爱和信任。教育者

---

① 《马克思恩格斯文集》第1卷，人民出版社2009年版，第211页。
② 《列宁全集》第25卷，人民出版社2017年版，第117页。
③ 刘新全：《现代思想政治教育接受行为及其有效性问题研究》，中国矿业大学出版社2017年版，第85页。
④ 王仕民主编：《思想政治教育心理学概论》，中山大学出版社2015年版，第66页。
⑤ 《马克思恩格斯文集》第1卷，人民出版社2009年版，第247页。

只有具备仁爱之心、信任之情，才能真正让受教育者亲其师、信其道；教育者只有做到以情动人、育人、化人，才能更好地履行思想政治教育使命，培养出更多有爱、有德、有情怀的人。

情感共鸣，是指由他人情感表现或特定情境刺激所引发的，与当事人情感相同或相近的一种心理反应和情感体验。比如，当一个人置身于欢乐或悲伤的人群中，他容易受到周围气氛的感染而变得欢乐或悲伤；当一个人观看表演或阅读作品时，他的情感也会随着主人公的情感一起跌宕起伏。情感共鸣源于人与人之间"换位思考"或"推己及人"的同理心，属于情感活动的高级阶段。思想政治教育过程中的情感共鸣，是指受教育者对思想政治教育活动所蕴含或展现的价值观念、情感表现、情感导向的认同和触动。比如，当亲历战争的老战士声情并茂地讲述当年浴血奋战、保家卫国的故事时，听众心中往往会升腾起一种同仇敌忾、不怕牺牲的爱国主义情感。与受教育者对思想政治教育活动可能出现的无感、漠然，甚至反感、厌恶等情感状态相比，情感共鸣反映了受教育者对思想政治教育活动的深层体验和积极反应，是思想政治教育说服力和感染力的重要体现。情感共鸣可以为思想政治教育接受、认同、内化和外化等环节的通融奠定心理基础。如果不能引起受教育者情感或思想上的共鸣，再激情澎湃的思想政治教育也只是自说自话或自娱自乐，很难让受教育者入脑入心。

情感共鸣是以人与人之间的情感传递和情感影响为基础的。情感的重要特征是可以转移并感染他人，这就是所谓的"移情"和"共情"。齐泽克指出："最隐秘的信仰，甚至最隐秘的情绪，如怜悯、乞求、悲伤、欢笑，都可以转移、转送给别人，而不损失其诚挚性。"[①]

[①] [斯洛文尼亚] 斯拉沃热·齐泽克：《意识形态的崇高客体》第2版，季广茂译，中央编译出版社2017年版，第35页。

在思想政治教育过程中,情感共鸣是一种系统的心理反应过程,主要由以下基本环节构成。首先,教育者的情感导入。教育者应当精心选择和加工教育素材,科学设计和实施教育活动,充分展现教育素材所蕴含的情感内容并抒发自己的真情实感,营造适当的情境,以激发受教育者的情感反应。其次,受教育者的情感代入。受教育者根据自己的认知基础、生活经验和情感体验,能动地选择和接纳思想政治教育活动所展现和引导的部分或全部情感内容,并产生与之相同或相近的情感反应。最后,受教育者的情感升华。受教育者将自己的情感共鸣迁移于对思想政治教育的进一步理解和认同,进而塑造正确的、符合社会需要的情感情操,并外化于自己的实际行动。

教育者的情感投入和情感传递是受教育者产生情感共鸣的重要前提。思想政治教育的力量在于一个"真"字,要用真理说服人、用真情感染人、用真实打动人。思想政治教育既要传播社会主导意识形态,又要满足个体全面发展需求,其教育内容顶天立地、有虚有实、与时俱进,其教育职责涉及受教育者的思想、政治、品德、心理、行为等方方面面。"教育是一门'仁而爱人'的事业,有爱才有责任。"[①] 做好思想政治教育工作,需要广大教育者高度的责任感、热情和投入。这种培养人、理解人、关爱人的责任、热情和行动,本身就是情感传递,具有很强的示范性和感染力。可以说,情感传递是思想政治教育的内在要求和有效手段。当然,情感传递也要注意把握情境和时机。一般来说,"在个体最需要的时候给予关心,情感传递的效果最佳"[②]。

能够引发受教育者的情感共鸣,这是思想政治教育说服力的重要

[①] 《习近平在中国人民大学考察时强调 坚持党的领导传承红色基因扎根中国大地 走出一条建设中国特色世界一流大学新路》,《人民日报》2022年4月26日第01版。

[②] 张庆东:《态度学习、过程体验和情感传递在思想政治教育中的作用》,《思想教育研究》2013年第6期。

体现。而受教育者情感共鸣的产生，也有助于他们更加深刻地理解和接受思想政治教育内容及要求。习近平曾经多次点赞焦裕禄等老一辈优秀党员干部，并高度肯定其榜样力量。2014年3月，习近平在河南省兰考县委常委扩大会议上，深情讲述了中学时代师生们共同学习《人民日报》刊登的长篇通讯《县委书记的榜样——焦裕禄》的感人情景，以及后来焦裕禄事迹对自己的深远影响："我当时上初中一年级，政治课老师在念这篇通讯的过程中几度哽咽，多次泣不成声，同学们也流下眼泪……我受到深深震撼。后来，我当知青、上大学、参军入伍、当干部，我心中一直有焦裕禄同志的形象，见贤思齐，总是把他当作榜样对照自己。"① 2019年3月，习近平在学校思想政治理论课教师座谈会上，再次提到当年政治课老师讲述焦裕禄事迹的感人场景以及自己听课时的强烈震撼，并勉励思政课教师要有家国情怀、仁爱情怀，对思想政治教育事业投入真情实感，让思政课成为一门有温度的课。② 习近平对几十年前的政治课学习内容和学习场景依然印象深刻，并且从此以后一直以焦裕禄为榜样对照自己，生动反映了这场思想政治教育活动的强大说服力和感染力，其中师生之间以及师生与主人公焦裕禄之间的情感共鸣无疑起到了重要作用。

三 利益关联

利益泛指能够满足人们需要的各种有利条件。根据不同的标准，利益可以划分为不同的类型或层次。比如，从主要内容来看，有物质利益、精神利益，或经济利益、政治利益、文化利益、生态利益等；从归属关系来看，有个人利益、集体利益、阶级利益、国家利益等，

---

① 习近平：《论中国共产党历史》，中央文献出版社2021年版，第29页。
② 习近平：《思政课是落实立德树人根本任务的关键课程》，《求是》2020年第17期。

或局部利益、整体利益等；从时间跨度来看，有当前利益、长远利益等；从重要程度来看，有根本利益、具体利益等；从性质来看，有正当利益、不正当利益等。利益的本质是基于主体需要之满足的一种社会关系。在马克思主义视野中，利益是一切社会关系的核心，也是把人和社会"连接起来的唯一纽带"①，"每一既定社会的经济关系首先表现为利益"②，"政治权力不过是用来实现经济利益的手段"③。在边沁、穆勒等功利主义思想家看来，趋利避害、追求幸福或快乐是人的本性，应当以实际功效或利益作为衡量道德的标准，或者"把'功利'或'最大幸福原理'当做道德基础"，越能"增进幸福"的行为越正确，越是"造成不幸"的行为越不对。④

生存和发展是一切人的根本利益所在，而满足基本生活需要是生存和发展的前提条件，这也是每个人的利益起点。为满足温饱等基本生活需要而进行的物质生产，是人类一切社会活动的起点。人的精神需要和精神生产、政治需要和政治活动等，都是以物质需要和物质生产为基础的。因为，"人们首先必须吃、喝、住、穿，然后才能从事政治、科学、艺术、宗教等等"⑤。这个历史唯物主义原理也时刻提醒人们，包括思想政治教育在内的任何思想性、政治性的社会活动，都不能脱离特定的物质条件和利益关系。否则，这些社会活动就会变得虚幻无力，无法对人们产生说服力和感召力。

利益与需要紧密联系，"一定的需要形成一定的利益"⑥。马克思主义认为，需要是人的本性，它由低级到高级表现为生存需要、交往

---

① 《马克思恩格斯文集》第1卷，人民出版社2009年版，第42页。
② 《马克思恩格斯文集》第3卷，人民出版社2009年版，第320页。
③ 《马克思恩格斯文集》第4卷，人民出版社2009年版，第305页。
④ ［英］约翰·穆勒：《功利主义》，徐大建译，上海人民出版社2008年版，第7页。
⑤ 《马克思恩格斯文集》第3卷，人民出版社2009年版，第601页。
⑥ 王伟光：《利益论》，人民出版社2001年版，第68页。

需要和发展需要,"人不仅为生存而斗争,而且为享受,为增加自己的享受而斗争——准备为取得高级的享受而放弃低级的享受"①。根据马斯洛的需要层次理论,人的基本需要从低级到高级包括五个层次:生理需要、安全需要、归属和爱的需要、自尊需要、自我实现的需要。一般情况下,人的需要呈现出由低级逐步迈向高级的发展趋势,即当较低层次的需要获得满足后,基于更多前提条件的更高层次需要会随之出现;"追求和满足高级需要代表总体倾向健康,且远离精神病病理因素的趋势"。② 由于需要的必然性和发展性,人们自然高度关注与自身生存、交往和发展需要密切相关的利益问题,由此形成意愿或目标,产生追求利益的动机。当利益动机达到一定强度,就会激励人们付诸行动。因此,古人说:"利之所在,无所不趋。"马克思、恩格斯也曾感叹,"利益是如此强大有力"③。

在现实生活中,人们的思想和行动无论是利己的还是利他的,都根源于一定的利益追求。马克思指出:"人们为之奋斗的一切,都同他们的利益有关。"④ 这一论断深刻揭示了利益与人的思想和行动的内在联系。利益是价值的尺度和思想的基础,利益追求是一切社会实践的动因。在很大程度上,思想和利益的关系反映了社会意识与社会存在的关系。总体而言,人们的根本利益或经济地位决定其思想立场⑤,各种思想理论也或明或暗、有意无意地反映着特定的利益关系。严格来说,脱离利益关系的思想理论是不存在的。即便有些思想或言论宣称自己超越一切利益,那也是自欺欺人的"梦话"。正如马克思所言:

---

① 《马克思恩格斯文集》第 10 卷,人民出版社 2009 年版,第 412 页。
② [美]亚伯拉罕·马斯洛:《动机与人格》,李省时等译,江苏人民出版社 2021 年版,第 54—70、150 页。
③ 《马克思恩格斯文集》第 1 卷,人民出版社 2009 年版,第 287 页。
④ 《马克思恩格斯全集》第 1 卷,人民出版社 1995 年版,第 187 页。
⑤ 当然,不同的思想立场也会影响人们对其根本利益或经济地位的认识。

"'思想'一旦离开'利益',就一定会使自己出丑。"①马克思主义旗帜鲜明地代表全世界无产阶级和劳动人民的根本利益,致力于最终实现人类的解放和自由全面发展,这种崇高的利益追求使马克思主义至今依然占据理论和道义的制高点,因而具有强大的说服力和感召力。

综上所述,利益在社会关系中居于核心地位,利益与人们的思想行动具有内在关联。可以说,利益问题是社会问题和思想问题的深刻根源。思想政治教育以塑造人的思想意识、培养人的思想品德为己任,思想政治教育要产生能够真正影响受教育者思想行动的强大说服力,不能不关注社会整体利益和受教育者个体利益。有学者指出:"利益是思想政治教育发生和发展的基础,也是思想政治教育价值的基础。"②诚然,思想政治教育的价值在于满足社会发展需要和个体发展需要,前者反映社会利益,后者反映个体利益,两者缺一不可。思想政治教育固然要优先考虑社会发展需要,但最终落脚点在于个体发展需要,而且,只有更好地服务于个体发展需要,才能真正激发个体向上向善的思想动机,从而有效满足社会发展需要。

关注受教育者的利益需求是思想政治教育说服力实现的必要条件。毛泽东强调:"马克思列宁主义的基本原则,就是要使群众认识自己的利益,并且团结起来,为自己的利益而奋斗。"③邓小平指出:"做政治工作不只是教育人,还要关心每一个人的生活。"④面对纷繁复杂的社会生活和价值选择,人们往往重视与自身利益密切关联的方面,而忽视与自身利益相对疏离的方面。对此,马克思有过令人印象深刻的描述:"忧心忡忡的、贫穷的人对最美丽的景色都没有什么感觉;经营

---

① 《马克思恩格斯文集》第1卷,人民出版社2009年版,第286页。
② 巩克菊:《人的利益与思想政治教育创新》,中央编译出版社2019年版,第33页。
③ 《毛泽东选集》第4卷,人民出版社1991年版,第1318页。
④ 《邓小平年谱(1904—1974)》下,中央文献出版社2009年版,第1787页。

矿物的商人只看到矿物的商业价值，而看不到矿物的美和独特性。"①同样的道理，如果对穷人进行思想政治教育时不关注其生活困难，对商人进行思想政治教育时不关注其经营活动，也就是说，如果思想政治教育活动脱离受教育者的实际情况和利益需求，就会变成虚浮空洞的理论说教，很难真正引起他们的兴趣和关注，思想政治教育说服力也只能成为无法落地的"空中楼阁"。

妥善解决利益问题，是顺利解决思想问题的前提条件。在长期的革命、建设和改革过程中，中国共产党始终把人民利益摆在首位，时刻关心人民群众的切身利益。毛泽东指出，假如我们注意并解决了群众的各种实际生活问题，满足了群众的需要，"群众就会真正围绕在我们的周围，热烈地拥护我们"②。邓小平强调："一定要使人民得到实惠，得到看得见的物质利益，从切身经验中感到社会主义制度的确值得爱。"③江泽民指出："不断使全体人民得到并日益增加看得见的利益，始终是我们中国共产党人的神圣职责。"④胡锦涛强调："坚持立党为公、执政为民，不能停留在口号和一般要求上，必须围绕人民群众最现实、最关心、最直接的利益来落实。"⑤习近平指出："我们必须把人民对美好生活的向往作为我们的奋斗目标，既解决实际问题又解决思想问题，更好强信心、聚民心、暖人心、筑同心。"⑥中国共产党一贯重视从人民群众的切身利益出发，坚持教育群众与服务群众相结合、解决思想问题与解决实际问题相结合，这是其思想政治教育工作具有强大说服力的重要原因。

---

① 《马克思恩格斯文集》第1卷，人民出版社2009年版，第192页。
② 《毛泽东选集》第1卷，人民出版社1991年版，第137页。
③ 《邓小平年谱（1975—1997）》上，中央文献出版社2004年版，第685页。
④ 《江泽民文选》第3卷，人民出版社2006年版，第122页。
⑤ 《胡锦涛文选》第2卷，人民出版社2016年版，第58页。
⑥ 《习近平谈治国理政》第3卷，人民出版社2020年版，第311页。

四 环境影响

环境是人赖以生存和发展的各种外部条件的总称,包括自然环境和社会环境。"人创造环境,同样,环境也创造人。"① 人与环境是相互影响、辩证统一的。对人们思想意识的形成和发展而言,自然环境也有一定的影响,但起决定性作用的主要是社会环境。社会环境对人的影响,很早就受到人们的关注。孔子指出,人与人之间"性相近也,习相远也"②,认为人的本性相差不远,而经过环境习染养成的习性却相差甚远。荀子通过分析自然现象,阐明了环境对人和物的同化作用:"蓬生麻中,不扶而直;白沙在涅,与之俱黑。"③ 孟子的母亲为了给孟子选择良好的教育和成长环境,从最初居住在墓地附近,先后搬迁到集市旁边、屠场附近、学宫旁边,留下了"孟母三迁"的著名典故。苏格拉底从人与人的交往关系来说明周边环境的影响:"恶人对与他们有密切交往的人产生坏影响,好人则对他们产生好影响。"④

思想政治教育环境主要是指环绕思想政治教育活动并影响教育者和受教育者思想意识的各种外部社会因素,大体上可以分为宏观环境和微观环境两大类。宏观环境主要包括国内外的经济环境、政治环境、文化环境等;微观环境主要包括家庭环境、学校环境、社区环境、舆论环境等。每个人都生活在特定的社会环境中,并与之发生复杂的交互影响。对思想政治教育活动来说,无论宏观社会环境还是微观社会环境,都不是纯粹外在的因素,它们的形成和发展离不开人们能动的社会实践。在很大程度上,社会环境也是思想政治教育内容和效果的

---

① 《马克思恩格斯文集》第1卷,人民出版社2009年版,第545页。
② 《论语·阳货》。
③ 《荀子·劝学》。
④ 《柏拉图全集》第1卷,王晓朝译,人民出版社2002年版,第12页。

一种外化。通过社会环境，人们可以检验先前的思想政治教育效果，也可以比照当下的思想政治教育内容。一个风清气正、和谐发展、人民满意的社会环境，本身就可以为思想政治教育提供很有说服力的论据。

在不同时期，思想政治教育说服力都会受到所处社会环境的影响。在思想政治教育内容、方法等基本要素相对稳定的情况下，社会环境变迁对思想政治教育说服力的影响是显而易见的。以马克思主义在中国的传播为例，早在19世纪末20世纪初，一些知识分子便开始将马克思及其学说零零星星地介绍到中国。那时候，包括介绍者们在内，人们对马克思主义了解不多，甚至存在误解，更谈不上信奉，马克思主义在中国的社会影响微不足道。1917年之后，受俄国十月革命胜利的积极影响，马克思主义在中国才开始了真正意义上的传播。特别是五四运动之后，中国先进分子进一步认清了西方资本主义列强无视公理、瓜分中国的丑恶面目和北洋政府的腐败无能，经过对各种主义和学说的理性比较，他们纷纷倾向于马克思主义。当时国际和国内形势的急剧变化，研究、传播马克思主义的先进分子群体的加快形成，各种书报、刊物的纷纷出版，形成了探索救亡图存新道路的浓厚思想氛围，极大地推进了马克思主义的传播和中国共产党的成立。从当今世界局势来看，自2008年全球金融危机爆发以来，随着社会主义中国的快速崛起和资本主义体系的巨大变化，与保守主义相对并偏向社会主义的西方左翼思潮出现了与西方马克思主义思潮合流的趋势。与此同时，随着资本主义社会不平等鸿沟和贫富差距的扩大，包括青年人在内的许多欧美民众越来越厌弃资本主义。[①] 当代欧美左翼思潮的发展，

---

① 冯莉：《当代欧美左翼思潮发展的现状与特征》，《当代世界与社会主义》2018年第4期。

在一定程度上意味着欧美资本主义国家思想政治教育说服力有所下降，这反过来有利于社会主义国家思想政治教育说服力的提升。

受教育者有其自身的思考和判断，他们在选择和接受思想政治教育信息时，一般会顾及自身所处的社会环境对思想政治教育内容及效果的佐证或支持程度。大体上而言，社会环境对思想政治教育说服力的影响有两种：正面强化或负面消解。以社会主义理想信念教育为例，如果我们的社会环境（包括经济社会发展水平）长期得不到改善，甚至与发达资本主义国家的差距日益扩大，就很难说服人民群众坚定社会主义理想信念，或者说这种情况会导致社会主义理想信念教育说服力减弱。邓小平说过："最终说服不相信社会主义的人要靠我们的发展。"[①] 自新中国成立以来，尤其是改革开放以来，中国共产党领导人民取得国家建设的一个又一个伟大成就，中华民族实现了从站起来、富起来到强起来的伟大飞跃，人民群众的物质生活和精神生活得到极大改善，这也为巩固和发展马克思主义、社会主义的理想信念提供了强大的现实支撑。习近平指出："科学社会主义在中国的成功，对马克思主义、科学社会主义的意义，对世界社会主义的意义，是十分重大的。"[②] 这种重大意义，实际上就包括对马克思主义理论教育说服力的正面强化作用。

对受教育者而言，思想政治教育环境的影响主要来自社会现实、大众思想和典型精神三个层面。社会现实是指经济、政治、社会、文化等主要方面的发展状况和趋势；大众思想是指广大民众的思想观念、道德风貌、价值取向等方面的总体情况；典型精神是指领导干部、知

---

① 《邓小平文选》第3卷，人民出版社1993年版，第204页。

② 中共中央宣传部：《习近平新时代中国特色社会主义思想三十讲》，学习出版社2018年版，第59—60页。

识分子、英雄模范等各界代表或精英人物所展现出来的价值观念和精神风貌。如果这几个方面的主流状况和发展趋势与思想政治教育导向相符或基本相符，思想政治教育说服力就会得到强化，思想政治教育活动就容易得到受教育者的认同和接受。如果两者反差过大，受教育者就会质疑思想政治教育的真实性和实效性，导致思想政治教育说服力减弱。比如，第二次世界大战后经过二三十年的快速发展，到20世纪70年代，西方发达资本主义国家的综合国力进一步提升。当年在某重点大学的一次政治课上，当教师提出"美帝国主义已进入垂死阶段"的观点时，遭到了台下学生的当场反驳。1992年，东欧剧变、苏联解体的余波犹在，在某所军校的一次政治课上，当教员在黑板上写下"资本主义必然灭亡，社会主义必然胜利"的标题时，引起台下学员一阵哄笑，课堂秩序一度混乱。[①] 以上事例说明，当国际国内形势发生重大变化时，简单重复某些理论观点，可能引起受教育者的质疑，除非教育者能结合新形势做出令人信服的深刻分析。当然，社会环境是复杂多变的，有些人善于把握主流和大势，有些人却只看到支流和当下。因此，面对同样的社会现实，不同人可能基于不同境遇和认识作出截然不同的评价。这就需要教育者选择适当的教育内容和教育素材，并进行科学的阐释和引导，以充分发挥社会环境因素对思想政治教育说服力的正面强化作用，尽量减弱社会环境因素对思想政治教育说服力的负面消解作用。

社会是由一个个具体的人组成的，社会环境对人的影响，在很大程度上可以归结为人对人的影响。每个人都是社会性的存在，而非游离于群体之外的原子化的个人。作为社会成员的个体，总是处于家庭、

[①] 高强：《理想·信念·信仰：共产主义新解》，中共中央党校出版社2012年版，第2页。

学校、单位、社区、民族、国家等各种群体之中，时刻受到周边环境和群体心理的影响。在社会生活中，多数人都会有从众心理，也就是"当人们对一件事抱不确定态度时，他们倾向于观察周围人的做法，以指导自己的行为"①。人们在犹豫不决时往往选择"随大流"，即趋向于赞同、跟从身边或所属群体中多数人的思想观点、态度行为等，主要基于对自身归属感和安全感的考虑，以免让自己处于"孤立无援"的境地。从众心理在不同的情境下会产生不同的效应，它既可能促进正确思想观点的传播，也可能助长错误思想观点的扩散。法国社会学家勒庞认为，进入群体的个人在"集体潜意识"机制的作用下，在"民族荣誉、前途、爱国主义"等信仰的激励下，很容易"达到慷慨赴死的地步"②。对思想政治教育而言，要善于营造良好的环境和氛围，并因势利导，合理利用人的从众心理机制来增强说服力。当然，一些非法的、错误的蛊惑煽动，也会利用人们的从众心理来扩大影响力。对此，思想政治教育工作者也要提高警惕，并采取相应对策，以防止思想政治教育说服力被各种错误思想观点所削弱。

第三节 思想政治教育说服力的变化方向

从宇宙万物到人类社会再到人的思想意识，任何事物都处在或快或慢的发展变化中。一成不变的事物是不存在的，思想政治教育说服力也不例外。思想政治教育说服力是一种精神层面的影响力，而非物理意义上的作用力，其大小或强弱很难采用确切数值去定量，一般只

---

① [美]罗伯特·西奥迪尼等：《说服力》，冯银银译，天津教育出版社2011年版，第2页。
② [法]勒庞：《乌合之众》，冯克利译，中央编译出版社2004年版，第16页。

能通过经验判断去定性，或者借助相关指标（比如，反映受教育者认知、态度、行为及其变化情况的调查数据等）去间接衡量。由于思想政治教育形态的多样性、过程的复杂性乃至效果的模糊性①，要精确把握思想政治教育说服力的变化及其规律，并非一件容易的事。根据理论分析和实践经验，思想政治教育说服力状况受到思想政治教育内部要素和外部条件的双重影响，会因人、因事、因时、因势而变。一般来说，思想政治教育说服力变化的基本方向，不外乎增强、减弱、维持这三种情况。

一 思想政治教育说服力增强

思想政治教育说服力增强，是指在一定时期和一定范围内，思想政治教育说服力呈现增长或强化态势，主要表现为思想政治教育得到受教育者更加广泛、深刻的接受和认同，受教育者之前存在的对思想政治教育的质疑、不服、抵制等负面体验减少或减轻，思想政治教育目标得以更顺利、更充分实现。一般来说，思想政治教育说服力增强主要基于以下三种条件：一是思想政治教育要素改进，二是思想政治教育环境变迁，三是受教育者认知状况改变。

思想政治教育要素改进是思想政治教育说服力增强的根本原因。一般来说，优化教育目标、提升教育者素质、完善教育内容、创新教育方法等，都有助于增强思想政治教育说服力。比如，一个思想政治教育新手在工作一段时间后，若能参加专门的培训或进修并且有所收获，他今后从事思想政治教育工作的主体说服力和方法说服力必将有

---

① 思想政治教育具有多样性、长期性等特点，其效果主要反映在受教育者思想和行动的正向变化上，一般需要较长时间才能充分体现，而且人的思想和行动受到多种因素的综合影响，其实际表现往往带有某些不确定性。

所提升；同样的思想政治教育任务，选派更高素质、更有经验的教育者去承担，其教育说服力往往更强；改革开放以来，我国思想政治教育工作坚持以马克思主义中国化的最新理论成果为指导，在继承优良传统的基础上不断开拓创新，思想政治教育的整体说服力不断增强。对宣传思想工作机构来说，提升宣传报道公信力是增强宣传思想工作说服力的重要前提。中国共产党新闻工作史上有一场著名的反"客里空"[①]运动。1947年，根据读者关于解放区土地改革运动中部分报道失实的反映，中共中央晋绥分局机关报《晋绥日报》和新华社晋绥总分社在该报开辟"不真实新闻与'客里空'之揭露"专栏，连续编发读者的反映和报社的调查材料，分析导致报道失实的不良思想作风。后来，各解放区报纸和新华社各分社也纷纷响应，取得了显著成效。报刊是党和人民的喉舌，失实报道会削弱宣传思想工作的公信力和说服力，而接受批评监督并及时检查纠正，无疑能够消除不良影响，增强公信力和说服力。

社会环境变迁是导致思想政治教育说服力变化的外部因素。环境变迁包括环境改善和环境恶化两种情况。如果社会环境改善与思想政治教育导向相契合或存在因果关系，那么，这种改善就能够从正面增强思想政治教育说服力。比如，中国共产党成立一百余年来，始终坚持以马克思主义为指导，团结带领中国人民攻坚克难，不断从胜利走向胜利，使国家、民族、人民和党自身的面貌发生了翻天覆地的可喜变化，党的思想政治教育说服力也因社会环境的持续改善而在整体上得到持续增强；多年来"学雷锋"活动广泛深入开展，社会上助人为乐的风气日益浓厚，两者相辅相成、相互促进，"学雷锋"活动的说服力、感

[①] "客里空"是苏联话剧《前线》中一个特派记者的名字，此人惯于捕风捉影、弄虚作假。后来，"客里空"就成了虚构、浮夸的代名词。

召力也得到持续增强。如果社会环境恶化与背离思想政治教育导向存在因果关系，那么，这种恶化就能够从反面增强思想政治教育说服力。比如，当生态环境持续恶化，以至于人们日常生活受到严重影响时，人们就会更加重视和信服生态文明教育。另外，与思想政治教育导向相对立的某些社会环境因素的变化，比如，某些与社会主导意识形态相左的理论或思潮经受不住实践检验，其影响力日益式微，也有助于增强思想政治教育说服力。

思想政治教育说服力是指向受教育者的，与受教育者认知状况密切相关。一般来说，随着个体年龄、知识和阅历的增长，受教育者对特定事理的认知和态度会发生变化。当然，这种变化可能是积极的，也可能是消极的；可能导致思想政治教育说服力增强，也可能导致思想政治教育说服力减弱。如果这种变化让受教育者更加趋近思想政治教育导向，就会带来思想政治教育说服力增强的效果。比如，当一个人成家立业、为人父母以后，就能够基于切身体会，更加深刻地理解生活的艰辛和父母的恩情。在这种情况下，关于珍惜生命、孝敬长辈的思想政治教育内容对其就会具有更强的说服力。人民论坛课题组调查显示，公众对于革命文化的认同度"随着公众年龄的递减而呈现下降趋势"[①]。这个趋势反映了革命文化对不同年龄段的公众具有不同的说服力。根据这项调查结果，我们可以进行合理推测：对目前年龄较小的人而言，随着年龄和经历的增长，他们对革命文化的认同度会相应提高。换句话说，革命文化对部分公众的说服力，可能随着时间的推移而有所增强。

思想政治教育说服力增强是一种良性发展态势，是思想政治教育

---

① 人民论坛课题组：《2017 中国公众文化自信指数调查》，《人民论坛》2017 年第 17 期。

说服力建设的应然目标,意味着思想政治教育要素的完善、功能的提升,及其与受教育者认知和社会环境的协调。当思想政治教育的要素效能明显下降,以及思想政治教育面临外部因素的严峻挑战时,增强政治教育说服力就成为一项紧要任务。

二 思想政治教育说服力减弱

思想政治教育说服力减弱,是指在一定时期和一定范围内,思想政治教育说服力呈现降低或弱化的态势,主要表现为受教育者对思想政治教育的接受和认同程度降低,受教育者中之前存在的对思想政治教育的质疑、不服、抵制等负面体验增多或增强,思想政治教育目标难以顺利、充分实现。说服力减弱是一种消极发展态势,意味着思想政治教育要素的弱化、功能的衰退,及其与受教育者认知和社会环境的失调。思想政治教育说服力减弱,可能是阶段性的,也可能是持续性的。说服力减弱一般基于以下三种条件。一是思想政治教育要素弱化,二是思想政治教育环境变迁,三是受教育者认知状况改变。

思想政治教育要素弱化是思想政治教育说服力减弱的主要原因。一般来说,思想政治教育目标失当,教育者素质和可信度下降,教育内容僵化,教育方法陈旧等,都容易导致思想政治教育说服力减弱。比如,违背人民群众根本利益、不符合社会发展进步潮流的某些思想政治教育目标,就难以获得受教育者的普遍认同;教育者若放松对自身思想道德修养和业务能力提升的要求,履行思想政治教育职责的使命感、积极性和有效性下降,其开展思想政治教育活动的主体说服力必将随之减弱。

在列宁逝世后的苏联,由斯大林主导建立的高度集中的苏联社会主义模式曾经发挥重要作用，但后来逐步走向封闭僵化，思想政治教育领域也长期存在封闭化、教条化、抽象化等不良倾向，导致思想政治教育说服力持续下降。1956年，懂俄语的英国哲学家伯林在时隔11年之后再次访问苏联，经过一个月的深入考察后他得出结论："官方的意识形态马克思主义……实际上被看作是各种枯燥乏味的机械说教"，"有关意识形态的教科书以及教学已经下降到了一个很低的水准，这一点没有人会否认"。① 在伯林看来，苏联意识形态领域"信息匮乏"，"过分杜撰的内容也少有人信"，整个国家"坚定的马克思主义者"并不多。② 到了勃列日涅夫时代，苏联思想政治教育以及哲学社会科学工作依然缺乏创新活力，其主要任务只是照本宣科地阐释官方理论和政策，难以有效回应人民群众的理论需求和思想困惑。与此同时，否定苏共历史、否定马克思列宁主义的历史虚无主义思潮日益泛滥。久而久之，广大干部群众以及青年一代逐渐丧失理想信念，多数大学生不再信仰马克思列宁主义，产生了严重的信仰危机。③ 这也为戈尔巴乔夫时代改革失控、思想混乱，最终导致苏共垮台、苏联解体的严重后果埋下了伏笔。早在1978年12月，邓小平在中央工作会议上深刻指出："一个党，一个国家，一个民族，如果一切从本本出发，思想僵化，迷信盛行，那它就不能前进，它的生机就停止了，就要亡党亡国。"④ 十余年之后，接连发生的东欧剧变、苏联解体，正好印证了邓小平的告诫。

---

① ［英］以赛亚·伯林：《苏联的心灵——共产主义时代的俄国文化》，潘永强、刘北成译，译林出版社2010年版，第118—119页。
② ［英］以赛亚·伯林：《苏联的心灵——共产主义时代的俄国文化》，潘永强、刘北成译，译林出版社2010年版，第152页。
③ 张建华：《思想之镜：知识分子与苏联政治变迁（1936—1991）》，社会科学文献出版社2016年版，第234页。
④ 《邓小平文选》第2卷，人民出版社1994年版，第143页。

中国共产党一贯重视开展有说服力的思想政治教育，但在个别特殊历史阶段，也曾经出现过思想政治教育说服力减弱的状况。比如，1957年下半年以后，由于"左"倾思想在党内逐渐占据主导地位，思想政治教育也日益脱离实际，虚浮之风盛行。后来，我国社会主义建设经历"大跃进"和"文化大革命"等重大曲折，思想政治教育说服力也一度遭到严重削弱。改革开放之后的前十年左右，由于物质文明建设和精神文明建设存在"一手硬、一手软"的现象，思想政治教育有所松懈，思想政治教育说服力也有所减弱，加上国际形势的影响，1989年我国发生了严重的政治风波。邓小平在反思这场风波时明确指出："十年最大的失误是教育，这里我主要是讲思想政治教育。"[①]

社会环境变迁可能导致其对思想政治教育内容的契合度和支持度下降，这是思想政治教育说服力减弱的重要外部原因。20世纪80年代的苏联和东欧国家，由于长期实施苏联模式导致经济政治体制日益封闭僵化，经济社会发展活力不足，与资本主义发达国家的差距不断扩大。其突出表现之一是经济结构长期失衡，日常消费品十分匮乏，而且质量低劣，人民生活水平得不到明显提升。即使在首都等大城市的百货商店，人们也经常只能排着长队等待购买日用品。因此，苏东国家的老百姓怨声载道，社会主义理想信念教育的说服力和吸引力明显弱化，反对派人士也趁机提出激进的政治变革主张。苏联模式存在的严重弊端也让西方发达国家更具制度自信和话语优势。当年，有美国记者问苏共宣传部门负责人："美国的制度为人民提供了高水平的

---

① 《邓小平文选》第3卷，人民出版社1993年版，第306页。

物质生活，你们的制度能够提供吗？"对方不知如何回答。① 在1992年南方谈话中，邓小平也着眼于苏东国家的教训，强调要加快经济发展，他说："如果我们不发展或发展得太慢，老百姓一比较就有问题了。"② 邓小平当时所担忧的，就是老百姓由于无法充分体验到社会主义的优越性而产生理想信念动摇的问题，这其实也意味着思想政治教育说服力减弱的危险。另外，导致思想政治教育说服力减弱的社会环境因素，还有某些异质社会思潮或思想观念的冲击等。毛泽东说过："凡是要推翻一个政权，总要先造成舆论，总要先搞意识形态方面的工作。"③ 一旦敌对的或异质的意识形态工作取得实际效果，也就意味着正统思想政治教育活动的说服力必然会受到一定程度的消解。

当然，无论是教育要素还是社会环境的变化，都要通过受教育者的认知才能产生思想影响。如前文所述，受教育者认知的变化，也会导致思想政治教育说服力的变化。比如，人们随着年龄和阅历的增长，受到了更多社会环境因素和多元思想观念的影响，原先在学校中接受的思想政治教育，对人们的说服力或影响力可能逐渐减弱，这也是思想政治教育工作必须在不同时空和条件下持续进行、久久为功的重要原因所在。

三 思想政治教育说服力维持

思想政治教育说服力维持，是指在一定时期和一定范围内，思想政治教育说服力保持相对稳定、基本不变的状态，主要表现为受教育

---

① 参见张维为《中国震撼：一个"文明型国家"的崛起》，上海人民出版社2016年版，第202页。
② 《邓小平文选》第3卷，人民出版社1993年版，第375页。
③ 《毛泽东年谱（1949—1976）》第5卷，中央文献出版社2013年版，第153页。

者对思想政治教育的接受和认同状况,以及受教育者中之前可能存在的对思想政治教育的质疑、不服、抵制等负面体验都相对稳定、基本不变。从短期来看,如果一个国家、地区或领域的思想政治教育要素、资源和环境没有发生重大变化,思想政治教育事业的整体说服力通常处于维持状态。就某种具体的、阶段性的思想政治教育活动而言,只要受教育者的生活条件和思想认识没有发生重大变化,其说服力也会维持基本不变。从长期来看,由于社会环境和受教育者思想认识必然发生变化,同样的思想政治教育主体、目标、内容和方法等要素就难免会逐渐"老化"或"落伍",导致其说服力减弱,但如果能够及时更新思想政治教育资源、完善思想政治教育要素,不断加强和改进思想政治教育,也可能维持甚至增强说服力。比如,受教育者在接触某些不良社会思潮之后,可能对先前接受或正在接受的思想政治教育产生怀疑甚至抵触,但若教育者能够有针对性地、深入浅出地分析不良社会思潮的实质和危害,就可能消除其对受教育者的不良影响,达到维持甚至增强思想政治教育说服力的效果。又比如,在多数国家,爱国主义教育之所以长盛不衰,并且大多保持比较稳定的社会认同水平,就在于爱国主义教育一般深受重视,多数国家会结合实际情况,与时俱进加强爱国主义教育。因此,一些国家即使发展境况不佳,甚至处于社会动荡之中,其爱国主义教育的说服力也仍然维持在较高水平,甚至可能因为社会动荡而有所增强。

根据一定的参照标准,思想政治教育说服力维持可以分为高位维持、中位维持和低位维持三种状态。说服力维持状态到底是好还是不好,主要取决于原先说服力情况,以及说服力建设目标。如果原先说服力情况良好,而且契合说服力建设目标,这种状态属于说服力的高位维持,就值得肯定;如果原先说服力情况良好,但离说服力建设目标还有一定差距，这种状态属于说服力的中位维持，就不能自满，应当继续提升；如果原先说服力情况不良，离说服力建设目标相差甚远，这种状态属于说服力的低位维持，就值得忧虑，应当大力提升。另外，如果说服力建设目标是逐步提升，说服力维持就是止步不前；如果说服力建设目标是快速提升，说服力维持更是消极懈怠。

俗话说："逆水行舟，不进则退。"由于事物运动变化的绝对性，思想政治教育说服力维持只是一种相对稳定的状态，而非绝对不变的。这种相对稳定的背后，同样需要付出相应的努力，以克服时刻存在的各种因素对思想政治教育说服力的消极影响。否则，说服力维持很快就会转变成说服力减弱，或者由高位维持向中位维持、中位维持向低位维持下滑。总之，说服力维持是一种中间状态，也是说服力增强和说服力减弱的临界点。思想政治教育说服力变化的理想状态，是由减弱向维持和增强转变，由维持向增强转变，或由低位维持向中位维持、中位维持向高位维持转变（类似于阶段式增强状态）。

综上所述，思想政治教育说服力是变动不居的，主要呈现出增强、减弱、维持这三种基本趋向。此外，思想政治教育说服力变化有程度大小之分。从影响受教育者的广度来看，说服力无论是增强、减弱，还是维持，都可以表现为从点到面、从局部到整体的三种情形：一是某些个体信服思想政治教育的程度增强、减弱或维持；二是某些群体信服思想政治教育的程度增强、减弱或维持；三是社会大众信服思想政治教育的程度增强、减弱或维持。这三种情形分别体现思想政治教育说服力变化对个体、群体、大众的影响，也分别反映思想政治教育说服力变化的程度较小、较大、很大。除了影响广度之外，思想政治教育说服力的变化程度也反映在其对受教育者的影响深度上。受教育者受思想政治教育说服力变化影响的程度越深，其信服思想政治教育的程度变化越大、变化持续时间越长，说明思想政治教育说服力的变化程度越大。反之，则说明思想政治教育说服力的变化程度越小。比如，某些受教育者由过去一直强烈质疑和抵触思想政治教育，转变为现在长期真诚信服并遵从思想政治教育，说明思想政治教育说服力对这些人而言大为增强；如果出现相反的转变，则说明思想政治教育说服力对这些人而言大为减弱。

第四章

新时代思想政治教育说服力的现实境遇

党的十九大报告指出:"经过长期努力,中国特色社会主义进入了新时代,这是我国发展新的历史方位。"① 新时代彰显了党和国家事业发展的新成就、新方位,也"赋予党的历史使命、理论遵循、目标任务以新的时代内涵"②。新时代我国思想政治教育得到切实加强和改进,思想政治教育说服力持续增强。同时,新时代国内外环境和受教育者思想的发展变化,以及思想政治教育工作中依然存在的某些不足等,也给思想政治教育说服力带来新挑战、新问题,需要引起高度重视。

第一节 新时代思想政治教育说服力增强的积极态势

党的十八大以来,在以习近平同志为核心的党中央的坚强正确领

---

① 《习近平谈治国理政》第3卷,外文出版社2020年版,第8页。
② 中共中央党校(国家行政学院):《习近平新时代中国特色社会主义思想基本问题》,中共中央党校出版社、人民出版社2020年版,第23页。

导下，思想政治教育作为意识形态工作的重要内容和治国理政的重要方式得到切实加强和改进，加上新时代党和国家事业发展伟大成就所提供的现实支撑，思想政治教育说服力呈现持续增强的积极态势，人民群众对社会主导意识形态普遍认同，这是新时代思想政治教育工作中可喜的一面。

一　思想政治教育得到切实加强和改进

加强和改进思想政治教育，是增强思想政治教育说服力的根本条件。党的十八大以来，以习近平同志为核心的党中央把完善和发展中国特色社会主义制度、推进国家治理体系和治理能力现代化确立为全面深化改革的总目标，把意识形态工作作为党的一项极端重要的工作，把坚持马克思主义在意识形态领域的指导地位作为一项根本制度，把思想政治工作作为治国理政的重要方式，旗帜鲜明地加强党对包括思想政治教育在内的一切工作的领导。这些新理念新举措的推行，极大地提升了思想政治教育的地位，丰富了思想政治教育的内涵，为新时代思想政治教育的加强和改进，以及思想政治教育说服力的增强奠定了坚实基础。

特别值得一提的是，习近平针对宣传思想工作、社会主义文化建设、党校思想理论教育、学校思想政治工作、学校思想政治理论课建设、党史学习教育等各方面宣传思想文化工作提出了一系列新思想新观点新论断，形成了习近平文化思想，这也为新时代进一步加强和改进思想政治教育指明了正确方向、提供了基本遵循。比如，关于宣传思想工作，习近平强调意识形态工作是为国家立心、为民族立魂的工作，要坚持马克思主义在意识形态领域指导地位的根本制度，"建设具有强大凝聚力和引领力的社会主义意识形态……健全用党的创新理论武装全党、教育人民、指导实践工作体系"①；关于社会主义核心价值观培育和践行，习近平强调要"用社会主义核心价值观铸魂育人"②，通过教育引导等各种途径，"使核心价值观的影响像空气一样无所不在、无时不有"③；关于高校思想政治工作，习近平强调"要坚持把立德树人作为中心环节，把思想政治工作贯穿教育教学全过程"④；关于学校思政课，习近平要求充分发挥教师的积极性、主动性、创造性，通过改革创新"不断增强思政课的思想性、理论性和亲和力、针对性"⑤，并提出"大思政课""思政课的本质是讲道理"等新理念，强调"'大思政课'我们要善用之，一定要跟现实结合起来"⑥，"要注重方式方法，把道理讲深、讲透、讲活"⑦。这些重要论述还被吸收转化到思想政治教育领域的相关文件和规定之中，得到及时有效的贯彻落实，并初步形成常态化、制度化的工作机制。

以整体思想政治教育工作为例。2013年12月，中共中央办公厅印发《关于培育和践行社会主义核心价值观的意见》，要求把培育和践行社会主义核心价值观融入国民教育全过程、落实到经济发展实践和社会治理中，加强社会主义核心价值观宣传教育，开展涵养社会主义核心价值观的实践活动。2019年6月，中共中央出台《中国共产党宣传工作条例》，规定了理论、新闻舆论和出版、思想道德建设、文化文艺、互联网宣传和信息内容管理、对外宣传、基层宣传工作、意识形

---

① 《习近平著作选读》第1卷，人民出版社2023年版，第36页。
② 《习近平著作选读》第1卷，人民出版社2023年版，第36页。
③ 《习近平谈治国理政》第1卷，外文出版社2018年版，第165页。
④ 《习近平谈治国理政》第2卷，外文出版社2017年版，第376页。
⑤ 习近平：《思政课是落实立德树人根本任务的关键课程》，《求是》2020年第17期。
⑥ 参见杜尚泽《"'大思政课'我们要善用之"》，《人民日报》2021年3月7日第01版。
⑦ 《习近平在中国人民大学考察时强调 坚持党的领导传承红色基因扎根中国大地 走出一条建设中国特色世界一流大学新路》，《人民日报》2022年4月26日第01版。

态管理等各方面工作的基本要求，标志着宣传工作科学化规范化制度化建设迈上新的台阶。2019年10月，党的十九届四中全会提出坚持马克思主义在意识形态领域指导地位的根本制度，将其列为社会主义先进文化制度建设的首要内容，强调要全面贯彻落实习近平新时代中国特色社会主义思想、深入实施马克思主义理论研究和建设工程、加强和改进学校思想政治教育、落实意识形态工作责任制。同月，中共中央、国务院印发《新时代公民道德建设实施纲要》，规定了新时代加强公民道德建设的总体要求和重点任务，提出了深化道德教育引导、推动道德实践养成、抓好网络空间道德建设、发挥制度保障作用、加强组织领导等一系列具体要求。2019年11月，中共中央、国务院印发《新时代爱国主义教育实施纲要》，明确了新时代爱国主义教育的总体要求和基本内容，强调新时代爱国主义教育要面向全体人民、聚焦青少年，要丰富实践载体、营造浓厚氛围、加强组织领导等。2021年2月，中共中央印发《关于在全党开展党史学习教育的通知》，强调要突出学党史、悟思想、办实事、开新局，注重融入日常、抓在经常，深入开展党史学习教育实践活动。2021年7月，中共中央、国务院印发《关于新时代加强和改进思想政治工作的意见》，强调要把思想政治工作作为治党治国的重要方式，深入开展思想政治教育，提升基层思想政治工作质量和水平，推动新时代思想政治工作守正创新发展，构建共同推进思想政治工作的大格局等。2021年11月，党的十九届六中全会科学总结了党的百年奋斗重大成就和历史经验，通过了《中共中央关于党的百年奋斗重大成就和历史经验的决议》，有力地推动了全党在新时代进一步统一思想、意志和行动。2022年10月，党的二十大报告指出，要弘扬以伟大建党精神为源头的中国共产党人精神谱系，用好红色资源，深入开展社会主义核心价值观宣传教育，深化爱国主义、集体主义、社会主义教育，着力培养担当民族复兴大任的时代新人等。2023年10月，十四届全国人大常委会第六次会议表决通过了《中华人民共和国爱国主义教育法》，该法自2024年1月1日起施行，规定了爱国主义教育的主要内容、职责任务、实施措施、支持保障等，为推进新时代爱国主义教育提供了法治保障。

以学校思想政治教育工作为例。2015年1月，中共中央办公厅、国务院办公厅印发《关于进一步加强和改进新形势下高校宣传思想工作的意见》，要求切实推动中国特色社会主义理论体系进教材进课堂进头脑，大力提升高校教师队伍思想政治素质，不断壮大高校主流思想舆论，着力加强高校宣传思想阵地管理等。2015年7月，中组部、中宣部、教育部联合下发《关于领导干部上讲台开展思想政治教育的意见》，要求省级、地市级主要领导干部每人每学期至少上一次讲台，以保证每所高校的学生每学期至少听一次地市级以上领导干部的报告或形势与政策课。同月，中宣部、教育部印发《普通高校思想政治理论课建设体系创新计划》，提出了教材体系、人才体系、教学体系、学科支撑体系、综合评价体系、条件保障体系建设的具体要求。2017年2月，中共中央、国务院印发《关于加强和改进新形势下高校思想政治工作的意见》，强调要以立德树人为根本，以理想信念教育为核心，以社会主义核心价值观为引领，切实抓好各方面基础性建设和基础性工作，全面提升思想政治工作水平。2017年12月，中共教育部党组印发《高校思想政治工作质量提升工程实施纲要》，要求切实构建课程育人、科研育人、实践育人、文化育人、网络育人、心理育人、管理育人、服务育人、资助育人、组织育人十大育人体系。2019年8月，中共中央办公厅、国务院办公厅印发《关于深化新时代学校思想政治理论课改革创新的若干意见》，强调要完善思政课课程教材体系，建设一支政治强、情怀深、思维新、视野广、自律严、人格正的思政课教师队伍，不断增强思政课的思想性、理论性和亲和力、针对性。2019年9月，教育部等五部门印发《关于加强新时代中小学思想政治理论课教师队伍建设的意见》，要求切实加强中小学思政课教师队伍配备管理，全面提升中小学思政课教师素质能力等。2020年1月，教育部公布《新时代高等学校思想政治理论课教师队伍建设规定》，对高校思政课教师的职责与要求、配备与选聘、培养与培训、考核与评价、保障与管理等方面作了明确规定。2020年3月，中共中央、国务院印发《关于全面加强新时代大中小学劳动教育的意见》，强调要全面构建体现时代特征的劳动教育体系，广泛开展劳动教育实践活动。2020年4月，教育部等八部门印发《关于加快构建高校思想政治工作体系的意见》，强调要健全立德树人体制机制，加快构建包括理论武装、学科教学、日常教育、管理服务、安全稳定、队伍建设、评估督导在内的高校思想政治工作体系。2020年5月，教育部印发《高等学校课程思政建设指导纲要》，强调要把思想政治教育贯穿人才培养体系，使各类课程与思政课程同向同行，形成协同效应，构建全员全程全方位育人的大格局。2022年7月，教育部等十部门印发《全面推进"大思政课"建设的工作方案》，要求坚持开门办思政课，强化问题意识、突出实践导向，充分调动全社会力量和资源，推动思政小课堂与社会大课堂相结合。2022年10月，党的二十大报告强调，要用社会主义核心价值观铸魂育人，完善思想政治工作体系，推进大中小学思想政治教育一体化建设。2023年8月，文旅部、教育部等五部门联合印发《用好红色资源　培育时代新人　红色旅游助推铸魂育人行动计划（2023—2025年）》，明确要求将红色文化有效融入青少年思想政治教育工作，力争利用三年时间，打造百堂红色研学精品课程，推出千条红色旅游研学线路，开展万场红色旅游宣讲活动，覆盖全国上亿大中小学师生。

总之，党的十八大以来，党中央着眼于世界百年未有之大变局、党和国家事业发展全局，从牢牢掌握意识形态工作领导权、话语权、管理权的战略高度，提出一系列新论断，作出一系列新部署，采取一系列新举措，推动我国思想政治教育工作在改进中加强，"全党全社会思想上的团结统一更加巩固，我国意识形态领域形势发生了全局性、根本性的转变"①。新时代思想政治教育工作者队伍规模和素质稳步提升，思想政治教育坚持以习近平新时代中国特色社会主义思想铸魂育人，着力培养担当民族复兴大任的时代新人，各地、各学校、各单位积极探索思想政治教育的新思路新方法，融入时政热点和鲜活素材，加强社会主义核心价值观教育、爱国主义教育、"四史"学习教育等，紧密结合思政小课堂和社会大课堂，营造浸润式思想政治教育环境，在教育理念、内容、方法、手段等方面均有明显的改革创新。

近年来，受教育者对思想政治教育的满意度和获得感有较大提升。以最具代表性的学校思想政治理论课建设为例。2017 年，教育部组织专家开展全国高校思想政治理论课建设情况大调研，调研结果显示：86.6% 的大学生表示非常喜欢或比较喜欢上思政课，91.8% 的大学生表示非常喜欢或比较喜欢自己的思政课老师，91.3% 的大学生表示在思政课上很有收获或比较有收获。② 2020 年度全国大学生思想政治及其教育状况调查显示，当前大学生对高校思政课教学总体状况评价较

---

① 《中共中央国务院印发〈关于新时代加强和改进思想政治工作的意见〉》，《人民日报》2021 年 7 月 13 日第 01 版。
② 本次大调研共涉及普通高校 2500 多所，涵盖高职高专、本科、研究生各阶段共 10 门思政课，建立了由 2516 所普通高校的 3000 堂思政课、3 万多份学生问卷所组成的全样本数据库。参见叶雨婷《教育部调研显示：86.6% 受访学生喜欢上思政课》，《中国青年报》2017 年 12 月 7 日第 07 版。

高，认为"非常好"和"比较好"的分别占47.8%和37.5%，认为"一般"的占13.3%，认为"比较差"的占1.1%，认为"非常差"的占0.4%，合计好评率为85.3%；与2018—2019年的调查数据相比（好评率分别为77.8%和80.5%），表明大学生对思政课教学效果的评价持续提高。另外，2020年分别有44.1%和33.3%的大学生认为思政课教学对其思想品德发展的积极作用"很大"和"较大"，有19.7%的大学生认为积极作用"一般"，仅有2.0%和1.0%的大学生认为积极作用"较小"和"很小"；2014—2020年，大学生认为思政课教学对其思想品德发展"作用大"（包括积极作用"很大"和"较大"）的比例，由45.5%上升到77.4%，这也反映了近年来高校思政课的整体教学水平以及大学生对其的认可度有了明显提升。① 教育部发布的《全国普通高校本科教育教学质量报告（2020年度）》指出，2020年大学生对思政课的满意度超过90%，比2015年提高了18个百分点。② 2021年，清华大学高校德育研究中心等机构组织开展的"伟大抗疫精神进大中小学思政课堂状况调研"结果显示，95%的小学生、92%的中学生和94%的大学生认为其所在学校思政课堂能及时融入抗疫精神教育内容，且效果较好。③ 2019年3月，习近平在学校思想政治理论课教师座谈会上也指出："这些年来，思政课建设成效是显著的。"④ 当然，习近平也分析了其中存在的一些突出问题，并对如何进一步办好思政

---

① 参见沈壮海等主编《中国大学生思想政治教育发展报告2021》，高等教育出版社2023年版，第184—187页。

② 参见《教育部发布〈全国普通高校本科教育教学质量报告（2020年度）〉》，教育部网站，2021年12月17日，http://www.moe.gov.cn/jyb_xwfb/gzdt_gzdt/s5987/202112/t20211217_588017.html。

③ 清华大学高校德育研究中心、光明日报教育研究中心联合调研组：《这堂人生大课，如何更好激发青少年使命担当——伟大抗疫精神进大中小学思政课堂状况调研》，《光明日报》2021年3月2日第13版。

④ 习近平：《思政课是落实立德树人根本任务的关键课程》，《求是》2020年第17期。

课以及思政课如何改革创新等方面提出了具体要求。

二 思想政治教育说服力的现实基础更牢固

实践是检验真理的唯一标准。思想政治教育说服力既来源于思想政治教育活动本身，又离不开经济社会发展成就的现实支撑。恩格斯说过，如果没有明显的事实，仅凭空洞的说教，不能"使读者确立无可争辩的信念"①。任何政党或国家如果只是空谈自己的思想理论如何伟大、如何先进，却一直拿不出像样的实践成就来证明，也无法给人民群众带来明显的获得感，那么，再激动人心的思想政治教育也难以自圆其说，最终会陷入无人信从的尴尬境地。因此，马克思主义行不行、中国共产党能不能、中国特色社会主义好不好，归根结底要用实践来回答才最有说服力。

事实胜于雄辩。党的十八大以来，在长期奋斗、创造和积累的基础上，以习近平同志为核心的党中央坚持以人民为中心的发展思想，统筹推进经济建设、政治建设、文化建设、社会建设、生态文明建设"五位一体"总体布局，协调推进全面建成小康社会、全面深化改革、全面依法治国、全面从严治党"四个全面"战略布局，党和国家事业取得新的举世瞩目的伟大成就，"中华民族迎来了从站起来、富起来到强起来的伟大飞跃，实现中华民族伟大复兴进入了不可逆转的历史进程"②！我国国内生产总值（GDP）于2010年超越日本之后，一直稳居世界第二，与美国经济总量的差距也在加速缩小。美国学者扎克·戴奇瓦德曾经对比了1990—2019年中美两国人均GDP增长情况（美国增长约2.7倍，中国增长约32倍），及中国民众生活的巨大变化，进而

---

① 《马克思恩格斯全集》第42卷，人民出版社1979年版，第277页。
② 习近平：《在庆祝中国共产党成立100周年大会上的讲话》，《人民日报》2021年7月2日第01版。

感叹道:"生活在中国就是生活在一个比地球上任何其他地方发展更快、变化更大的国家。"[①] 我们成功实现了到建党一百年时全面建成小康社会的奋斗目标,如今正向着全面建成社会主义现代化强国的第二个百年奋斗目标迈进。近年来,我国隆重举行庆祝中华人民共和国成立70周年系列活动、庆祝中国共产党成立100周年系列活动,成功举办2016年G20杭州峰会、北京2022年冬奥会和冬残奥会等一系列重大国际活动,全国人民的自豪感、向心力、凝聚力以及我国对世界的影响力不断提升。正如邓小平当年所预见的那样[②],当今中国经济社会发展的辉煌成就已经让中国共产党和中国人民拥有更加坚定的道路自信、理论自信、制度自信和文化自信,也让世界上原先并不看好中国特色社会主义,甚至宣扬"社会主义失败论""历史终结论""中国崩溃论"等论调的一些人,反思或改变了自己原有的观点。

随着新时代我国经济社会的进一步发展,人民群众的获得感、幸福感、安全感显著增强。我国人均GDP于2019年首次突破1万美元大关,稳居上中等收入国家行列,2021年又突破1.2万美元,日益接近高收入国家人均水平的下限;在新冠疫情继续肆虐全球的2021年,我国经济增长强劲,GDP突破110万亿元,达到1143670亿元,比上年增长8.1%,两年平均增长5.1%。[③] 2022年,我国GDP突破

[①] Zak Dychtwald, "China's New Innovation Advantage", *Harvard Business Review*, May - June 2021, pp. 55-60.

[②] 1987年2月28日,邓小平在会见加蓬总统邦戈时说过:"最终说服不相信社会主义的人要靠我们的发展。如果我们本世纪内达到了小康水平,那就可以使他们清醒一点;到下世纪中叶我们建成中等发达水平的社会主义国家时,就会大进一步地说服他们,他们中的大多数人才会真正认识到自己错了。"参见《邓小平文选》第3卷,人民出版社1993年版,第204页。

[③] 参见国家统计局《中华人民共和国2021年国民经济和社会发展统计公报》,中央人民政府网站,2022年2月28日,http://www.gov.cn/xinwen/2022-02/28/content_5676015.htm。

120万亿元，达到1210207亿元，比上年增长3.0%。① 我国社会公平程度明显提升，城镇居民与农村居民人均收入比率从2010年的3.2倍下降到2021年的2.5倍。② 在2020年，我国GDP首次超过100万亿元，达到1015986亿元，较之2010年的412119亿元，增幅为93.7%（按不变价格计算）；全国居民人均可支配收入32189元，较之2010年的12520元，增幅为157.1%，与经济增长基本保持同步，如期实现居民人均收入比2010年翻一番的目标；脱贫攻坚目标任务全面完成，832个贫困县全部摘帽，12.8万个贫困村全部出列，现行标准下9899万农村贫困人口全部脱贫，提前10年实现联合国2030年可持续发展议程减贫目标，历史性地解决了绝对贫困问题；2016—2020年，全国开工改造各类棚户区2300多万套，帮助5000多万棚户区居民改善了住房条件，累计完成522.4万户建档立卡贫困户农村危房改造，同步支持242.4万户低保户等贫困群体改造危房，贫困人口全面实现住房安全有保障；在社会保障方面，截至2020年，建成覆盖13.9亿人基础数据的国家全民参保数据库，全国社保卡持卡人数达到13.35亿人，覆盖95%的人口；全口径基本医疗保险人数达136100万人，参保率稳定在95%以上；全国城镇职工基本养老保险和城乡居民基本养老保险参保人数分别达到4.56亿人和5.42亿人，基本养老保险参保率达到90%；全国城市低保人数805.3万人，农村低保人数3621.5万人，所有符合低保条件的贫困家庭皆被纳入低保范围。③ 中国社会科学院开展的"中国社会状况综合调查"显

---

① 参见国家统计局《中华人民共和国2022年国民经济和社会发展统计公报》，中央人民政府网站，2023年2月28日，https://www.gov.cn/xinwen/2023-02/28/content_5743623.htm。
② 马建堂：《稳步朝着共同富裕目标迈进》，《求是》2022年第10期。
③ 参见《〈国家人权行动计划（2016—2020年）〉实施情况评估报告》，中国人权网，2021年9月29日，http://www.humanrights.cn/html/2021/3_0929/61375.html。

示，2013—2019 年，公众对当前社会总体情况的评价更加积极正向。按十分制评价，其中对社会现状评价较高（评分在 7 分及以上）的公众比例由 52.9% 大幅上升至 68%，评价中等（评分在 4—6 分）的公众比例由 31.6% 降为 28%，评价偏低（评分在 3 分及以下）的公众比例由 15.5% 大幅下降至 4%。①

从一些国际知名机构的调查数据来看，新时代中国的发展成就也得到了充分的印证。比如，美国盖洛普历年发布的全球法律与秩序指数排名中，中国通常以高分名列前茅，是世界上公认的最安全的国家之一。爱德曼国际公关公司发布的《2023 年爱德曼全球信任度调查报告》显示，中国民众对政府的信任度高达 89%，蝉联全球被调查国家的第一名。

从严管党治党、勇于自我革命、永葆先进纯洁，是中国共产党作为百年大党的鲜明品格和内在优势。党的十八大以来，中国共产党不忘初心、牢记使命，坚持以伟大自我革命引领伟大社会革命，坚定不移正风肃纪和推进反腐败斗争，全面从严治党取得了历史性、开创性成就，增强了人民群众对党的信任和支持。国家统计局 2019 年 11 月进行的民情民意电话调查显示，关于中央八项规定及其实施细则精神，98.3% 的人肯定党中央带头贯彻执行的情况，96.5% 的人满意其贯彻执行的总体成效，97.3% 的人对党风、政风和社会风气好转表示满意，86.1% 的人对党员干部的工作作风情况表示满意。② 一些学者的研究也表明，全面从严治党以来，我国卓有成效的反腐败斗争显著提升了公

---

① 参见李培林等主编《2021 年中国社会形势分析与预测》，社会科学文献出版社 2020 年版，第 145 页。
② 朱基钗：《以优良作风凝聚决战决胜磅礴力量——二〇一九年以习近平同志为核心的党中央贯彻执行中央八项规定、推进作风建设纪实》，《人民日报》2020 年 1 月 6 日第 01 版。

众的政治信任①或政治信心②。

2019年年末、2020年年初，新冠疫情突如其来并且迅速向全球席卷肆虐。在严重疫情考验面前，中国共产党坚持人民至上、生命至上，团结带领全国各族人民，迅速打响疫情防控的人民战争、总体战、阻击战，用1个多月的时间初步遏制疫情蔓延势头，用2个月左右的时间将本土每日新增病例控制在个位数，用3个月左右的时间取得了武汉保卫战、湖北保卫战的决定性成果，有力改变了病毒传播的危险进程，最大限度保护了人民生命安全和身体健康，铸就了伟大抗疫精神。在此基础上，我国开展常态化疫情防控，高效统筹疫情防控和经济社会发展，在全球率先控制住疫情、率先恢复经济社会发展，并顶住多轮疫情冲击。2020年我国成为全球唯一实现正增长的主要经济体，2020—2022年我国GDP年均增速达4.5%，在全球主要经济体中保持领先。在做好国内疫情防控工作的同时，我国还向许多国家派出抗疫医疗专家组，为众多国家和国际组织提供大量急需的医疗物资援助，为全球疫情防控做出重大贡献。正如习近平所言："中国的抗疫斗争，充分展现了中国精神、中国力量、中国担当。"③ 2022年11月以后，我国因时因势动态优化调整防控政策措施，在较短时间实现了疫情防控平稳转段，2亿多人得到诊治，近80万名重症患者得到有效救治，新冠病亡率保持在全球最低水平，取得疫情防控重大决定性胜利，创造了人类文明史上人口大国成功走出疫情大流行的奇迹。④ 与同期美

---

① 参见季程远、孟天广《反腐败与政治信任：结构偏好与规模偏好的影响差异》，《上海交通大学学报》（哲学社会科学版）2020年第2期。
② 参见苏毓淞等《全面从严治党何以提升中国民众的政治信心——来自CSGS2015的实证证据》，《治理研究》2021年第2期。
③ 习近平：《在全国抗击新冠肺炎疫情表彰大会上的讲话》，《人民日报》2020年9月9日第01版。
④ 任理轩：《创造人类文明史上人口大国成功走出疫情大流行的奇迹》，《人民日报》2023年3月30日第09版。

国、印度、欧洲等大多数国家和地区疫情持续蔓延、造成严重后果相比，我国果断高效科学的抗疫斗争本身就是一场鲜活的、很有说服力的"大思政课"，让广大民众接受了深刻的思想洗礼。

总之，党的十八大以来，面对深刻复杂变化的国内外形势，以习近平同志为核心的党中央以巨大的政治勇气和强烈的历史担当，带领全党全国各族人民攻坚克难、砥砺奋斗，推动党和国家事业取得历史性成就、发生历史性变革，推动中国特色社会主义进入新时代，形成了习近平新时代中国特色社会主义思想，实现了马克思主义中国化新的飞跃。《中共中央关于党的百年奋斗重大成就和历史经验的决议》指出："党确立习近平同志党中央的核心、全党的核心地位，确立习近平新时代中国特色社会主义思想的指导地位，反映了全党全军全国各族人民共同心愿，对新时代党和国家事业发展、对推进中华民族伟大复兴历史进程具有决定性意义。"① 这一系列重大成就的取得，充分体现了我国国家制度和国家治理体系的显著优势，进一步巩固了全国人民对中国共产党领导的信赖和拥护，进一步凝聚起全国人民坚持和发展中国特色社会主义、实现中华民族伟大复兴中国梦的信心和力量，为新时代思想政治教育说服力的持续增强奠定了坚实基础、提供了有力支撑。

三　人民群众对主导意识形态普遍认同

思想政治教育的本质是社会主导意识形态的灌输和教化，而社会主导意识形态一般是由占统治地位或代表社会发展要求的阶级和政治集团首先提出或倡导的。主导意识形态必须通过有说服力的思想政治

---

① 《中共中央关于党的百年奋斗重大成就和历史经验的决议》，《人民日报》2021年11月17日第01版。

第四章 新时代思想政治教育说服力的现实境遇

教育活动进行灌输和教化，才能赢得人民群众的普遍认同，才能真正成为主流意识形态，进而充分发挥对经济社会发展和人全面发展的引领作用。因此，人民群众对主导意识形态的认同状况，是衡量思想政治教育说服力的主要标准。党的十八大以来，伴随着中国共产党全面领导的加强和新时代中国特色社会主义事业的历史性发展，我国意识形态领域发生了全局性、根本性转变，社会主义意识形态的说服力、凝聚力和引领力进一步增强，人民群众的思想风貌进一步提升。近年来，我国社会风气健康向上，红色旅游持续升温，主旋律影视受到热捧，志愿服务活动蓬勃发展，各行各业不断涌现出大批模范人物和感人事迹。从总体上来看，广大干部群众增强"四个意识"、坚定"四个自信"、做到"两个维护"，"全体社会成员拥有共同的理想信念、价值理念和道德观念，中国呈现团结奋进的社会氛围，彰显强劲的中国精神、中国价值和中国力量"①。

从近年来相关领域有代表性的一些调查研究来看，包括大学生在内②的各界民众普遍认同社会主义意识形态，而且认同度还大体呈现上升趋势。这些情况从整体上反映出新时代我国思想政治教育说服力持续增强的积极态势。

人民群众对社会主义核心价值观普遍认同。"社会主义核心价值观是当代中国精神的集中体现，凝结着全体人民共同的价值追求。"③2020年面向全国16万大学生的思想政治状况滚动调查显示，当代大学生对社会主义核心价值观高度认同。其中，99.5%的人认为"要

---

① 张毅翔：《新时代思想政治教育图景：构设、挑战与方略》，《思想教育研究》2018年第10期。
② 大学生群体思想活跃、素质较高，是党和国家事业发展的生力军，也是最受关注的思想政治教育对象之一。大学生思想政治状况可谓全社会的"晴雨表"，这方面的调查研究也较多。
③ 《习近平谈治国理政》第3卷，外文出版社2020年版，第33页。

有爱国情、强国志,更要有报国行";99.3%的人认同"大学生应成为社会主义核心价值观的坚定信仰者、积极传播者、模范践行者";95.9%的人认为"人生的价值在于奉献";超过90%的人愿意通过公益服务、爱心捐赠、抗击灾害、义务献血等方式践行社会主义核心价值观,比例均较往年呈现上升趋势;疫情防控期间,超过70%的大学生表示愿意投身志愿服务工作。① 可见,对社会主义核心价值观,大学生群体不仅在思想上普遍认同,而且在行动上也表现出很高的践行意愿。

2020年全国大学生思想政治及其教育状况调查显示,96.5%的大学生表示认同社会主义核心价值观。大学生对社会主义核心价值观12项具体内容的认同度比例在91.9%—98.0%之间,从高到低依次为法治(98.0%)、文明(97.5%)、公正(97.4%)、和谐(97.3%)、富强(97.1%)、平等(97.1%)、友善(96.9%)、爱国(96.8%)、诚信(96.6%)、自由(95.1%)、敬业(92.8%)、民主(91.9%);大学生践行社会主义核心价值观的意愿也比较强烈,比如,在践行爱国价值观方面,80.5%的大学生表示当国防安全遇到战争威胁时自己愿意参军入伍。与同一课题组(由武汉大学沈壮海教授主持)之前的年度调查结果相比,大学生对社会主义核心价值观的认同度整体呈现上升趋势。比如,2016—2020年,大学生表示认同社会主义核心价值观的比例分别为76.5%、82.4%、92.2%、96.4%、96.5%。②

一项针对全国大学生的调查显示,98.23%的人认同"国家命运与个人命运紧密相连",91.60%的人赞同"只有把个人梦融入国家梦,

---

① 魏士强:《准确把握青年学生特点精准开展思想政治工作》,《学习时报》2020年7月13日第A6版。

② 参见沈壮海等主编《中国大学生思想政治教育发展报告2021》,高等教育出版社2023年版,第55、56、81页。

才能实现人生价值",94.75%的人表示"要把'卡脖子'清单变为自己学习科研和青春奋斗的清单,争做'强国一代'"。① 另有调查显示,90%的大学生对社会主义核心价值观整体意义表示认同;就各项具体价值观来看,大学生对其认同度由高到低依次为爱国(92.7%)、富强(91.4%)、诚信(90.2%)、友善(89.7%)、民主(89.5%)、敬业(88.9%)、文明(88.3%)、和谐(88.1%)、平等(87.4%)、公正(86%)、自由(82.5%)、法治(80.6%)。②

一项针对浙江省中学生理想信念教育现状的调查显示,对社会主义核心价值观的内容,合计91.51%的人表示"已经熟记于心",其中有65.50%的人表示"已经熟记于心,并且在生活中会用来指导自己的行为";近九成的人"希望长大后为国家发展作出贡献"。③ 一项针对武汉市党外知识分子的调查显示,93.2%的人对社会主义核心价值观持积极肯定态度。④ 一项针对湖南省妇女群体的调查显示,92.7%的人表示"想做志愿服务",64.1%的人表示"做过志愿服务"。⑤

总之,从目前国内相关调查情况来看,各界民众对社会主义核心价值观高度认同,认同者的比例几乎都达到九成以上。这也充分反映了近年来社会主义核心价值观教育具有很强的说服力和实效性。

人民群众对中国特色社会主义普遍认同。中国特色社会主义是改

---

① 许克松等:《一场国际思政大课:青年大学生关注美国大选的现象透视与思考——基于全国58所高校11231名大学生的实证调查》,《中国青年研究》2021年第3期。

② 左殿升、冯锡童:《新时代大学生社会主义核心价值观认知认同实证研究——以全国30所高校为例》,《思想教育研究》2019年第3期。

③ 庞君芳:《中学生理想信念教育的现状调查——以浙江省为例》,《中国德育》2018年第6期。

④ 武汉大学党外知识分子研究基地课题组:《新时代党外知识分子思想政治状况及对策——基于湖北省武汉市的调查》,《湖北省社会主义学院学报》2019年第6期。

⑤ 姜耀辉、刘艺:《新时代妇女思想政治状况及其引领对策探讨——基于湖南19285名妇女的调查》,《湖南社会科学》2021年第2期。

革开放以来党的全部理论和实践的主题,"在当代中国,党的意识形态是否具有说服力,关键就是中国特色社会主义能否被广大人民群众所理解、所认同、所信服"①。有调查显示,青年大学生高度关注2020年美国大选,并从中看到美国政治制度的弊端,进一步增强了对我国政治制度的自信。其中,95.18%的大学生认为"美国大选的乱象凸显了资本主义制度的弊端";96.8%的大学生认为"我国绝不会出现类似于美国混乱选举的情况";98.2%的大学生表示"看了美国大选之后,对实现中华民族伟大复兴的中国梦更有信心"。②

2020年度全国大学生思想政治及其教育状况调查显示,96.6%的大学生赞同"大学生应该牢固树立中国特色社会主义共同理想",96.3%的大学生认同"中国特色社会主义道路是实现社会主义现代化、创造人民美好生活的必由之路",96.4%的大学生认同"中国特色社会主义理论体系是指导党和人民实现中华民族伟大复兴的正确理论",96.5%的大学生认同"中国特色社会主义制度是当代中国发展进步的根本制度保障",96.9%的大学生认为中国疫情防控取得重大战略成果"这是中国特色社会主义制度优势的鲜明体现"。③与同一课题组之前的年度调查结果相比,大学生对以上各项内容(除了2020年新出现的疫情防控内容)的赞同度或认同度几乎全部呈现逐年上升趋势。④

一项针对浙江省高中生的调查显示,95%以上的学生"坚信

---

① 戴木才:《十八大以来党的意识形态创新发展》,《理论导报》2017年第9期。
② 许克松等:《一场国际思政大课:青年大学生关注美国大选的现象透视与思考——基于全国58所高校11231名大学生的实证调查》,《中国青年研究》2021年第3期。
③ 刘晓亮:《当代大学生价值观的现状分析与培育对策》,《思想理论教育》2021年第12期。
④ 参见沈壮海等《中国大学生思想政治教育发展报告2018—2019》,北京师范大学出版社2020年版,第109—126页。

共产主义发展方向",对中国特色社会主义道路充满信心;92.69%的学生表示"希望能加入中国共产党";94.34%的学生赞同"中国特色社会主义理论体系是指导党和人民实现中华民族伟大复兴的正确理论"。① 一项针对武汉市新社会阶层人士的调查显示,绝大多数新社会阶层人士对中国特色社会主义道路、理论、制度和文化有着较高的认同和自信,不认为中国走资本主义道路是更好的选择,也不认为西方对中国的批评通常都有道理。②

人民群众对党的领导高度认同。中国共产党领导是中国特色社会主义最本质的特征,也是中国特色社会主义制度的最大优势。在新时代,中国共产党的"两个先锋队"性质和中国特色社会主义事业领导核心地位进一步得到人民群众的普遍认同。基层群众认为,"我们的国家发展这么好,正是因为有中国共产党的领导,有中国共产党的使命担当"③。在中国共产党成立100周年时,已经脱贫致富的贵州省湄潭县田家沟村民自编花灯戏,唱出"十谢共产党"④,表达了新时代农民群众对党的感恩之情。2021年相关调查显示,大学生群体的爱党爱国爱社会主义思想基础更加巩固,听党话跟党走的决心更加坚定。⑤

人民群众对马克思主义指导思想普遍认同。进入新时代以来,马克思主义在我国意识形态领域的指导地位更加鲜明、更加巩固。前面

---

① 庞君芳、朱永祥:《高中生理想信念教育状况的调查与建议》,《课程·教材·教法》2020年第5期。
② 王军、李果:《新的社会阶层人士的政治认同现状分析——基于武汉市部分对象的调查》,《湖北省社会主义学院学报》2021年第1期。
③ 参见新华社记者《汲取真理力量 赓续奋斗使命——5集通俗理论对话节目〈马克思是对的〉引起热烈反响》,《新华每日电讯》2018年5月3日第03版。
④ 刘久锋:《村民唱响"十谢共产党"》,《农民日报》2021年7月16日第01版。
⑤ 参见高众、欧媚《教育部召开发布会,介绍5年来贯彻落实全国高校思政会精神工作成效——格局性变化 历史性成就》,《中国教育报》2021年12月8日第01版。

所列举的各项调查指标和数据，实际上也具体生动地反映了这一点。从对马克思主义指导思想的整体认知来看，民众也表现出了很高的理论自觉和理论自信。一项针对武汉市新社会阶层人士的问卷调查显示，绝大多数人高度认同马克思主义的科学性、先进性。其中，87.3%的人赞同"中国特色社会主义理论体系是中国发展进步指南"；74.9%的人赞同"指导思想不能搞多元化"；76.5%的人赞同"马克思主义让当代中国文化焕发生机"；对"共产主义理想虚无缥缈，不可能实现"的看法，仅有5.1%的人赞同，70.7%的人不赞同。①

关于受教育者思想政治状况的各种调查研究，可以为我们把握思想政治教育说服力状况提供重要参考。总体而言，现有的大多数调查研究结果表明，党的十八大以来，各界群众对社会主导意识形态的认同度普遍很高，而且大体呈现上升趋势。当然，由于调查范围、调查方法、内容设计、样本数量（从几百、几千到几万、十几万及以上不等）等方面的原因，某些调查研究结果难免存在信度和效度的差异或不足。另外，为了迎合舆论导向或主流观点，部分受访者也可能掩饰自己的真实想法，表现出一定程度的对某些主导价值观的"虚假认同"②或"虚假性接受"③，结果可能导致某些调查数据虚高。另外，通过已有的一些调查我们也可以发现，当前受教育者群体的思想主流健康积极，但仍然存在一些偏差或模糊之处。这些情况也表明，当前思想政治教育说服力以及民众对主导意识形态的认同度在某些方面仍然需要进一步提升。

---

① 王军、李果：《新的社会阶层人士的政治认同现状分析——基于武汉市部分对象的调查》，《湖北省社会主义学院学报》2021年第1期。

② 左殿升：《网络时代大学生政治认同差异研究》，博士学位论文，山东大学，2020年。

③ 刘新全：《现代思想政治教育接受行为及其有效性问题研究》，中国矿业大学出版社2017年版，第147页。

第二节　新时代思想政治教育说服力面临的形势挑战

挑战与希望往往如影相随。在当今时代，我国思想政治教育同样处于大希望和大挑战并存的境地。一方面，党对意识形态工作的全面领导不断加强，思想政治教育及其整体说服力呈现良好态势，马克思主义在意识形态领域的指导地位更加鲜明；另一方面，时代发展、环境变化带来的各种问题和挑战也无处不在。有学者指出："今天，马克思主义面临着十分严峻的挑战。最大的挑战，莫过于人们不信或者不真信马克思主义。"① 习近平也指出，在坚持以马克思主义为指导的问题上，有一些同志理解不深、理解不透、功力不足，社会上也存在"马克思主义已经过时，中国现在搞的不是马克思主义"② 等一些错误认识。要进一步增强思想政治教育说服力，不能不正视各种新问题、新挑战。

一　新时代提出新问题新要求

邓小平曾说过："发展起来以后的问题不比不发展时少。"③ 当前，中国特色社会主义已经进入新时代，也意味着我国已经进入一个新发展阶段，已经从"未发展起来"时期逐步进入"发展起来以后"时期，发展的环境、条件以及人民群众的思想和需要等都发生了新变化，

---

① 秦宣：《分化与整合：社会转型期的思想政治教育研究》，中国人民大学出版社2017年版，第3页。
② 习近平：《在哲学社会科学工作座谈会上的讲话》，《人民日报》2016年5月19日第02版。
③ 《邓小平年谱（1975—1997）》下，中央文献出版社2004年版，第1364页。

也提出了新问题和新要求。时代是出卷人，我们是答卷人，人民是阅卷人。能否继续回答时代之问、满足人民之需，既考验党和政府的执政能力，也考验思想政治教育说服力。而且，新时代对思想政治教育说服力的要求，不只是在理论上说服人，还要在实践中服务人、引领人，以及在对外宣传中增强国际话语权。

第一，人民日益增长的美好生活需要要求思想政治教育提升服务力。党的十九大报告指出："中国特色社会主义进入新时代，我国社会主要矛盾已经转化为人民日益增长的美好生活需要和不平衡不充分的发展之间的矛盾。"① 新时代我国社会主要矛盾的变化是关系全局的历史性变化，对包括思想政治教育在内的党和国家工作提出了许多新要求。新时代思想政治教育工作要注重提升服务意识和服务能力，将为民服务与教育引导结合起来，更好地满足人民日益增长的美好生活需要，更好地促进人的全面发展。首先，要激励人们同心同德共创美好生活。美好生活不可能从天而降，没有亿万人民的接续奋斗，就不会有今天和明天的美好生活；没有个人的努力奋斗，也不会有真正属于自己的幸福生活。在世界百年未有之大变局加速演进和我国开启全面建设社会主义现代化国家新征程的时代背景下，要激励人们同心同德、团结奋斗，将实现中华民族伟大复兴的"中国梦"和追求自身美好幸福生活的"个人梦"紧密结合起来，在共创美好生活的过程中享受美好生活。其次，要引导人们建构高质量的精神生活。美好生活需要既包括物质生活层面，又包括精神生活层面。在目前全社会物质生活水平显著提升的情况下，思想政治教育工作要进一步加强精神引领、提供精神食粮，引导人们克服拜金主义、利己主义、享乐主义、奢靡之

---

① 《习近平谈治国理政》第3卷，外文出版社2020年版，第9页。

风等不良思想风气的影响，自觉追求高质量的精神生活，积极参加新时代文明实践活动，不断丰富精神生活、提升精神境界。最后，要帮助人们排解各种实际问题。由于我国经济社会发展不平衡不充分的问题依然比较突出，人民群众在日常生活中难免碰到各种矛盾和困难。思想政治教育工作要坚持解决思想问题和解决实际问题相结合，不断提升为民服务解难题的意识和能力。比如，由于当今社会生活节奏加快、各种竞争日益激烈，人们在学习、工作等方面面临"内卷"的压力，许多人因此产生抑郁、焦虑甚至厌世等心理问题。关注人们的心理健康，提供必要的心理辅导和心理支持，已经成为新时代思想政治教育工作的重要任务。

第二，相关社会现实问题要求思想政治教育提升阐释力。任何时代都有诸多需要探索和解决的现实问题。毛泽东指出，我们所要的理论家，应当"能够在中国的经济、政治、军事、文化种种问题上给予科学的解释，给予理论的说明"[1]。理论联系实际是马克思主义的优良学风，科学解释社会实际问题尤其是人们普遍关注或感到困扰的重大现实问题，既是思想政治教育工作的重要任务，也是衡量思想政治教育说服力的重要标准。新时代中国特色社会主义取得了举世瞩目的伟大成就，但发展不平衡不充分的问题依然十分突出，并且给人们带来思想认识上的一些困惑。从具体问题来看，比如，我国作为社会主义国家，一贯强调要实现共同富裕的本质要求，但为什么贫富差距问题甚至比一些资本主义国家还要突出？公有制是社会主义经济制度的基础，但为什么我国经济社会相对发达的地区其公有制经济所占的比重却较低？党和政府一贯重视理想信念教育和党风廉政建设，但为什么

---

[1]《毛泽东选集》第3卷，人民出版社1991年版，第814页。

腐败问题和腐败大案依然多发频发？党和政府一贯重视作风建设，但为什么形式主义、官僚主义等不正之风依然严重影响政治生态？诸如此类的理论与现实存在较大反差的问题，关系到党和国家事业发展方向以及广大人民群众切身利益，也往往成为许多干部群众心中的困惑，需要思想政治教育工作者进行深入研究和科学解答。如果我们能够运用马克思主义基本原理和党的创新理论，对各种重大的理论和现实问题作出有理有力的科学阐释，既引导干部群众解决认识上"怎么看"的问题，又群策群力探索实践中"怎么办"的问题，无疑将进一步增强思想政治教育说服力，更好地激发和凝聚亿万人民奋进新时代的磅礴力量。

　　第三，人们思想活动的新特点要求思想政治教育增强说服力。在全面深化改革和社会主义市场经济深入发展的时代条件下，我国社会的经济成分、利益关系、组织形式、就业方式、分配方式以及价值观念日益多样化，人们思想活动的独立性、选择性、多变性、差异性进一步增强，以至于现实中各种各样的文化思潮、价值观念等往往都能够找到自己的信奉者或支持者，导致主导意识形态传播效果下降，思想政治教育难度加大。特别是在市场化、信息化背景下，人们的群体分化、利益分化以及信息传播圈层化、价值观念多元化等趋势日益明显，很多时候触动利益比触动灵魂还难。这就需要思想政治教育工作在充分尊重不同群体和个体正当权利、利益及需求的基础上，更好地发挥价值引领、社会整合和利益协调等功能。另外，随着经济社会的发展进步，我国人口的文化素质明显提高。从2010年到2020年，我国每10万人中具有大学文化程度的由8930人上升为15467人，15岁及以上人口的平均受教育年限由9.08年提高至9.91年，文盲率由4.08%下降为2.67%。① 一般来说，

---

① 陆娅楠：《第七次全国人口普查主要数据公布　人口总量保持平稳增长》，《人民日报》2021年5月12日第01版。

人们的文化程度越高,其视野越开阔、思想越活跃、思维越缜密,其自主意识、权利意识、批判意识就越强,对其进行思想政治教育就越需要深入细致、有说服力。如果思想政治教育工作者采取的是简单武断的方法,传授的是粗糙片面的内容,使用的是陈旧刻板的话语,就很难让受教育者心悦诚服。

第四,"失语挨骂"的话语权短板要求思想政治教育拓展国际影响力。习近平指出:"落后就要挨打,贫穷就要挨饿,失语就要挨骂……经过几代人不懈奋斗,前两个问题基本得到解决,但'挨骂'问题还没有得到根本解决。"① "失语挨骂"的问题,凸显出新时代提升我国国际话语权和文化软实力的必要性和紧迫性。长期以来,以美国为首的西方发达国家凭借其经济、科技、军事、传媒等方面的整体实力优势,掌握着强大的国际话语权。美西方国家出于其特定的经济政治目的和强烈的意识形态偏见,以各种方式不断对我国的发展道路和国际形象进行非议、打压、抹黑等,对我国造成了很多不良影响。而我国由于国际话语权较弱,经常处于有理说不出、说了传不开的被动局面。党的十八大以来,习近平一再强调,要"讲好中国故事,传播好中国声音"②,"不断增强我国国家制度和国家治理体系的说服力和感召力"③,"形成同我国综合国力和国际地位相匹配的国际话语权"④。近年来,我国加强国际传播能力建设,改进对外宣传工作,取得了一定成效,但是,国际话语权西强我弱的态势在短期内不会根本改变,我国在国际上"失语挨骂"的现象在短期内也不会彻底消失。讲好中国故事、传播好中国声音,需要外宣工作和内宣工作的协调配合,而且只有首

---

① 习近平:《论党的宣传思想工作》,中央文献出版社2020年版,第159页。
② 《习近平谈治国理政》第1卷,外文出版社2018年版,第156页。
③ 《习近平谈治国理政》第3卷,外文出版社2020年版,第129页。
④ 《习近平著作选读》第1卷,人民出版社2023年版,第38页。

先对内讲好中国故事，我们才有底气和能力带动更多人对外讲好中国故事。显然，思想政治教育工作在这方面可以发挥独特作用，尤其是培养青少年一代学会讲好中国故事、增强国际传播意识。另外，在我国日益走近世界舞台中央、中外经济文化交流不断加深的背景下，思想政治教育工作也要注意拓展国际视野和国际影响，善于通过国际学术交流、对外文化传播以及网络课程教学等途径，积极主动地阐释好中国道路、中国特色，有效维护我国政治安全和文化安全。

二　互联网成为最大变量

20世纪90年代以来，以互联网为代表的信息技术迅猛发展，信息化浪潮席卷全球。在我国，互联网事业呈现快速发展态势。从1998年6月到2008年6月，短短十年的时间，我国网民数量由117.5万增长到2.53亿，跃居世界第一位。截至2023年12月，我国网民规模达10.92亿人，较2022年12月增长2480万人，互联网普及率达77.5%；网民使用手机上网的比例达99.9%；网民人均每周上网时长为26.1小时。[①] 另外，我国未成年网民规模不断扩大，到2022年已突破1.93亿人，互联网普及率达97.2%，基本达到饱和状态；2018—2022年，小学阶段的未成年人互联网普及率从89.5%增长到95.1%，用网低龄化趋势更为明显。[②]

信息化时代，几乎所有信息都能够以数字化方式在互联网上呈现。除了文字和图片之外，网络电子文件能够比传统书面文件承载更多样

[①] 参见中国互联网络信息中心（CNNIC）发布的第53次《中国互联网络发展状况统计报告》，中国互联网络信息中心网站，2024年3月22日，https://www.cnnic.cn/n4/2024/0322/c88-10964.html。

[②] 参见共青团中央维护青少年权益部、中国互联网络信息中心（CNNIC）等机构联合发布的《第5次全国未成年人互联网使用情况调查报告》，中国互联网络信息中心网站，2023年12月25日，https://www.cnnic.cn/n4/2023/1225/c116-10908.html。

的信息，比如声音、视频、软件等，而且可以形成数据库并实现快速检索。在网络时代，"所有种类的信息全都包藏于媒介之中，因为媒介变得十分全面、多样、富于延展性"①。如今，互联网是对社会生活极具影响力的"全能媒体"，已成为人们学习工作生活的新空间、海量信息的集散地和社会舆论的放大器，也成为影响思想政治教育的最大变量。一方面，对思想政治教育而言，互联网及其应用技术的快速发展，为我们开辟网络思想政治教育新阵地提供了良好机遇，有助于我们拓展思想政治教育信息传播的时间、空间和方式。另一方面，它也给思想政治教育工作带来许多新问题新挑战，包括弱化思想政治教育活动的吸引力和说服力。

第一，互联网传播容易弱化思想政治教育者的话语权威地位。与传统媒介相比，互联网具有开放性、共享性、即时性、互动性、匿名性、大容量、低成本等突出特点，使得信息传播的门槛大为降低。在互联网和移动终端（如智能手机、平板电脑等）深度普及的今天，人们几乎可以随时随地检索、获取和发布各种信息。在过去，由于信息传播相对闭塞或滞后，思想政治教育者的话语权威在很大程度上依赖于其对思想政治教育信息的优先获得、优势占有甚至完全垄断。在网络时代，这种权威生成模式虽然不会完全失效，但已经面临巨大挑战。在媒体深度融合发展、信息来源日益多样化以及政府信息依法公开的背景下，除了少数不宜公开或有限公开的信息（这类信息一般也很少进入日常的思想政治教育通道），教育者和受教育者获取大多数思想政治教育信息的机会总体上是平等的。这就容易导致教育者传授的教育信息很可能是受教育者已通过其他渠道知晓甚至熟悉的。比如，有调

---

① [美] 曼纽尔·卡斯特：《网络社会的崛起》，夏铸九、王志弘等译，社会科学文献出版社2006年版，第351页。

查研究发现，2020年以来大中小学抗疫精神教育中的教学案例呈现同质化趋势，学生们反映，有些案例"电视上看一遍、手机上发一遍、老师课堂上讲一遍，大差不差，没什么新意"①。由于技术、精力、兴趣等原因，部分受教育者还可能比教育者更早更多地获取某些信息。在这种情况下，除非教育者能够对受教育者熟悉的相关信息进行深度解读并有所创见，否则其应有的话语权威地位就容易遭到削弱，进而导致其思想政治教育说服力减弱。

另外，随着微博、微信、抖音等各种新媒体平台的发展，"人人都有麦克风"在某种程度上已经成为现实，普通民众获得了前所未有的网络话语权。在形形色色的网络媒体中，存在着"广泛的传播主体和想说敢说的传播欲望"②，这不仅造就了五彩缤纷的话语内容，而且催生了新潮多样的表达方式，对广大网民产生了强大的吸引力和影响力。而思想政治教育具有鲜明的政治性、权威性、规范性等特征，教育者的话语内容和表达方式大多是一本正经而且时常重复的，其趣味性和吸引力相对较弱。网络时代的众声喧哗，包括屡见不鲜的各种谣言杂音以及似是而非的思想观点等，也在一定程度上干扰或冲击了思想政治教育者代表主导意识形态的话语和声音。

第二，海量网络信息容易耗散受教育者的注意力。网络时代，"很多人特别是年轻人基本不看主流媒体，大部分信息都从网上获取"③。尽管很多主流媒体也不断打造自己的网络平台，但依然面临着其他各种网络信息的冲击和排挤。网络信息传播、积累和更新的速

---

① 清华大学高校德育研究中心、光明日报教育研究中心联合调研组：《这堂人生大课，如何更好激发青少年使命担当——伟大抗疫精神进大中小学思政课堂状况调研》，《光明日报》2021年3月2日第13版。

② 黄传新等：《社会主义意识形态的吸引力和凝聚力研究》，学习出版社2012年版，第43页。

③ 《习近平关于全面深化改革论述摘编》，中央文献出版社2014年版，第83页。

度十分惊人，加上互联网具有丰富、强大而且便捷的功能，人们日益习惯于借助百度、Google（谷歌）等搜索引擎，从海量网络信息中搜索自己感兴趣的各种内容，致知的主要方式由过去的"书报阅读"转向当今的"网络检索"，日常阅读也逐渐变成以电子媒介为主的快速浏览。网络世界"流量为王"，热点信息层出不穷、良莠不齐，其中也夹杂着很多垃圾信息甚至有害信息。在网络检索和电子阅读模式下，实现信息选择和主题转换只需要一瞬间的屏幕触划或鼠标点击，很多人因此沉浸于各种快餐式、碎片化、低价值的内容，其信息接收的数量和效率明显提升，但信息加工的质量和深度却有所下降。各种网络链接和算法推送将人们导向看似丰富实则冗余的繁杂信息，人们不断刷新网页和应用程序（App），广泛关注朋友圈动态、短视频内容、消费品信息、娱乐信息、社会新闻等，这也意味着各种信息在脑海中大多只是昙花一现。第五代移动通信技术（5G）的推广，让数据传播速度、移动宽带流量、设备连接数量等得到大幅提升，各种媒体信息的获取变得更加便捷，也更容易导致受众"心理浮躁，无法让自己沉淀下来"①。对网络信息的依赖，也让许多人产生了思维惰性和信息焦虑，他们满足于浏览唾手可得、实时更新的感性信息，接受别人提供的现成结论，并且容易沉迷于网络，耗费大量上网时间，而对于思想政治教育信息这类相对枯燥乏味而且需要长时记忆和逻辑分析的理性内容，往往难以用心去深刻理解和接受。在各类思想政治教育课堂、讲坛或会场上，总有一部分（有时候还是大部分）学生或听众埋头使用手机上网，导致思想政治教育的说服效果大打折扣，许多思想政治教育信息对受教育者而言没有入耳入目，更谈不上入脑入心。

---

① 胡晓燕：《5G时代新媒体信息传播方式的发展趋势探讨》，《新闻前哨》2021年第7期。

网络时代，受众的有限注意力日益成为各方信息传播者争夺的稀缺资源。2021年1月，教育部办公厅发布通知，明确要求中小学生"原则上不得将个人手机带入校园"①。这是对中小学生在校期间使用手机上网、玩游戏等行为的一次"釜底抽薪"。但是，在大学课堂、理论宣讲会等其他学习教育场所，则很难这样禁止。山东理工大学的"网红"思政课教师岳松曾经在电视节目中②说："我的'战场'就在课堂，我的对手就是手机，我的目标是和手机抢学生。"他还曾感慨："要在课堂上把学生从那一片片小光源（指手机屏幕——笔者注）前拉回来，比断奶还难。"③ 有调查显示，大学生已对网络新媒体形成了强烈的依赖性，如果一天不接触新媒体，65.80%的人会感到"焦虑不安"，16.45%的人表示"完全不能适应"，13.42%的人表示"勉强能适应"，只有4.33%的人表示"可以调节，没大影响"。④ 近年来，网络思想政治教育受到各方面的重视，很多学校、单位也大力推进网络思想政治教育平台建设，并采取各种措施吸引或要求人们关注、打卡。但是，相当一部分网络思想政治教育平台吸引力有限、存在感不强。有调查显示，近年来大学生对高校微信、微博等新媒体平台的浏览频率稳中有降。以2018年的调查结果为例，表示"经常浏览"的大学生只占35.7%，表示"偶尔浏览""很少浏览""基本不看"的大学生合计占64.3%。⑤

---

① 《教育部办公厅关于加强中小学生手机管理工作的通知》，教育部网站，2021年2月1日，http://www.moe.gov.cn/srcsite/A06/s7053/202101/t20210126_511120.html.

② 2019年6月2日晚上，山东卫视《现在的我们》节目播出第十期，主题是"坚毅"，岳松是本期节目嘉宾之一。

③ 岳松：《我为教师带"盐"》，《中国教师报》2019年9月11日第09版。

④ 刘华丽、王喜荣：《新媒介环境下高校思想政治教育效果研究》，知识产权出版社2016年版，第167页。

⑤ 沈壮海等：《中国大学生思想政治教育发展报告2018—2019》，北京师范大学出版社2020年版，第348—349页。

第三，复杂的网络舆论容易干扰受教育者对主导价值观的认同。近年来，形形色色的网络新媒体、自媒体、App 等大量涌现，海量信息和众声喧哗已成为舆情常态，极大地改变了传统的媒体格局和舆论生态。互联网的多元主体参与和海量信息传播，势必造就复杂的网络舆论。习近平指出："网络空间情况复杂，主流当然是好的，但也有很多杂音噪音，甚至有很多负面言论。"① 为了扩大自身影响或迎合部分受众，一些网络媒体和"大 V"、主播等热衷于搜集传播低俗、庸俗、媚俗的内容，以及个性化、情绪化、极端化的言论和虚实难辨的信息等，甚至恶意夸大、歪曲或虚构事实，试图带偏舆论节奏，煽动网民的非理性认识。西方敌对势力也经常通过网络进行意识形态渗透，或物色扶植一些亲西方的"意见领袖"和网络写手，采取各种手段，对党和国家的方针政策以及某些具体事件、人物、现象或问题进行别有用心的解读甚至肆无忌惮的抹黑。有调查显示，68.9% 的大学生认为互联网在西方文化思想和价值观传入方面发挥着重要作用。② 习近平强调："我们必须科学认识网络传播规律，提高用网治网水平，使互联网这个最大变量变成事业发展的最大增量。"③ 近年来，相关部门通过开展"清朗行动"等加强对网络违法违规行为和"饭圈"乱象等问题的集中整治，取得一定成效，但许多问题依然不同程度地存在。

值得注意的是，在"流量经济""粉丝经济"等网络运营模式的助推下，网民们很容易被个人兴趣和网络算法所左右，导致"我们

---

① 《习近平关于网络强国论述摘编》，中央文献出版社 2021 年版，第 49 页。
② 左殿升、冯锡童：《新时代大学生社会主义核心价值观认知认同实证研究——以全国 30 所高校为例》，《思想教育研究》2019 年第 3 期。
③ 《习近平在全国宣传思想工作会议上强调 举旗帜聚民心兴文化育新人展形象 更好完成新形势下宣传思想工作使命》，《人民日报》2018 年 8 月 23 日第 01 版。

只听我们选择的东西和愉悦我们的东西",从而陷入"信息茧房"①。比如,人们如果在 A 领域内经常关注 A1、A2、A3 等内容,就会趋向于继续关注并且不断接收到智能算法基于对用户信息偏好的分析而精准推送的 A4、A5、A6 等内容,而很少甚至完全不关注、不知晓B、C、D 等其他领域的相关内容。而随着"信息茧房"的生成,人们可能出于"不关注""不感兴趣"等原因,将全部或部分思想政治教育信息排除在其接受场域之外,转而持续选择和接受自己更感兴趣的娱乐、社交、时尚甚至暴力、色情等方面的特定信息。人们选择自己感兴趣的网络信息,这固然不能一概否定(除非违反法律和道德),但也给低俗、庸俗内容和非主流价值观的迎合式传播或渗透提供了很大空间。长此以往,容易导致部分网民关注和接收的信息内容日益狭隘化、低质化、边缘化,进而影响他们对主流价值观的认知和认同。

三 美西方加强意识形态渗透

列斐伏尔指出:"资本主义是通过对空间加以征服和整合来维持的。"②资本主义谋求扩张的空间,既包括有形的市场空间、地理空间等,又包括无形的思想空间、文化空间等。意识形态渗透就是经济全球化时代值得警惕的一种"文化帝国主义"现象,主要表现为西方发达国家对其他国家进行思想文化、价值观念、制度体系等方面的输出和影响。长期以来,以美国为首的西方发达资本主义国家(以下简称"美西方国家")凭借其综合国力和国际话语权的整体优势,

---

① [美]凯斯·桑斯坦:《信息乌托邦——众人如何生产知识》,毕竞悦译,法律出版社 2008 年版,第 8 页。
② [法]亨利·列斐伏尔:《空间与政治》第 2 版,李春译,上海人民出版社 2015 年版,第 104 页。

通过各种手段和途径，极力向其他国家尤其是发展中国家和社会主义国家进行意识形态渗透，以实现其经济利益和政治意图。美国前总统尼克松曾经直言不讳："美国过去是，将来应该永远是'意识形态的灯塔'，应把自己的价值观念传向全球，彻底战胜共产主义，以便领导世界。"①

在东欧剧变、苏联解体之后，中国作为最大的社会主义国家和发展中国家，无疑是美西方国家实施意识形态渗透，并力图西化分化、策动"颜色革命"的首要对象之一。近年来，美西方国家通过多样化的途径和方式，进一步加强对我国进行意识形态渗透。

第一，通过舆论、外交等途径直接打压我国社会主义意识形态。美西方国家一贯敌视社会主义意识形态，在成功实现对苏联和东欧国家的"和平演变"之后，美国成为全球化体系中具有主导作用的唯一超级大国，更是"踌躇满志"地将意识形态斗争的矛头主要指向中国。近年来，随着我国综合国力和国际影响力的不断增强，美西方国家保守势力将我国社会制度和发展模式视为对西方的最大战略威胁，对我国的各种遏制打压开始变本加厉。比如，美西方国家利用强大的国际话语权和政治影响力，不断制造"中国崩溃论""中国威胁论""中国病毒论"等各种奇谈怪论，故意抹黑中国形象，试图在国际上围堵和孤立中国；打着"普世价值"的旗号，极力美化和推广"自由、民主、人权"等资本主义核心价值观，无视自身存在的民主乱象、人权危机以及粗暴干涉别国内政等各种严重问题，恶意诋毁中国共产党、中国政府和中国特色社会主义制度；在中国台湾、香港、新疆、西藏、南海等问题上歪曲事实、颠倒是非，以双重标准蓄意诬蔑中国维护主权

---

① [美]尼克松：《1999年：不战而胜》，王观声译，世界知识出版社1989年版，第320页。

和领土完整的正当举措,公然为某些分裂势力、反华势力甚至暴力恐怖势力张目,对中国内政和外交横加干涉;2018 年以来,美国极力打压中国高科技企业,并挑起新一轮中美贸易争端,试图以经济制裁迫使中国改变发展道路;2020 年以来,美西方国家一些政要和媒体为转移民众对其国内新冠疫情失控及其引发的经济社会问题的不满,对中国抗击疫情行动进行污名化,发表了大量荒谬言论和虚假信息,意识形态渗透也进一步加剧演变为"意识形态攻势"①。2021 年 4 月,美国参议院外交关系委员会审议通过的"2021 年战略竞争法案",肆意诬蔑中国的发展战略和内外政策,提出了包括战略、经济、外交、舆论在内的全面抗衡中国的行动方略。该法案提议美国在 2022—2026 年的每一财年都投入 3 亿美元,用于打击"中国的全球影响力",其中一部分将资助所谓的"独立媒体"和"第三方"民间团体进行反华报道,散播关于中国的"负面消息"②。

第二,通过文化产品传播西方核心价值观。美西方国家的新闻、出版、电影、电视、广播、互联网等各种文化产业发达,在国际上占有绝对优势。比如,目前在全球互联网总体内容中,英语内容约占 90%以上,全球传播中 80%以上的新闻信息由美西方国家通讯社垄断。③"将核心价值观与文化产品进行有机融合和高效传播"④,是美西方国家进行意识形态渗透的重要途径。比如,美国好莱坞大片在世界电影市场极具影响力,大片中呈现的英雄形象、精彩故事、奢华场面

---

① 李鑫、何玲玲:《警惕疫情下西方敌对势力的意识形态攻势》,《世界社会主义研究》2021 年第 4 期。

② 参见《"给我三亿美元,我来搞臭中国"》,中国日报中文网,2021 年 4 月 25 日,https://cn.chinadaily.com.cn/a/202104/25/WS6084bd7ea3101e7ce974bb35.html。

③ 参见冯玉军《美国对外战略背后的文化基因》,《光明日报》2022 年 4 月 10 日第 07 版。

④ 周凯:《西方国家如何通过文化产业传播核心价值观》,《红旗文稿》2016 年第 1 期。

和炫酷特效等,正是美国文化、美国精神和美国力量的生动注脚。通过影视节目等大众化、娱乐化的隐蔽方式推广美国的价值观念和生活方式,无疑具有潜移默化的效果。法国学者迪布瓦指出,好莱坞电影"是无可争议的最知道如何将自己和自己的世界观强加给全世界的电影"①。又比如,美国迪士尼公司开发的动画片、玩具、图书、电子游戏、主题公园等一系列文化创意产品,对我国青少年具有强大的吸引力;美国之音广播电台(VOA)是世界上最大的对外宣传机构之一,其美式英语广播受到全球英语爱好者的广泛关注和学习模仿;法国是国际文化时尚的重要引领者,每年举办包括"巴黎时装周"在内的2000多个文化艺术节,法国的时装、美食、葡萄酒、化妆品等受到全球消费者的追捧;德国外交部主办的《德国》杂志以11种语言在全球180多个国家发行,成为对外传播德国形象的一张名片。总之,美西方国家以各种跨国文化产品为重要载体,融入其核心价值观,"从而达到向其他国家推销其核心价值观的目的"②。

第三,通过教育、宗教等途径进行意识形态渗透。美西方国家的教育、科技水平在整体上居世界领先地位,每年吸引了包括中国在内的世界各地无数青少年前往留学。据统计,我国出国留学人数不断攀升,并逐步往低龄化方向发展。1978—2019年,我国各类出国留学人员累计达656.06万人,其中423.17万人已学成回国;2007—2019年,我国出国留学人数由14.4万人上升到70.35万人,留学回国人数也从4.4万人上涨到58.03万人;2015—2018年,我国留学生中就读本科阶段以上的占3%—5%,本科生占55%—60%,高中生占

---

① [法]雷吉斯·迪布瓦:《好莱坞:电影与意识形态》,李丹丹、李昕晖译,商务印书馆2014年版,第21页。
② 周凯:《西方国家如何通过文化产业传播核心价值观》,《红旗文稿》2016年第1期。

18%—20%，小学生占 2%—6%。① 我国是世界最大的留学生生源国，而美国、英国、加拿大、澳大利亚、德国、法国等西方发达国家一直是我国留学生的主要留学目的地。目前我国每年有几十万人从西方国家留学回国，他们在带回先进科技和丰富知识的同时，也会带回某些西方的价值观念和生活方式，其中相当一部分人已成为或将成为我国相关领域的精英和骨干。有学者认为，"这种采取以西方的价值观、民主观、思维方式、生活方式在中国培养一批'有实力的中坚阶层''社会精英'的方式，已成为美西方文化渗透的重要手段"②。美西方国家及其相关机构还经常通过组织学术会议、资助课题研究、开展文化交流等方式对我国部分知识分子进行思想文化诱导，甚至不惜重金扶植一些亲西方的"大咖"和"意见领袖"，推动这些人在我国散布一些错误的、有害的思想言论。此外，西方宗教在我国的传播和影响也日益扩大。据调查，在我国农村尤其是北方农村，由于传统宗教和民间信仰形式日渐衰落，以基督教为主体的西方宗教已逐渐成为我国部分农村主导性的宗教，我国民众信仰基督教的人数也在不断攀升，全国"三自"教会加上家庭教会，"总人数要近1亿"③。

由于当今信息技术、网络媒体和大数据技术的快速发展，美西方意识形态渗透可谓如虎添翼，呈现出全媒体、全时空、普泛化、数字

---

① 参见《2019年度出国留学人员情况统计》，教育部网站，2020年12月14日，http://www.moe.gov.cn/jyb_xwfb/gzdt_gzdt/s5987/202012/t20201214_505447.html；《2019年中国出国留学生人数、留学回国人数及国际教育发展趋势分析》，产业信息网，2020年3月25日，https://www.chyxx.com/industry/202003/846042.html。

② 黄传新等：《社会主义意识形态的吸引力和凝聚力研究》，学习出版社 2012 年版，第27页。

③ 董磊明、杨华：《西方宗教在中国农村的传播现状——修远基金会研究报告》，《马克思主义无神论研究》2014 年第 4 辑。

化等新特点。比如,借助互联网和自媒体等传播途径,美西方国家对我国的意识形态输出策略已由"重点渗透"转向"全员渗透",即原先以青年精英、异见人士等为重点对象,如今扩展到包括城乡弱势群体在内的社会各界,"以更加多样的方式和内容进行更加高效的普泛化的意识形态渗透"①。随着数字时代的到来,国际垄断资本主义"开始借助数字技术重塑并输出其文化理念、价值观念和生活方式",迫使发展中国家接受来自西方发达国家的经济控制和"精神驯化",形成了旨在维护发达国家经济文化权力和国际话语霸权的"数字帝国主义",这也给我国文化安全带来严重威胁。②

美西方意识形态渗透带来的挑战表现在方方面面,总体来说,主要在于消解我国民众对马克思主义的信仰、对中国特色社会主义的信念、对实现中华民族伟大复兴中国梦的信心,这实际上也是对思想政治教育说服力的消解。马克思说过:"如果从观念上来考察,那么一定的意识形式的解体足以使整个时代覆灭。"③ 美西方国家对我国的意识形态渗透,实质上就是资本主义意识形态对社会主义意识形态的挑战与排斥,其中涉及道路之争、理论之争、制度之争和文化之争,这需要我们的高度注意。新时代是开放的时代,也是我国日益走近世界舞台中央的时代,中外文化的交流交融交锋是大势所趋。一方面,我们要有国际视野和文化自信,积极推动不同文化的交流互鉴;另一方面,我们也要警惕各种外来意识形态渗透活动,并采取必要举措切实维护我国意识形态安全和国家安全。

---

① 孙炳炎:《清醒认识西方意识形态渗透的"四化"新态势》,《理论探索》2020年第6期。

② 孙冲亚:《数字帝国主义时代的文化安全风险及其应对》,《马克思主义研究》2021年第6期。

③ 《马克思恩格斯文集》第8卷,人民出版社2009年版,第170页。

第三节　新时代思想政治教育说服力存在的现实问题

事物总是不断发展变化的，也总是矛盾因素的辩证统一体。新时代我国思想政治教育在改进中加强，思想政治教育说服力进一步增强。但是，任何时候思想政治教育都处在复杂多变的社会环境之中，思想政治教育说服力也由于各种因素的影响而变动不居。新时代我国思想政治教育面临着国内外许多现实情况的挑战，加上自身依然存在一些薄弱环节甚至老大难问题，思想政治教育说服力照样有弱化的危险。值得注意的是，思想政治教育说服力弱化的危险并非理论推演的虚拟状态，而是客观存在的现实问题，其具体表现为思想政治教育说服力的遮蔽、流失和消解。

一　思想政治教育说服力的遮蔽

马克思主义具有经过长期实践检验的科学性和真理性、人民性和实践性、开放性和时代性等优秀品格，从理论上讲，以马克思主义为指导思想和核心内容的思想政治教育应该具有强大的说服力。但是，这种应有的、内在的理论说服力要转化为对受教育者具有实际效用的、现实的思想政治教育说服力，必须经过教育者的创造性努力。就像一枚炸弹，它本身具有一定的爆炸当量，但它能否爆炸以及爆炸的实际杀伤力如何，还取决于人们如何使用它。

思想政治教育说服力的遮蔽，是指由于受到思想政治教育系统内部因素尤其是教育者因素的制约，思想政治教育说服力从应然（理想）状态到实然（现实）状态的激发和转化不够充分，也就是潜在的、应有的思想政治教育说服力处于无法充分展现的状态。当然，要充分、彻底地激发和展现思想政治教育说服力，也并非易事，正如习近平所言："讲好思政课不容易，因为这个课要求高。"① 在现实中，判断思想政治教育说服力是否被遮蔽，大体可以通过这样的途径：由同一批受教育者或相关领域专家听不同人宣讲同一个理论、政策或观点，然后让这些听众或专家去评判谁的宣讲说服力强，谁的宣讲说服力弱；或者把某个人对某个思想理论问题的阐释与其他人对同一问题的阐释进行比较，看看哪个人或哪些人的阐释更有说服力。虽然听众或专家的评判也有主观性，可能出现仁者见仁、智者见智的情况，但一般来说，如果一个人把某个道理讲得透彻明了，让多数人心服口服，而另一个人将同样的道理讲得模糊不清，让多数人心生疑惑，那么，后者在客观上就造成了对理论说服力的某种遮蔽。所谓的"误人子弟"现象，就属于思想政治教育说服力遮蔽的情况之一。当然，造成这种遮蔽一般来说并非出于故意，而是一部分教育者力不能及的客观结果。比如，所有思想政治理论课教师都希望自己的教学精彩动人、令人信服，但不是每个人都能如愿。

导致思想政治教育说服力遮蔽的原因，主要有以下三个方面。

第一，部分教育者的理论水平不高。习近平指出，"有一些同志对马克思主义理解不深、理解不透，在运用马克思主义立场、观点、方法上功力不足，高水平成果不多。"② 这种情况在部分思想政治教育工作者当中也是客观存在的。另外，在一些学校和单位，思想政治教育工作被边缘化，甚至被安排给某些实际上难以胜任的教师或员工

---

① 习近平：《思政课是落实立德树人根本任务的关键课程》，《求是》2020年第17期。
② 习近平：《在哲学社会科学工作座谈会上的讲话》，《人民日报》2016年5月19日第02版。

来承担。① 正因如此，思想政治教育在某些人看来"似乎这不是什么正经的事业，也没有多少真正的学问"②。思想政治教育者肩负着阐释和传播马克思主义的重大使命，其自身理论水平对思想政治教育说服力具有重要影响。教育者必先受教育，如果教育者自身理论水平不高，对马克思主义理论以及与思想政治教育相关的其他理论只是一知半解，在开展思想政治教育尤其是进行相关理论阐释时就会显得捉襟见肘、底气不足，结果要么照本宣科无主见，要么蜻蜓点水不深入，要么回避问题绕着讲，要么信口开河不靠谱。这样就会使思想政治教育以理服人的效果大打折扣，甚至可能导致相关理论阐释偏离本意而误导受教育者。马克思在世的时候，就曾经嘲讽那些曲解马克思主义的追随者："我只知道我自己不是马克思主义者。"③

与过去相比，新时代我国思想政治教育工作者的整体素质以及高学历、高职称人员比例有了明显提升。比如，近年来新入职的高校思想政治理论课教师，原则上要求具有马克思主义理论及相关专业硕士及以上学位，并且是共产党员，其整体思想理论基础比较扎实。但是，马克思主义理论博大精深又与时俱进，教育者只有长期坚持学习、刻苦钻研，才能比较深入系统地掌握马克思主义理论知识及其精髓要义，并结合具体实际加以阐释、应用和发展。而且，新时代受教育者的整

---

① 比如，《半月谈》记者在多个省份调研发现，当前部分地方中小学思政课教师存在专职人员不多、专业能力不强等"低配置"现象；有些学校的少量专职思政课教师是由教不了主科的教师淘汰下来的，有些学校思政课是由音、体、美教师甚至是后勤人员兼任，教育效果很难保障。参见《半月谈》记者郑天虹等《教不了主科被淘汰，才去教思政？中小学思政教师队伍面临"三不"境遇》，《半月谈》2019 年第 13 期。

② 参见许征帆《序》，载张雷声等编著《新中国思想理论教育史》，高等教育出版社 2005 年版，第 I 页。许征帆所描述的是某些人对思想政治教育的误解或偏见，这种误解或偏见至今依然存在，其中也反映了部分教育者思想理论水平不高所导致的思想政治教育说服力遮蔽的问题。

③ 《马克思恩格斯文集》第 10 卷，人民出版社 2009 年版，第 586 页。

体文化水平和信息获取能力进一步提升，这也对思想政治教育的供给质量提出了更高要求。现实中由于各种主客观原因，比如，思想认识存在误区、自我提升动力不足、日常工作事务繁忙、进修培训机会缺乏等，有一部分教育者在理论学习和研究方面逐渐松懈下来，久而久之就很难跟上理论创新的步伐和受教育者的理论需求，其理论水平和教育能力实际上就会相对下降，在开展思想政治教育活动时就无法充分挖掘和展现思想理论应有的魅力，从而导致思想政治教育说服力的遮蔽。

第二，部分教育者的话语状况不佳。在思想政治教育过程中，教育者与受教育者之间必须通过一定的话语沟通来实现信息传递和思想交流，其中，教育者的话语处于主导地位。教育者的话语能力和话语状况对思想政治教育说服力具有直接影响。若没有精当得体的话语表达，再好再有说服力的思想或道理也会让人难以理解和接受。在学校的思想理论教育中，有些教师的理论水平并不低，但不善于或不愿意根据教育对象和具体场景，对教学文本中大量的理论话语、政治话语、学术话语等都进行必要的阐释性转换和创造性表达，存在着话语晦涩难懂、刻板老套、虚浮空洞、言不及义等问题，容易导致有理说不清、说了没人听，或者教育对象听了不理解、听了不相信等结果，这就在一定程度上遮蔽了思想政治教育说服力。在群众思想政治工作中，有些领导干部话语能力不足，与不同群体的人们说话时，存在着说不上去、说不下去、说不进去、给顶了回去等种种尴尬现象。对此，习近平曾经指出："很多场合，我们就是处于这样一种失语状态，怎么能使群众信服呢？"[①] 除了口头话语，书面话语也有不少问题。有学者指出，

---

① 习近平：《干在实处　走在前列——推进浙江新发展的思考与实践》，中共中央党校出版社2006年版，第419页。

从中央到地方的各种报刊、网络上，不少文章充斥着大话、套话、空话、废话，表态式、口号式、堆砌式的话语屡见不鲜，缺少有思想深度的解读和深入浅出的阐释。① 当然，思想政治教育领域的诸多话语问题，既与部分教育者的话语能力不足有关，也与党内外存在的某些学风文风不正现象有关。

第三，部分教育者的教育方法不当。人们从事任何实践活动都需要讲究方法。本书在第一章和第三章中已经论述过，思想政治教育说服力的构成因素中包括方法说服力，方法恰当是思想政治教育说服力的内生条件之一。经过长期探索和实践，我国思想政治教育方法不断丰富和发展。但是，重单向灌输轻双向互动、重知识传授轻价值引导、重理论教育轻实践养成、重统一要求轻个性需求等问题依然比较突出；部分教育者的教育方法比较单调、老套、生硬，缺乏灵活性、针对性、新鲜感和亲和力，忽视对受教育者的人文关怀和心理疏导等。2017年3月，时任教育部部长陈宝生谈到高校思想政治理论课亲和力不足、学生抬头率不高等现实问题时，认为"主要原因可能是'配方'比较陈旧、'工艺'比较粗糙、'包装'不那么时尚"②。所谓的"配方""工艺""包装"等，实际上都涉及思想政治教育方法问题，这些方面的改进或创新，无论是对思想政治教育亲和力还是说服力的提升都是十分必要的。新时代人们思想活动的独立性、选择性、多变性、差异性进一步增强，思想政治教育供给与需求之间能否有效对接，成为思想政治教育说服力能否充分激发的重要条件。在思想政治教育的供给侧改革中，方法创新和内容优化无疑是相辅相成的两大方面。然而，部

---

① 朱继东：《新时代党的意识形态思想研究》，人民出版社2018年版，第231—232页。
② 《十二届全国人大五次会议举行记者会 陈宝生就"教育改革发展"答记者问》，《中国教育报》2017年3月13日第01版。

分教育者未能主动适应时代条件和受教育者思想观念的发展变化，习惯于"我讲你听、我问你答、我说你服"的灌输说教模式，不善于采用或创造受教育者喜闻乐见的新方法、新手段，导致思想政治教育活动"有意义却没意思"，进而影响受教育者对教育内容的接受程度。2019年3月，习近平在学校思想政治理论课教师座谈会上强调，推动思政课改革创新，要坚持理论性和实践性相统一、主导性和主体性相统一、灌输性和启发性相统一等"八个相统一"的要求。这实际上也有助于化解教育方法不当引起的思想政治教育说服力遮蔽问题。

当然，部分教育者存在的理论水平不高、话语状况不佳、教育方法不当等问题，既与教育者自身的综合素质、教育能力和努力程度等微观因素有关，也与思想政治教育队伍建设的体制机制、发展水平，以及党和国家的理论研究、理论创新、党风政风等宏观因素有关。

二 思想政治教育说服力的流失

思想政治教育说服力的流失，是指由于思想政治教育供给和受教育者接受之间存在某些障碍，导致思想政治教育说服力只是作用于部分而非全部受教育者，或者思想政治教育说服力只是部分而非全部作用于受教育者。从理论上来讲，如果教育者实际产出的全部思想政治教育说服力对全部受教育者产生效用，则是思想政治教育说服力没有任何流失的理想状态。现实中，由于受教育者的接受能力、接受偏好等因素的影响，思想政治教育说服力往往会发生一定程度的流失。如果全部思想政治教育说服力作用于大部分受教育者，或者大部分思想政治教育说服力作用于全部受教育者，或者大部分思想政治教育说服力作用于大部分受教育者,意味着思想政治教育说服力的流失程度较小;如果全部或大部分思想政治教育说服力只是作用于小部分受教育者,或者只有小部分思想政治教育说服力作用于全部或大部分受教育者,则意味着思想政治教育说服力的流失程度较大;如果只有小部分思想政治教育说服力作用于小部分受教育者,则意味着思想政治教育说服力的流失程度极大;如果全部思想政治教育说服力都无法通达任何一个受教育者,比如,在某种特殊情况下没有一个人愿意听取或接受教育者的任何思想观点,这无疑是最极端最糟糕的思想政治教育说服力的完全流失状态。

导致思想政治教育说服力流失的原因,主要有以下三个方面。

第一,某些思想政治教育内容供给与受教育者需求相脱节。传播学、心理学等领域的研究表明,人们在接收各种信息时,总是表现出一定的自主性和选择性。在思想政治教育过程中,这种自主性和选择性是受教育者主体性的重要体现。人的时间和精力总是有限的,而各种理论和知识则是无限的,人们在选择或接受某种思想理论时,必然要考虑其是否有价值(包括对自身、他人、国家、社会等不同主体的价值)。如果受教育者认为思想政治教育内容对自己没有多少实际意义,往往会采取拒斥或逃避的态度。在某些情况下,触动利益往往比触及灵魂还难,即便是真理,也可能因为不符合某些人的利益或需求而受到冷遇;即便是谬误,也可能因为符合某些人的利益或需求而受到这些人的推崇。长期以来,总有一部分人认为思想政治教育是缺乏实用价值的"空谈"和"说教",或者认为思想政治教育强调党和国家需要而忽视个体需要,进而采取消极应付的态度,这是导致思想政治教育说服力流失以及一些错误思想观念乘虚而入的重要原因。比如,有调查显示,80%以上的大学生认为思想政治教育是国家意识形态宣传的重要途径，但有将近50%的大学生认为其对个人没有多大用处；53.3%的大学生认为"思想政治教育对大学生的实际用处不大"这一点对思想政治教育传播效果影响很大。① 当然，对这种认识要做具体分析，如果某些教育内容确实空洞无物、脱离实际，不符合受教育者尤其是最广大人民的利益和需要，就要坚决整改；如果只是一些人因为认识不深而产生偏见或误解，就要耐心加以解释和引导。从思想政治教育实际来看，多数受教育者期待思想政治教育内容供给能够进一步优化。比如，全国大学生思想政治及其教育状况年度调查显示，关于改进思想政治理论课教学内容的建议，2015—2020年，分别有68.4%—79.6%的大学生选择"密切与现实生活的联系"，有52.8%—65.4%的大学生选择"积极回应理论热点问题"，有18.7%—30.5%的大学生选择"注意避免与高中教材内容重复"，有11.4%—21.5%的大学生选择"加强理论性和思想性"。② 显然，进一步贴近受教育者的实际需求、优化思想政治教育内容供给，能够提高受教育者对思想政治教育内容的关注度和接受度，从而减少思想政治教育说服力的流失。

第二，某些思想政治教育工作存在形式主义等不良习气。形式主义是思想政治教育工作的大敌。有学者指出，新时代我国思想政治教育卓然有效，但仍存在过场化、浅薄化、粗俗化、空壳化、过度景观化和过度痕迹化等常见问题，导致思想政治教育中出现种种意义流失的现象。③ 思想政治教育工作如果缺乏求真务实精神，变成"小和尚

---

① 任艳妮：《大学生思想政治教育传播有效性研究》，中国社会科学出版社2019年版，第99页。
② 参见沈壮海等主编《中国大学生思想政治教育发展报告2021》，高等教育出版社2023年版，第206—207页。
③ 孟宪平：《当下思想政治教育中的意义流失及聚合机制分析》，《学术界》2020年第4期。

念经、有口无心"或者"认认真真走过场"的花架子，必然引起受教育者的反感和抵触，导致思想政治教育说服力的流失。在现实中，有些教育者为了四平八稳、不出差错，在思想政治教育过程中充当"传声筒"，搞所谓"原原本本"的照本宣科，不管面对什么样的教育对象、思想需求和接受能力，教育内容和教育方法大多千篇一律、枯燥乏味。有些地方和单位习惯于以文件传达文件、以会议贯彻会议等自上而下的思想政治教育传播模式，动辄层层转发各类文件和材料，组织各种学习会、报告会，然后进行拍照录像、宣传报道等，整个过程"看似轰轰烈烈，实际收效甚微"①。有些上级机关对基层思想政治教育落实情况的检查考核也不够科学合理，主要是查台账、看记录等，注重时间、人数、图片、报道等过程信息是否"留痕"，这也容易助长基层思想政治教育工作中的形式主义。2013年12月，习近平在军队一次重要会议上指出，部队思想政治教育打下烙印的不是很多，"主要问题是有的教育接地气不够、联系实际不紧，说不到官兵心坎里"②。部队里纪律严明，官兵们听课时一般都正襟危坐、全神贯注，如果连部队思想政治教育打下烙印的都不是很多，那么地方上的情况可能更不容乐观。特别是移动互联网几乎全面普及的情况下，受教育者很容易通过手机上网等方式逃避思想政治教育活动，造成"你讲你的，我做我的"等"思想不在线"的状态，导致思想政治教育说服力无法充分通达受教育者。

第三，部分受教育者的主体性未有效发挥。俗话说："师傅领进门，修行在个人。"在思想政治教育过程中，受教育者固然离不开教

---

① 储霞：《党的思想理论教育科学化研究》，社会科学文献出版社2019年版，第85页。
② 刘志辉主编：《平易近人：习近平的语言力量（军事卷）》，上海交通大学出版社2017年版，第119页。

育者的教导和引领，但更要充分发挥自身接受教育和自我教育的主体性作用。受教育者若能正心诚意、勤奋好学、虚心接受，积极主动地将思想政治教育内容和要求内化为自己的认知、情感、意志和行为，定然有利于思想政治教育说服力的充分实现。反之，没有受教育者主体性和能动性的充分发挥，思想政治教育说服力势必有所流失。值得注意的是，受教育者主体性的缺失，包括被动缺失和主动缺失两种情况。被动缺失主要表现为：长期以来，思想政治教育领域在不同程度上存在着强调教育者主体性而忽略受教育者主体性、注重完成既定教育任务而轻视实际接受效果的问题，受教育者的思想特点、理论需求和接受能力等未得到充分重视，导致很多受教育者只是被动地参与和接受思想政治教育。主动缺失主要表现为：部分受教育者意识到自己才是思想政治教育的接受主体，具有最终的选择权和决定权，但基于某些不成熟的观念或不恰当的偏好（比如，沉迷于网络、游戏等），主动对思想政治教育信息进行"过滤"和"屏蔽"，从而让自己游离于思想政治教育活动之外，或者只是对思想政治教育活动表现出某种心不在焉的"礼貌性关注"。受教育者主体性的被动缺失和主动缺失往往相互影响、相互叠加，导致思想政治教育活动的主动参与氛围不足。比如，有调查显示，在学习践行社会主义核心价值观活动中，超过一半的大学生缺乏源自内心的积极主动。[①] 显然，部分受教育者主体性的缺失，既与思想政治教育活动本身的说服力和吸引力状况有关，又与受教育者的思想认识和接受态度有关。教育者一方面要注意不断加强和改进思想政治教育，另一方面要注意充分调动受教育者的主体性和积极性。而这两方面的工作，

---

① 左殿升、冯锡童：《新时代大学生社会主义核心价值观认知认同实证研究——以全国30所高校为例》，《思想教育研究》2019年第3期。

最终也都取决于受教育者是否有效接受。比如，有调查显示，在影响大学生思想政治教育成效的因素中，45.0%的大学生选择"学生自身原因"，选择比例在9个所列选项中仅次于"教育方式"（64.6%）和"教育内容"（57.3%），位列第三。① 因此，只有更多地关注和贴近全体受教育者，并引导他们正确认识和充分发挥自身在思想政治教育接受过程中的主体性作用，才能在有效接受的终极意义上真正提升思想政治教育说服力。

三 思想政治教育说服力的消解

思想政治教育说服力的消解，是指思想政治教育说服力通达受教育者之后，由于受到各种因素的干扰和挑战而趋于减弱甚至消失的状态。相对而言，思想政治教育说服力的遮蔽发生在思想政治教育的传授阶段，主要受到教育者因素的影响；思想政治教育说服力的流失发生在思想政治教育的接受阶段，主要受到教育供给因素和受教育者因素的双重影响；而思想政治教育说服力的消解发生在思想政治教育的内化和外化阶段，主要受到环境因素和受教育者因素的交互影响。思想政治教育绝非在封闭条件下独占受教育者的头脑，恰恰相反，作为一种社会化、公开化的教育实践活动，它总是处于开放复杂的社会环境之中，而且时刻面临着多元思想文化的干扰和挑战。毛泽东说过："马克思主义必须在斗争中才能发展，不但过去是这样，现在是这样，将来也必然还是这样。"② 习近平也强调："宣传思想阵地，我们不去占领，人家就会去占领。"③ 思想政治教育能否战胜各种消极环境因素

---

① 沈壮海等：《中国大学生思想政治教育发展报告2020》，北京师范大学出版社2022年版，第328页。
② 《毛泽东文集》第7卷，人民出版社1999年版，第230页。
③ 《习近平关于网络强国论述摘编》，中央文献出版社2021年版，第52页。

和错误思想观念对受教育者的负面影响，是衡量思想政治教育说服力强弱的重要标准。当然，思想政治教育说服力就像军队战斗力，在战斗力形成之后所遭遇的各种较量和考验中，它既可能得到锤炼和提升，也可能遭到削弱甚至瓦解。后一种情况就是思想政治教育说服力的消解。

导致思想政治教育说服力消解的原因多种多样，主要有以下三个方面。

第一，多样化社会思潮的冲击。社会思潮是反映某种现实要求并在一定时期内对社会生活产生较大影响的思想倾向。社会思潮是一定时期社会存在的反映，具有类似潮水般的流动性与起伏性，是社会意识形态的"晴雨表"，其性质和表现也比较复杂。近年来，在激烈的大国博弈和地缘冲突等多种因素的综合作用下，全球意识形态领域波澜迭起，新自由主义、普世价值论、虚无主义等社会思潮的影响有所下降，逆全球化、民族主义、民粹主义、保守主义等社会思潮的影响明显上升。[①] 在改革开放深入推进和网络传播异军突起的时代背景下，国内外各种社会思潮交织叠加、相互激荡，影响更加广泛。在信息化时代，各种社会思潮都有一定的传播空间和影响范围。比如，有调查显示，大学生对民族主义、历史虚无主义、新自由主义、极端主义、民粹主义、新儒家、普世价值论、生态主义、道德相对主义、新左派等思潮有较高的知晓度和熟悉度（48.0%—78.6%，其中对民族主义思潮为78.6%，对新左派思潮为48.0%）；有57.1%的大学生对多样化的社会思潮持兼容并蓄的宽容态度，有39.6%的大学生认同历史虚无主义的某些错误观点；合计60.4%的大学生认同普世价值论的相关观

---

① 参见贾立政等《大变局下的国际社会思潮流变——2020国际社会思潮发展趋势研判》，《人民论坛》2020年第36期。

点，其中"自由、平等、人权、博爱适应于一切社会和任何人"得到45.5%的大学生认同。①

从目前情况来看，大多数国内外社会思潮的价值诉求与我国思想政治教育的主导方向存在差异甚至截然相反，这实际上就形成了对思想政治教育说服力的解构性力量。比如，新自由主义、民主社会主义、普世价值论等社会思潮明确质疑和否定中国特色社会主义的合理性，甚至宣称中国应当像世界上大多数国家和地区那样采取资本主义的经济、政治制度，这也在一定程度上干扰了部分干部群众的思想认识。有调查显示，在大学生、高校教师、领导干部、普通民众四个社会群体中，各社会群体对新自由主义、民主社会主义代表观点的认同度越高，其对中国特色社会主义理论体系的认同度就越低。② 另外，国内外也有一些人固守"暴力革命""计划经济"等传统社会主义观，据此非议中国现在搞的不是科学社会主义，而是"资本社会主义"，甚至是"国家资本主义"或"新官僚资本主义"。③ 比如，在2017年于俄罗斯圣彼得堡召开的第19届共产党工人党国际会议上，有个别政党认为，计划经济才是社会主义道路的重要保障，中国实行"中国特色社会主义经济"，最终将走上资本主义道路。④ 又比如，近年来日本学界高度关注并充分肯定中国式现代化取得的辉煌成就，但也有一些学者鼓吹"脱社会主义论"，认为中国

---

① 李悦：《网络传播社会思潮与高校意识形态安全研究》，《思想理论教育导刊》2017年第10期。

② 佘双好等：《不同社会群体对中国特色社会主义理论体系认同分析》，《江西师范大学学报》（哲学社会科学版）2017年第2期。

③ 中共中央宣传部：《习近平新时代中国特色社会主义思想三十讲》，学习出版社2018年版，第27页。

④ 参见罗理章《第19届共产党工人党国际会议的成果、特点及局限性》，《理论与评论》2018年第4期。

式现代化的本质属性并非社会主义，而是"资本社会主义""新官僚资本主义"等等。① 在拉美学界，也有一些带有意识形态偏见的学者将中国式现代化曲解成资本主义发展模式，试图将中国的成功归结于"西方模式的成功"。② 此类错误思想观点也容易在特定社会条件下引起国内一部分人的"思想共鸣"，从而影响他们对改革开放和中国特色社会主义的信念和信心。

第二，多元化价值观念的影响。在全面深入实施改革开放和社会主义市场经济的大背景下，价值观念多元化已成为我国社会生活的现实图景。除了以爱国主义、集体主义、社会主义为基本导向的社会主义核心价值观等主流价值观，社会上还存在个人主义、利己主义、拜金主义、享乐主义、消费主义、佛系主义、躺平主义等形形色色的非主流价值观。这一方面丰富了人们的价值观选择，另一方面也造成某种程度的价值观混乱。正如习近平所言，当前，我国社会"比较突出的一个问题就是一些人价值观缺失，观念没有善恶，行为没有底线"③。多元化价值观念容易干扰和消解人们对社会主导价值观的认同，进而导致个体价值观的偏差或缺失。比如，思想政治教育引导人们树立集体主义价值观、弘扬奉献精神等，而社会上有一部分人推崇"精致利己主义"，处心积虑追求个人利益最大化，并在一定程度上造成"投机钻营者得利、安分老实者吃亏"的现象，这就容易让部分受教育者产生思想困惑和价值迷茫，一些人很可能因此倒向精致利己主义。值得注意的是，多元化价值观念不仅影响受教育者，也会影响教育者。现实中，有极少数思想政治教育工作者由于价值观出现偏差，热衷于追

---

① 成龙、张乐：《日本学界关于中国式现代化的若干认知》，《国外理论动态》2023年第1期。
② 楼宇：《拉美学界关于中国式现代化的若干认知》，《国外理论动态》2023年第1期。
③ 《十八大以来重要文献选编》中，中央文献出版社2016年版，第133—134页。

求名利，工作作风浮躁，缺乏敬业精神，难以做到为人师表，甚至还存在比较严重的言行不当、学术不端等师德师风失范行为，这既会影响思想政治教育工作队伍整体形象，也会削弱思想政治教育说服力。

近年来，由享乐主义、消费主义等消极价值观混合而生的泛娱乐主义日益广泛深刻地影响大众尤其是青少年的价值观念和生活方式。美国学者波兹曼不无忧虑地指出："一切公众话语都日渐以娱乐的方式出现，并成为一种文化精神……其结果使我们成了一个娱乐至死的物种。"① 这真切反映了泛娱乐主义对社会生活的扭曲。泛娱乐主义突破了娱乐的底线和界线，过度制造娱乐热点和放大娱乐效果，并将娱乐元素侵入公共事务领域，营造了娱乐至上的社会氛围，削弱了公共理性，导致部分民众丧失主体意识、动摇理想信念。② 在各种媒体平台尤其是网络空间，娱乐类新闻泛滥，许多庸俗甚至低俗的娱乐信息充斥其间，久为公众所诟病。2015年的一项调查显示：56.6%的人直言网络舆论场长期被娱乐八卦议题霸占，56.8%的人认为青少年过多关注娱乐话题不利于树立正确价值观。③ 现实中，一些青少年将娱乐圈明星视为偶像，并受到娱乐圈一些不良氛围的影响。有调查显示，7.8%的高中生表示在成长过程中对自己影响最大的人是"影视明星、歌星"；在个别访谈中，一位高中男生说："若是有可能我当然愿意当明星，明星赚钱太容易了。"④ 显然，娱乐圈存在的天价片酬以及一些明星和主播私生活混乱、偷税逃税等乱象无形中会干扰青少年树立正确的价值

---

① ［美］尼尔·波兹曼：《娱乐至死》，章艳译，中信出版社2015年版，第4页。
② 胡伯项、吴隽民：《新媒体时代泛娱乐主义对我国主流意识形态的冲击及其应对》，《思想教育研究》2021年第10期。
③ 王品芝、马越：《五成受访者称网络舆论场长期被八卦议题霸占》，《中国青年报》2015年7月13日第07版。
④ 庞君芳、朱永祥：《高中生理想信念教育状况的调查与建议》，《课程·教材·教法》2020年第5期。

观，也会消解思想政治教育尤其是勤劳致富、遵纪守法等价值观教育对他们的说服力。

第三，某些不良社会现象的影响。不良社会现象在任何社会都会存在（否则社会就没有继续发展进步的空间了），它往往是思想政治教育所要批判和改造的对象，但它也可能成为思想政治教育空洞说教、自相矛盾或效果不佳的现实注脚，反过来对思想政治教育说服力造成消解。正常人都有自己的理性思考，受教育者是否信服并践行思想政治教育内容，不仅取决于教育内容是否科学合理，还取决于其是否切实可行，是否能成为身边多数社会成员实际遵循的行动规则。如果受教育者看到身边存在许多社会不良现象，发现思想政治教育所倡导的规则和要求经常出现"理通行不通"的悖论现象，他们就容易质疑思想政治教育内容，进而导致思想政治教育说服力的消解。比如，据笔者所知，曾任东北某重点大学马克思主义学院院长的F教授是国内有较高知名度的学者，他经常给各地干部群众作马克思主义理论方面的报告或讲座，有些听众在课间交流时向他提出疑问："F教授，您讲课讲得很好，但您自己相信吗？"与F教授类似，曾任东南某省属师范大学马克思主义学院党委书记的Z教授，在作思想政治理论报告之后的私下交流中，也不止一次被听众问过这样的问题："您是否相信自己所讲的内容？"虽然他们都对提问者作出了明确肯定的回答，但对方仍将信将疑。

不良社会现象有多种多样，其中对思想政治教育说服力影响较大的主要有腐败现象、社会潜规则现象、贫富差距现象等。腐败现象无疑是人民群众最深恶痛绝的问题。有调查显示，公众将"贪污腐败"列为"最伤民心"的不良作风之首，其选择率高达82.6%，明显超过其他选项。① 腐败现象不仅损害党和国家及其干部队伍形象，损害人民利益和党群干群关系，削弱民众的政治认同，而且容易让民众对思想政治教育产生两个方面的质疑：一是包括理想信念教育、廉洁教育在内的思想政治教育到底管不管用、有多大用？二是包括领导干部在内的思想政治教育工作者所讲的"大道理"到底他们自己是否相信、能否做到？具有讽刺意味的是，许多因腐败问题落马的官员原先在任时往往都有高调反腐败的公开言论，扮演着口是心非的"两面人"。比如，2020年落马的湖南某副厅级官员，曾在任内讲廉政党课评比活动中获得一等奖；2021年落马的浙江某副部级官员，曾在党报上发表文章大谈清廉杭州建设。有调查显示，78%的大学生认为"部分领导干部的违法、贪腐行为导致的党和政府公信力的下降"对思想政治教育传播效果有影响或影响很大，认为没有影响的只占1.9%。② 社会潜规则是指没有明文规定或与明文规定不相符，却在一定范围内潜滋暗长并实际支配着一部分人思想行为的非正式规矩。绝大多数潜规则（比如，靠关系走后门、拉帮结派、明哲保身、弄虚作假、上有政策下有对策等）有悖于明规则和主导价值观，难登大雅之堂，只在一定范围内暗中通行。但是，若各种潜规则发展成为"公开的秘密"，就会形成星火燎原之势，严重侵蚀党风政风和社风民风，对以倡导明规则和正能量为主旨的思想政治教育说服力造成极大的消解。由于分配不公和利益固化所导致的贫富差距过大现象，也一直是公众关切的热点问题。2000年之后，我国基尼系数超过0.4的国际警戒线，并在2008年达到0.491的峰值。2009年以来，由于采取一系列举措，

---

① 参见人民论坛问卷调查中心（执笔人：徐艳红）《贪污腐败　高高在上　假话空话多　三类不良作风最伤民心》，《人民论坛》2012年第18期。
② 任艳妮：《大学生思想政治教育传播有效性研究》，中国社会科学出版社2019年版，第96页。

基尼系数总体上呈现稳中有降的趋势,但目前我国贫富差距问题在国际上也依然属于比较突出的。贫富差距过大容易导致邓小平曾经担忧过的两极分化问题,这不符合社会主义追求共同富裕的本质要求,容易"挫伤人们对主流意识形态共融共生的热忱,甚至产生社会结构性怨恨"①。

---

① 陈联俊、姚硕:《移动网络空间主流意识形态话语的消解与转换》,《思想教育研究》2019年第11期。

第五章

新时代思想政治教育说服力的建设理路

　　思想政治教育说服力研究是理论性和实践性内在统一的课题，其落脚点在于思想政治教育说服力建设。思想政治教育说服力建设，就是思想政治教育的相关责任主体以增强思想政治教育说服力为目标，采取系统性、建设性的举措加强和改进思想政治教育工作，促进受教育者心悦诚服地真学、真懂、真信、真用社会主导意识形态。增强思想政治教育说服力，是常提常新更需要常抓不懈的重要工作。加强思想政治教育说服力建设，是增强思想政治教育说服力、促进思想政治教育事业持续健康发展的必要条件，也是"不断增强党的政治领导力、思想引领力、群众组织力、社会号召力"①以及"努力使中国特色社会主义展现更加强大、更有说服力的真理力量"②的必然要求，堪称中国共产党意识形态建设和长期执政能力建设的重要组成部分，具有重要的战略意义和现实意义。探究思想政治教育说服力的建设理路，主要任务是阐明思想政治教育说服力建设的应然原则、主体要求、基本

---

① 《习近平谈治国理政》第3卷，外文出版社2020年版，第13页。
② 《习近平谈治国理政》第3卷，外文出版社2020年版，第71页。

第五章　新时代思想政治教育说服力的建设理路

路径等理论和实践问题。

第一节　新时代思想政治教育说服力建设的应然原则

原则是人们从实践经验中抽象出来、可以指导相关实践活动的原理或准则。恩格斯指出："原则不是研究的出发点，而是它的最终结果……原则只有在符合自然界和历史的情况下才是正确的。"① 也就是说，只有深入认识事物或实践发展的过程和规律，才可能提炼出正确的原则。基于对思想政治教育说服力的生成机理、变化方向和现实境遇的系统研究，以及对中国共产党思想政治教育经验的回顾总结，笔者认为，新时代我国思想政治教育说服力建设应当坚持以人为本、问题导向、齐抓共管、守正创新等基本原则。

一　坚持以人为本

"天地之间人为贵"，人是一切社会组织和社会活动的主体，也是衡量事物价值的标尺。在人类历史上能够留下光辉印迹的思想或作品，无不关注人的生存和发展问题。马克思主义更是旗帜鲜明地强调人民是历史的创造者，始终坚持人民立场，把解放无产阶级进而解放全人类，最终实现每个人的自由全面发展作为自己的崇高目标。以人为本，是马克思主义人民立场的生动反映，与中国共产党全心全意为人民服务的根本宗旨，始终代表中国最广大人民根本利益的价值取向，以及新时代以人民为中心的发展思想一脉相承。

以人为本是思想政治教育的应有之义和根本要求，也是思想政治

---

① 《马克思恩格斯文集》第9卷，人民出版社2009年版，第38页。

教育说服力建设的首要原则。思想政治教育从根本上说是做人的工作，它以人为起点，以人为中心，以人为目的，以人为标准，具体涉及人的主体地位、人的全面发展、人的合法权益、人的心理需求等。"一切为了人，一切依靠人，一切从人出发，这是思想政治教育人学基本原理。"[①] 离开人的思想政治教育不可能存在，不以人为本的思想政治教育很难有说服力。从宏观上讲，只有把人民放在心中最高位置，自觉践行全心全意为人民服务的根本宗旨，把服务群众同教育群众、满足群众需求同提高群众素质结合起来，切实为人民群众提供高质量的思想政治教育，才能夯实思想政治教育说服力建设的合法性根基。从微观上讲，只有关注人、关爱人，充分把握受教育者的思想、需要、个性、心理等具体情况，贴近受教育者的实际，有针对性地实施"精准思政"，才能夯实思想政治教育说服力建设的实效性根基。

以人为本，就是以人的全面发展和根本利益为本。这里所说的人，不是抽象的、想象的人，而是具体的、现实的人；不是某些人或者少数人，而是多数人以至每个人。习近平强调："人民不是抽象的符号，而是一个一个具体的人，有血有肉，有情感，有爱恨，有梦想，也有内心的冲突和挣扎。"[②] 坚持以人为本，就是要把人当作发展的根本目的和根本动力；就是要尊重人、理解人、关心人、帮助人，把不断满足人的需要、促进人的全面发展作为根本出发点。长期以来，中国共产党坚持以人为本、以人民为中心，把人民对美好生活的向往作为奋斗目标，紧紧依靠人民创造了一个又一个历史伟业，赢得广大人民的衷心拥护和爱戴。中国共产党思想政治教育在服务党和国家中心工作的同时，也一贯重视人的彻底解放与全面发展，不断"提振人的民主

---

① 孙其昂：《思想政治教育学前沿研究》，人民出版社2013年版，第288页。
② 《习近平谈治国理政》第2卷，外文出版社2017年版，第317页。

意识与独立精神、提升思想政治素质与科学文化素养、提高文化知识和实践能力"①。这种以人为本的价值取向和实践效能,也为思想政治教育的顺利开展提供了良好的群众基础和社会条件。

坚持以人为本,要求思想政治教育在目标上注重统一性与多样性相结合。马克思强调,"人是人的最高本质"②,人的本质在其现实性上"是一切社会关系的总和"③。人的本质及其社会性、现实性和具体性,决定了思想政治教育必须以促进人的自由全面发展作为最高使命。在我国,思想政治教育既要坚持以马克思主义为指导,用社会主义核心价值观等主导性的统一要求引领社会成员,又要充分尊重不同社会成员正当的多样性和差异性。邓小平说过,我们在鼓励帮助每个人的同时,应当承认并区别对待各个人的才能和品德的差异,"尽可能使每个人按不同的条件向社会主义和共产主义的总目标前进"④。尊重差异、求同存异,是促进人自由全面发展的必要前提。在思想政治教育中,如果采用完全相同的标准和模式来规定所有人,试图将个性鲜活的人变成机械化生产线上整齐划一的"产品",那是对人的本质的一种压抑或践踏,势必造成思想政治教育的僵化和低效。俗话说:"一把钥匙开一把锁。"实际上,每个受教育者都像一把锁,而且锁芯还会发生变化,因为在不同阶段或条件下,同一个人在思想道德方面的境遇和需求也往往是不一样的。换句话说,不同受教育者需要不同的思想政治教育"钥匙",同一受教育者其实也需要不同的思想政治教育"钥匙"。实践证明,如果能够契合受教育者的特点、需求等实际情况,有

---

① 王树萌:《人的彻底解放与全面发展——中国共产党百年思想政治教育的价值导向》,《马克思主义研究》2020年第10期。
② 《马克思恩格斯文集》第1卷,人民出版社2009年版,第11页。
③ 《马克思恩格斯文集》第1卷,人民出版社2009年版,第505页。
④ 《邓小平文选》第2卷,人民出版社1994年版,第106页。

针对性地制定思想政治教育方案、开展思想政治教育活动，有助于提升思想政治教育说服力和实效性。

坚持以人为本，要求思想政治教育者积极为受教育者的成长发展赋能。教育者的使命不仅是传播知识和真理，更要在受教育者心中播撒爱与光，为他们的成长发展创造条件，让他们感到生命有爱、前路有光，进而激发不断前进的动力，并且愿意向他人传递爱与光，在追求自身发展的同时造福他人和社会。这就要求教育者具有仁爱之心和育人情怀，在思想政治教育过程中注重人文关怀和心理疏导，努力赋予受教育者正能量，助力受教育者成长成才成功。以学校思想政治教育为例，关爱学生、循循善诱的教师能够给学生温暖、信心和力量，这样的教师更容易让人亲近、信任，他们实施的思想政治教育也必定更有说服力。知名主持人窦文涛曾在《圆桌派》节目中感恩自己在中学时代遇到一位好老师。窦文涛小时候脸皮很薄、容易紧张，最怕当众演讲。这位老师则看重他的潜质，鼓励他在全校师生面前进行一次演讲。为此，窦文涛做了充分准备，提前把稿子背得滚瓜烂熟。但是，当他站到台上面对全校师生的目光时，又一下子紧张起来，在背诵了前面两段话之后，就愣在台上忘记该说什么了。更令人尴尬的是，他还当众尿裤子了，最后是"落荒而逃"……这次演讲窦文涛彻底搞砸了，他以为老师会很失望，没想到老师却对他说："你虽然那天表现不算太好，但是你背诵的那两段声情并茂，我推荐你再参加区里的比赛。"老师的话给了窦文涛极大的安慰，后来他真去参加区里的演讲比赛，还获得第二名的好成绩。此后，窦文涛不再害怕上台，并逐步成长为一名主持人。① 可以说，这位中学老师的赏识、理解和鼓励，对窦

---

① 2019年7月8日，窦文涛在自己主持的聊天真人秀节目《圆桌派》第四季第7期《冤家：原生家庭说恩怨》中，跟现场的几位嘉宾分享了以上经历。

文涛树立信心、发展潜质、成就自我有很大的帮助。如果他当时把窦文涛冷嘲热讽地批评或羞辱一顿，结果可想而知。

成长发展是每个受教育者的强烈愿望和内在需求。在思想政治教育过程中，如果教育者能够付出真心、细心和耐心，帮助受教育者发现和解决思想认识、素质能力、实际生活等方面的问题，必将有助于增强思想政治教育说服力。

二 坚持问题导向

所谓问题导向，就是从客观存在的问题出发，着力发现、研究和解决问题，并以此为主线推进工作和事业发展。从根本上来讲，问题就是影响事物发展的矛盾或矛盾的表现形式，问题所在也就是矛盾所在，或者说，问题的背后必然存在矛盾。习近平指出："我们强调增强问题意识、坚持问题导向，就是承认矛盾的普遍性、客观性，就是要善于把认识和化解矛盾作为打开工作局面的突破口。"[①] 可以说，发现问题就是认清事物、抓住矛盾，研究问题就是探析矛盾成因和解决对策，解决问题就是化解矛盾、促进事物发展。

坚持问题导向是马克思主义的鲜明特点。马克思指出："问题就是公开的、无畏的、左右一切个人的时代声音。问题就是时代的口号，是它表现自己精神状态的最实际的呼声。"[②] 马克思、恩格斯正是着眼于资本主义社会的基本矛盾、阶级斗争等理论和现实问题，从哲学、政治经济学、科学社会主义等不同学科视角进行系统研究，创立了马克思主义，深刻解答了人类社会发展有何客观规律、资本主义社会向

---

① 《习近平关于协调推进"四个全面"战略布局论述摘编》，中央文献出版社2015年版，第839页。

② 《马克思恩格斯全集》第40卷，人民出版社1982年版，第289页。

何处去、无产阶级和人类如何获得解放等重大问题，为国际共产主义运动提供了科学的理论指南。另外，由于问题具有普遍性和特殊性相统一、时代性和发展性相统一的特征，以问题为导向的思想方法，也为后来马克思主义的进一步丰富和发展提供了广阔空间——"正是以问题为导向，推动着马克思主义创造性发展"①。

坚持问题导向是中国共产党治国理政的重要思想方法，贯穿于包括思想政治教育在内的各个领域、各项工作。从党和政府同人民群众的关系来看，毛泽东指出，只有真心实意地关心群众的痛痒，帮助群众解决生产生活中包括衣食住行在内的"一切问题"，才能真正赢得群众的拥护和支持。② 从各种日常工作来看，邓小平强调："我们开会，作报告，作决议，以及做任何工作，都为的是解决问题。"③ 从党和国家事业发展来看，习近平指出："我们中国共产党人干革命、搞建设、抓改革，从来都是为了解决中国的现实问题。"④ 从思想教育工作来看，邓小平说过，要充分调查研究影响社会风气的重要思想问题，进而"由适当的人进行周到细致、有充分说服力的教育"⑤。从新时代理论创新的要求来看，习近平强调："我们要增强问题意识，聚焦实践遇到的新问题、改革发展稳定存在的深层次问题、人民群众急难愁盼问题、国际变局中的重大问题、党的建设面临的突出问题，不断提出真正解决问题的新理念新思路新办法。"⑥ 从新时代哲学社会科学工作来看，习近平指出，要高度重视"在有的领域中马克思主义被边缘化、空泛化、标签化，在一些学科中'失语'、教材中'失踪'、论坛上'失

---

① 陈先达：《马克思主义信仰十讲》，人民出版社2018年版，第15页。
② 《毛泽东选集》第1卷，人民出版社1991年版，第137—139页。
③ 《邓小平文选》第2卷，人民出版社1994年版，第113页。
④ 《习近平谈治国理政》第1卷，外文出版社2018年版，第74页。
⑤ 《邓小平文选》第3卷，人民出版社1993年版，第144页。
⑥ 《习近平著作选读》第1卷，人民出版社2023年版，第17页。

第五章　新时代思想政治教育说服力的建设理路

声'"等状况和问题,旗帜鲜明地坚持马克思主义在我国哲学社会科学领域的指导地位。① 从新时代宣传思想工作来看,习近平强调,必须"既解决实际问题又解决思想问题,更好强信心、聚民心、暖人心、筑同心"②。从新时代学校思政课教学来看,习近平指出,要把学生关注的、有疑惑的问题"掰开了、揉碎了、深入研究解答"③。这些论述无不体现着强烈的问题意识和鲜明的问题导向,对新时代思想政治教育说服力建设具有重要的指导意义。

加强思想政治教育说服力建设,必须坚持问题导向,"自觉地关注问题、回应问题"④。如果思想政治教育不能契合国家和人民的需要,不能解答受教育者关注的思想认识问题,就谈不上有真正的说服力。在现实中,思想政治教育说服力问题通常表现为主体凝聚力、思想引领力、理论阐释力、品行塑造力、政策执行力、环境协同力等相关问题,这些问题涉及教育者、受教育者、教育内容、教育目标、教育环境等各个方面。坚持问题导向,必须做到主动关注问题、客观分析问题、认真回应问题、积极解决问题。

首先,要科学把握思想政治教育说服力状况,善于从复杂多变乃至"一片大好"的形势中发现重要问题或潜在问题。思想政治领域的一些问题具有复杂性、敏感性、隐蔽性,有时候人们不愿意公开表露自己的真实见解,而习惯于按照"政治正确"或"明哲保身"的处事原则附和主流观点,或者说一些空话套话甚至假话。如果没有强烈的问题意识和科学的工作方法,就很难发现真问题。因此,决策者和教

---

① 习近平:《在哲学社会科学工作座谈会上的讲话》,《人民日报》2016年5月19日第02版。
② 《习近平谈治国理政》第3卷,外文出版社2020年版,第311页。
③ 习近平:《思政课是落实立德树人根本任务的关键课程》,《求是》2020年第17期。
④ 冯刚:《以问题为导向推进思想政治教育创新发展》,《思想教育研究》2013年第6期。

育者要密切联系群众，多深入基层、深入群众，以开明诚恳的态度来倾听群众声音、关注群众需求、了解群众困惑，对建设性和批评性的意见建议要包容兼听，以便客观准确地把握思想政治教育说服力状况及问题。古人说："千人之诺诺，不如一士之谔谔。"① 善于倾听包括"逆耳忠言"在内的不同意见，既是对宪法规定的公民民主权利的尊重，又是加强和改进思想政治教育工作的需要。毛泽东提出，有关思想工作的会议，"要有党外的人参加，要有不同意见的人参加"②。习近平也勉励广大干部："要多交几个能说心里话的基层朋友，这样才有利于了解真实情况，才有利于把工作做好。"③ 只有真正了解并贴近人民群众真实的思想和心理，思想政治教育工作才可能有的放矢，真正做到人民群众的心坎上，才能产生强大的说服力。

其次，要有效回应和解决受教育者关注、困惑乃至反感的理论和现实问题，切实增强思想政治教育说服力。问题和矛盾无处不在，是绕不开、躲不过的，只有积极面对问题、正确解决问题，才能增进思想共识、推动实际工作。影响思想政治教育说服力的问题或因素是多种多样的，比如，教育者的素质、能力和态度等方面存在的问题，受教育者的思想认识和个性心理等方面存在的问题，思想政治教育的目标、内容、方法等方面存在的问题，以及经济社会领域存在的各种不合理、不公正的现象和问题等，都需要有关方面勇于正视并努力解决。正视问题不易，解决问题更难，而且旧问题解决之后又会有新问题出现。但是，只要不回避问题，不文过饰非，问题就可以变成创新和前

---

① 《史记·商君列传》。
② 《毛泽东文集》第7卷，人民出版社1999年版，第282页。
③ 《习近平在中央党校（国家行政学院）中青年干部培训班开班式上发表重要讲话强调 立志做党光荣传统和优良作风的忠实传人 在新时代新征程中奋勇争先建功立业》，《人民日报》2021年3月2日第01版。

进的动力。针对问题特别是受教育者最关心、最需要解决的理论和现实问题发声、发力,思想政治教育工作就能够不断增强说服力,更好地答疑解惑、咨政育人。

三 坚持齐抓共管

思想政治教育是一项凝心聚力、立德树人的基础工作,也是一项为党育人、为国育才的系统工程,事关党和国家事业发展的全局和未来。从这个意义上讲,思想政治教育绝不只是学校、教师或者其他哪一个部门、哪一个群体的事,而是全党、全国、全社会的事,需要相关方面齐抓共管。毛泽东指出:"思想政治工作,各个部门都要负责任。共产党应该管,青年团应该管,政府主管部门应该管,学校的校长教师更应该管。"① 邓小平也强调:"党是搞什么的?工会是搞什么的?共青团是搞什么的?妇联是搞什么的?还不都是做政治工作的?"② 有学者曾经提出,思想政治教育工作"齐抓共管"模式有悖于法制社会"责权利"相统一的基本理念,不能调动广大思想政治教育工作者的积极性,严重影响思想政治教育工作效果,必须以"专抓专管"模式替代"齐抓共管"③。这种观点囿于法制化、专业化的研究视角,忽视了思想政治教育的系统性和协同性,也曲解了齐抓共管的基本内涵和实践效果,其结论和建议存在明显偏颇。

在我国,思想政治教育实际上包括或涉及德育工作、思想政治工作、宣传思想工作等不同的样态,广泛分布或渗透于各个领域、各个组织、各项工作,本身就有各领域、多主体分工协作的优良传统。在

---

① 《毛泽东文集》第7卷,人民出版社1999年版,第226页。
② 《邓小平文选》第2卷,人民出版社1994年版,第195页。
③ 高长富:《变"齐抓共管"模式为"专抓专管"——思想政治教育工作法制化研究之二》,《南方论刊》2009年第3期。

西方国家，思想政治教育同样呈现出具体化、多样化的内容和形式，比如，道德教育、政治教育、宗教教育、大众传播等，学校、政府、政党、教会、大众传媒等各界力量也共同参与其中。因此，在中西方思想政治教育工作格局中，分工协作、齐抓共管是普遍存在的现象，只不过是具体体制和运作方式存在差别罢了。2021年7月，中共中央、国务院印发了《关于新时代加强和改进思想政治工作的意见》，明确要求把思想政治工作作为治党治国的重要方式，强调要"完善党委统一领导、党政齐抓共管、宣传部门组织协调、有关部门和人民团体分工负责、全党全社会共同参与的思想政治工作大格局"①。

  长期以来，我国思想政治教育整体上构建了"大思政"工作格局，其核心内容是党委统一领导、党政齐抓共管、有关部门各负其责、全社会协同配合，以形成全党全国全社会共同关心、支持和参与思想政治教育工作的强大合力。以高校思想政治教育工作为例，2004年10月，中共中央、国务院下发《关于进一步加强和改进大学生思想政治教育的意见》，强调"要建立健全党委统一领导、党政群齐抓共管、有关部门各负其责、全社会大力支持的领导体制和工作机制"②；2017年2月，中共中央、国务院印发《关于加强和改进新形势下高校思想政治工作的意见》，强调要加强和改善党对高校的领导，健全地方党委抓高校思想政治工作制度，建立部门协作常态机制，"形成党委统一领导、党政齐抓共管、职能部门组织协调、社会各方积极参与的工作格局"③。2017年12月，教育部党组发布《高校思想政治工作质量提升工程实施

---

  ① 《中共中央国务院印发〈关于新时代加强和改进思想政治工作的意见〉》，《人民日报》2021年7月13日第01版。

  ② 教育部思想政治工作司组编：《加强和改进大学生思想政治教育重要文献选编(1978—2014)》，知识产权出版社2015年版，第270页。

  ③ 《中共中央国务院印发〈关于加强和改进新形势下高校思想政治工作的意见〉》，《人民日报》2017年2月28日第01版。

纲要》，要求加强党对高校思想政治工作的领导，落实主体责任，建立党委统一领导、部门分工负责、全员协同参与的责任体系，充分发挥各方面工作的育人功能，切实构建课程育人、科研育人、实践育人、文化育人、网络育人、心理育人、管理育人、服务育人、资助育人、组织育人"十大"育人体系。① 2019 年 3 月，习近平在学校思想政治理论课教师座谈会上再次强调："在工作格局、队伍建设、支持保障等方面采取有效措施，建立党委统一领导、党政齐抓共管、有关部门各负其责、全社会协同配合的工作格局"；即便在学校内部，也要在理直气壮开好思想政治理论课的同时，"挖掘其他课程和教学方式中蕴含的思想政治教育资源，实现全员全程全方位育人"。②

思想政治教育是党和国家工作的重要组成部分，坚持齐抓共管，是我国思想政治教育运行模式的客观要求。中国共产党是依靠思想政治教育工作起家的，并一直将其视为自己的重点任务之一。关于思想政治教育工作的特殊地位，我们党先后提出过"生命线""中心环节""基础性工作""极端重要的工作"等论断。新中国成立之后，思想政治教育也成为政府工作的重要组成部分，党中央、国务院经常发布政策、法规或文件指导和推进各领域思想政治教育工作。以爱国主义教育为例，自新中国成立以来，党和国家及相关部门高度重视、齐抓共管，发布了包括通知、意见、法律、纲要、决定等形式在内的一系列制度文本，使爱国主义教育在全社会蓬勃开展、深入人心。有学者梳理了 100 部具有代表性的爱国主义教育制度文本，其发文机构涉及中共中央及其所属部门、国务院及其所属部门、全国人大常委

---

① 《中共教育部党组关于印发〈高校思想政治工作质量提升工程实施纲要〉的通知》，2017 年 12 月 4 日，http：//www.moe.gov.cn/srcsite/A12/s7060/201712/t20171206_320698.html。
② 习近平：《思政课是落实立德树人根本任务的关键课程》，《求是》2020 年第 17 期。

会、共青团中央及其所属部门、全国总工会、全国妇联等20个机构。其中，教育部发文35次（不含教育部办公厅发文9次），全国人大常委会发文18次，共青团中央发文16次（不含共青团中央办公厅发文4次），中共中央发文14次（不含中共中央宣传部发文15次，中共中央办公厅发文2次），国务院发文6次（不含文化和旅游部发文8次，也不含民政部、国家文物局、国家新闻出版广电总局各发文3次等），等等。①

　　坚持齐抓共管，是我国思想政治教育体制机制的突出特点和显著优势，思想政治教育说服力建设，同样需要坚持齐抓共管。在新时代条件下，思想政治教育工作面临许多新情况、新问题，要进一步增强思想政治教育说服力，不仅需要齐抓共管，而且需要真抓真管、善抓善管、敢抓敢管，这样才能充分调动各方面的力量和资源，充分发挥各方面的积极性和创造性。总体而言，党中央要加强对思想政治教育工作的全面领导和顶层设计，不断推进马克思主义中国化时代化大众化，建设具有强大凝聚力和引领力的社会主义意识形态，并以党的自身建设为抓手提升思想引领力和执政公信力，各级党组织和领导干部要关心支持思想政治教育工作，要求人民群众做到的自己要首先做到，要求人民群众遵守的自己要模范遵守。各级政府要坚持为人民服务的宗旨，加快推进治理体系和治理能力现代化建设，不断实现好、维护好、发展好人民群众的根本利益，努力为思想政治教育提供良好的经济社会环境。宣传部门、教育部门等要切实履行思想政治教育管理和服务的职责，建立健全思想政治教育的具体制度和政策，协调相关部门和各种资源为思想政治教育的顺利开展提供良好保障。各群团组织、社会团体、企事业单位及各界人

---

① 参见潘莉、柴红《新中国成立以来爱国主义教育制度的内容分析与发展趋势》，《学校党建与思想教育》2020年第13期。

士等要积极关心支持思想政治教育工作,营造全社会协同配合、齐心育人的良好氛围。各级各类学校、组织、单位内部专门从事思想政治教育工作的人员要充分发挥主力军作用,加强队伍建设和自身修养,自觉贯彻落实立德树人的根本要求,其他不同岗位、不同角色的工作人员,也要结合本职工作共同承担应有的思想政治教育职能,以凝聚形成同向同行、协调互补的思想政治教育说服力。

四 坚持守正创新

"守正创新体现了马克思主义认识世界、改造世界的重要方法论。"① 守正,就是要抓住根本、守住正道;创新,就是要破除障碍、开创新局。中国共产党的历史,就是将马克思主义基本原理同中国具体实际和时代特征相结合,在守正基础上不断推进理论和实践创新的历史。坚持守正创新,是中国共产党在理论上不断开拓新境界,在实践上不断取得新成就的重要原因和宝贵经验。搞好思想政治教育说服力建设,同样需要坚持守正创新。

守正是思想政治教育沿着正确道路健康发展的根本保证,也是思想政治教育说服力生成的重要基础。首先,思想政治教育要坚守为党育人、为国育才的初心和使命。习近平强调:"我们党立志于中华民族千秋伟业,必须培养一代又一代拥护中国共产党领导和我国社会主义制度、立志为中国特色社会主义事业奋斗终身的有用人才。"② 我国是中国共产党领导的人民民主专政的社会主义国家,思想政治教育必须着眼于为人民服务、为中国共产党治国理政服务、为巩固和发展中国特色社会主义制度服务、为改革开放和社会主义现代化建

---

① 刘爱国:《必须坚持守正创新》,《红旗文稿》2022 年第 22 期。
② 习近平:《思政课是落实立德树人根本任务的关键课程》,《求是》2020 年第 17 期。

设服务的基本要求,落实立德树人的根本任务,培养德智体美劳全面发展的社会主义建设者和接班人。偏离这样的目的和要求,必然危及思想政治教育事业安身立命的根基,思想政治教育说服力也就无从谈起。

其次,思想政治教育要理直气壮地开展马克思主义理论教育。马克思主义是我们立党立国、兴党强国的根本指导思想,也是我国教育事业最鲜亮的底色。习近平指出:"我们办中国特色社会主义教育,就是要理直气壮开好思政课","办好思政课,就是要开展马克思主义理论教育"。① 马克思主义是博大精深、与时俱进的科学体系,具有强大的理论说服力和实践引领力,但马克思主义并不会自然而然跳进人们的头脑,而必须依靠广大思想政治教育工作者坚持不懈、科学有效的宣传灌输。只有这样,才能推进马克思主义中国化、时代化、大众化,才能指引广大民众树立科学的世界观、人生观和价值观,才能帮助青少年扣好人生的"第一粒扣子",为他们的成长发展奠定科学的思想基础。这也是思想政治教育工作者应有的理论自信和使命自觉。

最后,思想政治教育要避免"去政治化"和"泛政治化"两大误区。"去政治化"主张所谓的"价值中立",认为思想政治教育应淡化或消除政治性,反对进行马克思主义和社会主义的意识形态教育。"去政治化"是新自由主义等西方政治思潮带来的认识误区和话语陷阱,其目的在于为西方资本主义思想文化的传播渗透打开方便之门,本身就是一种意识形态色彩浓厚的政治主张。实际上,在世界各地,任何思想政治教育活动都具有鲜明的意识形态属

---

① 习近平:《思政课是落实立德树人根本任务的关键课程》,《求是》2020年第17期。

性,"毫不减弱的'意识形态化'是当代思想政治教育的一个基本特征"①。"泛政治化"则片面强调思想政治教育的政治性,甚至将政治性视为思想政治教育的唯一属性,否定思想政治教育具有学理性、知识性等其他属性,将一切思想道德问题都归结为政治问题,结果使思想政治教育活动变成干巴巴、冷冰冰的政治说教,要么让人敬而远之,要么让人感到厌恶。"去政治化"和"泛政治化"是思想政治教育领域时隐时现的两大误区,代表着偏离思想政治教育守正要求的两个极端,必须加以澄清和防范。

守正不等于守旧,真正的守正离不开创新。创新是发展进步的强大动力,故步自封的守正是不可能长久的。实践永无止境,认识永无止境,创新也永无止境。毛泽东指出:"全世界自古以来,没有任何学问、任何东西是完全的,是再不向前发展的。"② 江泽民强调:"创新是一个民族进步的灵魂,是一个国家兴旺发达的不竭动力,也是一个政党永葆生机的源泉。"③ 党的十八大以来,以习近平同志为核心的党中央将创新作为引领发展的第一动力,把创新摆在国家发展全局的核心位置,要求"不断推进理论创新、实践创新、制度创新、文化创新以及其他各方面创新"④。当今世界正面临百年未有之大变局,我国正处于实现中华民族伟大复兴的关键时期,国内外经济、政治、科技、文化等各方面的发展变化日新月异,人民群众的思想观念、利益需求、接受习惯等也日益多样化。思想政治教育以培养符合社会发展需要的、德智体美劳全面发展的时代新人为根本目标,尤其需要根据复杂多变

---

① 陈立思主编:《比较思想政治教育》第2版,中国人民大学出版社2018年版,第30页。
② 《毛泽东文集》第3卷,人民出版社1996年版,第299页。
③ 《江泽民文选》第3卷,人民出版社2006年版,第537页。
④ 《习近平谈治国理政》第3卷,外文出版社2020年版,第21页。

的现实条件,通过改革创新增强自身活力。只有坚持在改进中加强,不断创新优化思想政治教育的理念、内容、方法、形式和手段等,做到"因事而化、因时而进、因势而新"①,才能保持思想政治教育应有的说服力和生命力。思想政治教育若长期墨守成规、千篇一律,必然逐渐落后于时代、脱离于现实,失去人民群众的认同和支持。这样,思想政治教育立德树人、咨政育人等所有社会功能就会大打折扣,守正的要求就无法真正实现。

当然,一切创新活动都离不开必要的继承。马克思指出:"人们自己创造自己的历史……是在直接碰到的、既定的、从过去承继下来的条件下创造的。"② 也就是说,人们的创新创造活动不能随心所欲或凭空产生,而是在人们所处的特定社会历史条件下进行的,并以此为基础。同样道理,思想政治教育的改革创新必须立足于思想政治教育的根本任务和本质要求,必须遵循思想政治教育以及人的思想品德形成发展的客观规律,也必须继承发扬思想政治教育工作积累下来的优良传统和宝贵经验。否则,所谓的创新很容易变质走样,失去灵魂和方向,成为表面上新鲜热闹、实质上空洞媚俗的形式主义或哗众取宠,很难有真正的吸引力和说服力。以学校思想政治理论课为例,"任何形式的创新,都必须反映思想政治理论课的价值与灵魂",应当努力做到"守正不渝,创新不止"③。为了提高学生的到课率和抬头率,很多教师积极探索教学方法和手段的改革创新,取得良好效果。但也有一些教师甚至"思政网红"没有处理好内容和形式的关系,采用一些过度娱乐化的形式来迎合学生,表现出重娱乐、轻思想的庸俗化倾向,导

---

① 《习近平谈治国理政》第 2 卷,外文出版社 2017 年版,第 378 页。
② 《马克思恩格斯文集》第 2 卷,人民出版社 2009 年版,第 470 页。
③ 肖贵清:《新时代高校思想政治理论课的守正与创新》,《思想教育研究》2019 年第 3 期。

致思政课教学"趣味有余而思想性、政治性和导向性不足"①。习近平强调：推动思政课改革创新，要"打好组合拳"，做到"八个相统一"②，最终"实现知、情、意、行的统一，叫人口服心服"③。打好"八个相统一"的组合拳，最终着眼于让受教育者"口服心服"，实际上就是要增强思想政治教育说服力。"八个相统一"深刻反映了思想政治教育的本质要求和内在规律，是新时代学校思政课教学改革的基本遵循，也是新时代思想政治教育守正创新的重要指南。

守正与创新是辩证统一的关系。以守正保障创新，以创新促进守正，这是思想政治教育说服力建设的应然要求。思想政治教育若不注重守正和创新的辩证统一，其说服力和生命力势必弱化，最终将影响主流意识形态安全和国家政权稳定。这是苏联亡党亡国给世人留下的深刻教训之一。从斯大林时期开始，由于受到日益僵化封闭的斯大林模式以及苏联党和国家工作中教条主义、官僚主义、形式主义等不正之风的影响，苏联思想政治教育从内容到形式整体上守正有余而创新不足，因而逐渐脱离现实，显得枯燥乏味、空泛无力。比如，组织学生学习苏共党史、马列主义经典著作时，大多只停留于死记硬背而不是真懂真信，导致知行分离、知信脱节的现象普遍存在。1956年，英国哲学家伯林在苏联进行深入的访问考察后指出，苏联的意识形态教育"已经下降到了一个很低的水准"，成为"极其乏味的官方说教形

---

① 陈志强：《"思政网红"不能只追求"红"》，《解放日报》2017年1月17日第09版。
② 2019年3月18日，习近平总书记在学校思想政治理论课教师座谈会上指出，推动思政课改革创新，要做到以下几个"统一"：坚持政治性和学理性相统一，坚持价值性和知识性相统一，坚持建设性和批判性相统一，坚持理论性和实践性相统一，坚持统一性和多样性相统一，坚持主导性和主体性相统一，坚持灌输性和启发性相统一，坚持显性教育和隐性教育相统一。参见习近平《思政课是落实立德树人根本任务的关键课程》，《求是》2020年第17期。
③ 习近平：《思政课是落实立德树人根本任务的关键课程》，《求是》2020年第17期。

式","过分杜撰的内容也少有人信",整个国家"坚定的马克思主义者"并不多。① 1981年,勃列日涅夫在反思苏联思想政治教育工作积弊的基础上提出要求:"整个思想教育工作应当搞得生动活泼,引人入胜,不要官样文章,生搬硬套。"② 尽管苏共领导人早已认识到问题所在,但苏联思想政治教育工作一直没有得到真正改观。此外,苏联经济政治体制存在严重弊端,长期以来经济结构失衡,消费品匮乏而且质量低劣,政治领域缺乏民主,历史上多次发生破坏民主法制的"大清洗",社会主义优越性在许多领域并未得到充分体现。这也在很大程度上动摇了广大干部群众以及青年学生对社会主义的理想信念。到戈尔巴乔夫时期,苏联因为经济改革受挫进一步陷入内外交困的局面,后来,苏共推行所谓的"人道的民主的社会主义",逐渐放弃了马克思主义的指导地位。那时候,各种非马克思主义、反马克思主义的思想观点纷纷出笼,甚至在苏共的党报党刊上,也经常出现"与苏共格格不入的观点"③以及歪曲党和国家历史的材料。在思想混乱、改革失控和内外压力之下,苏联最终发生亡党亡国的悲剧。总体而言,苏联思想政治教育未能处理好守正与创新的辩证关系,从斯大林时期开始长期重守正轻创新,导致思想政治教育日益封闭僵化,说服力和实效性持续下降;到戈尔巴乔夫时期则重创新轻守正,导致各种错误思潮泛滥,苏共最终丧失意识形态工作领导权和话语权。这样的前车之鉴,对我们来说无疑具有警示意义。

---

① [英] 以赛亚·伯林:《苏联的心灵——共产主义时代的俄国文化》,潘永强、刘北成译,译林出版社2010年版,第119、152页。
② 《勃列日涅夫言论》第17集(1981年),左玲珍、高文英译,上海译文出版社1985年版,第142页。
③ 苏群编译:《苏联共产党第二十八次代表大会主要文件资料汇编》,人民出版社1991年版,第169页。

第二节　新时代思想政治教育说服力建设的主体维度

思想政治教育说服力受到思想政治教育系统内外多种因素的综合影响，其中思想政治教育主体是能动性因素，对其他影响因素具有主导和协调作用。思想政治教育主体包括教育者和受教育者两大类，教育者是开展教育活动、主导教育过程的一般主体，受教育者是兼具客体和主体双重属性的特殊主体。在我国，思想政治教育者"从总体上说是党和国家，在具体过程中则是党和国家的思想政治教育工作者"[①]。思想政治教育说服力固然以教育内容的彻底性为主要基础，但党和政府[②]的政治权威以及思想政治教育工作者的可信度对思想政治教育说服力具有重要影响。另外，受教育者既是"教"的客体，又是"学"的主体，具有自主性、能动性和发展性，他们的思想认识、学习态度和接受特点等对思想政治教育说服力也有重要影响。因此，加强思想政治教育说服力建设，必须着重抓好党和政府、教育工作者、受教育者三个层面的主体塑造。

一　提高党和政府的公信力

加强党和政府的公信力建设，不断提高党和政府的公信力，是思想政治教育说服力建设的基础所在。思想政治教育具有鲜明的政治性和主导性，"任何思想政治教育都有权力背景，都需要权力形象的说

---

① 刘建军：《寻找思想政治教育的独特视角》，中国人民大学出版社2017年版，第120页。
② 国家是一个抽象概念，其构成要素包括人民、领土、政府和主权等。政府固然不等同于国家，但政府是国家的组织标志、职能载体和主权代表。

服力"①。在我国，思想政治教育是治国理政的重要方式，其主要内容是党和国家的主导意识形态，具体包括指导思想、核心价值、道德规范、法律制度、方针政策、决策部署等。说得好更要做得好，思想政治教育有没有说服力，在很大程度上取决于党和国家对主导意识形态的实践效果，尤其是基于其执政能力和领导水平的公信力状况。

所谓公信力，一般是指某个公共组织获得公众信任的能力。执政党和政府的公信力，实际上就是执政党和政府在行使公共权力过程中依靠自身能力和信用所获得的社会信任度，它也反映了以公众普遍信任、同意、尊重和服从为基础的政治权威。在执政党掌握公共权力的现代社会，"政治权威意味着执政党及其政府获得社会广泛的认同、信任和服从，其前提是执政党的公信力"②。公信力有助于增强执政的合法性，凝聚公众的政治认同，树立有效的政治权威，维系良好的政治秩序。执政党和政府缺乏公信力则容易陷入合法性困境，难以获得公众的信任和服从，导致国家治理效率低下且成本高昂。政治学研究者们认为，"当合法性受到侵蚀时，政府的麻烦事就来了。人们感到没有太多的必要去交税和遵守法律……更有甚者可能爆发大规模的内乱"③。古罗马历史学家塔西佗指出："一旦皇帝成了人们憎恨的对象，他做的好事和坏事会同样引起人们的厌恶。"④ 这就是所谓的"塔西佗陷阱"，用今天的话语来说，就是当执掌公权力的政党或政府失去公信力时，无论其说什么做什么都无法得到公众的信任和好评。同样道理，失去公信力的执政党或政府，其发动或组织的思想政治教育活动也很

---

① 张世欣：《思想政治教育接受规律论》，上海三联书店 2005 年版，第 207 页。
② 吴家庆：《中国共产党公信力建设研究》，人民出版社 2013 年版，第 31 页。
③ [美] 迈克尔·罗斯金等：《政治科学》，林震等译，华夏出版社 2001 年版，第 5—6 页。
④ [古罗马] 普布里乌斯·克奈力乌斯·塔西佗：《历史》，王以铸等译，商务印书馆 1987 年版，第 7 页。

难得到公众的信任和好评，思想政治教育说服力就会大打折扣。

长期以来，中国共产党坚持全心全意为人民服务的宗旨，不断加强和改进自身建设，领导全国人民取得举世瞩目的伟大成就，赢得广大人民的普遍拥护和支持，在人民心中具有很高的威信。但是，党内依然存在的某些不正之风和消极腐败现象，某些政府部门及其工作人员存在的不作为、乱作为等现象，以及现实存在的各种矛盾问题和风险挑战等，也会削弱党和政府的公信力。2014年3月，习近平曾经专门提到"塔西佗陷阱"，他说，我们当然没有走到这一步，但存在的问题也不可谓不严重，必须坚持走好群众路线，下大气力加以解决，否则，"如果真的到了那一天，就会危及党的执政基础和执政地位"①。

不断提高党和政府的公信力，可以从以下几个方面着手。

（一）不断提高党的执政能力和领导水平

加强党的领导与改善党的领导是相辅相成的，只有不断提高党的执政能力和领导水平，才能更好地坚持和加强党的全面领导。"中国特色社会主义进入新时代，我们党一定要有新气象新作为。"② 当前，世界百年未有之大变局加速演进，我国社会主要矛盾已经转化为人民日益增长的美好生活需要和不平衡不充分的发展之间的矛盾，全面建设社会主义现代化国家的新征程已经开启，新形势、新矛盾、新任务对党的执政能力和领导水平提出了更高要求。

作为领导着14亿多人口社会主义大国的执政党，我们党既要政治过硬，又要本领高强。在政治上，全党要更加自觉地坚持党的领导和我国社会主义制度，坚定党性原则，维护人民利益，投身改革创新时代潮流，维护我国主权、安全、发展利益，防范各种风险，不断增强

---

① 习近平：《做焦裕禄式的县委书记》，中央文献出版社2015年版，第35页。
② 《习近平谈治国理政》第3卷，外文出版社2020年版，第47页。

党的政治领导力、思想引领力、群众组织力、社会号召力,确保党始终成为中国特色社会主义事业的坚强领导核心。在本领上,全党必须把掌握和运用马克思主义尤其是习近平新时代中国特色社会主义思想作为看家本领,全面增强学习本领、政治领导本领、改革创新本领、科学发展本领、依法执政本领、群众工作本领、狠抓落实本领、驾驭风险本领等执政本领,统筹推进中国特色社会主义经济建设、政治建设、文化建设、社会建设、生态文明建设"五位一体"总体布局,在实现经济高质量发展、发展社会主义民主政治、建设社会主义文化强国、加强以民生为重点的社会建设、建设美丽中国等方面不断取得新成效新突破。我们党以全心全意为人民服务为根本宗旨,因此,党的执政能力和领导水平的最终体现,是党和政府为人民服务、为人民谋幸福的能力和水平。这就要求党和政府要始终把人民利益放在首位,真正实现好、维护好、发展好最广大人民的根本利益,着力解决人民群众最关心、最直接、最现实的利益问题,让改革发展成果更多更公平地惠及全体人民,不断提升人民群众的获得感、幸福感、安全感。"谁把人民放在心上,人民就把谁放在心上。"[①] 只有始终坚持以人民为中心,不断提升党和政府为人民服务的意识和能力,才能真正赢得人民群众的信任、拥护和支持。

(二) 把全面从严治党引向深入

打铁必须自身硬。办好中国的事情,关键在党,关键在党要管党、全面从严治党。党的十八大以来,以习近平同志为核心的党中央将全面从严治党纳入"四个全面"战略布局,全面加强党的领导和党的建设,严格规范党内政治生活,构建行之有效的权力监督制度和执纪执

[①] 《十八大以来重要文献选编》下,中央文献出版社2018年版,第814页。

法体系，深入推进党风廉政建设和反腐败斗争，使党的面貌焕然一新。同时，全面从严治党永远在路上，我们党要继续保持"赶考"的清醒，把全面从严治党引向深入，以新时代党的伟大自我革命引领新的伟大社会革命。

全面从严治党是一项系统工程，从提高党的执政公信力和增强思想政治教育说服力的角度上来看，要特别注意加强党的作风建设和巩固发展反腐败斗争压倒性胜利。作风建设是全面从严治党的重中之重，关系到人心向背和党的生死存亡，"如果不坚决纠正不良风气，任其发展下去……我们党就会失去根基、失去血脉、失去力量"①。党的十八大以来，党中央持之以恒正风肃纪，中央政治局出台八项规定带头改进工作作风、密切联系群众，严厉纠治"四风"问题，取得显著成效。目前，"四风"问题中的享乐主义、奢靡之风基本刹住，但是形式主义、官僚主义具有顽固性、隐蔽性和多变性，广大干部群众依然反映强烈，必须发扬"钉钉子"精神，加大力度整治形式主义和官僚主义，以优良的党风政风引领民风社风。"人民群众最痛恨腐败现象，腐败是我们党面临的最大威胁。"② 党的十八大以来，经过无禁区、全覆盖、零容忍的重拳"打虎""拍蝇""猎狐"，反腐败斗争已经取得压倒性胜利并全面巩固。但是，当前反腐败斗争形势依然严峻复杂，腐败存量不少、增量仍在发生。在我们党全面领导、长期执政的条件下，党员干部时刻面临被拉拢、被腐蚀的风险，许多腐败大案令人触目惊心，涉案金额动辄高达数千万甚至几个亿以上，严重损害了党和国家形象、党群干群关系以及人民群众利益。在反腐败斗争上，我们党必须以永远在路上的坚韧和执着，把"严"的主基调长期坚持下去，一体推进

---

① 《习近平关于全面从严治党论述摘编》，中央文献出版社2016年版，第148页。
② 《习近平谈治国理政》第3卷，外文出版社2020年版，第52页。

不敢腐、不能腐、不想腐的体制机制建设，巩固发展反腐败斗争压倒性胜利，确保党和人民赋予的权力始终用来为人民谋福利。

(三) 党和政府要重信守诺

诚信是中华优秀传统美德之一，也是社会主义核心价值观的重要内容。孔子说："人而无信，不知其可也。"① 司马光说："非信无以使民，非民无以守国。"② 无论是为人处世，还是治国理政，重信守诺都是极为必要的。习近平指出："我们党最讲认真，言必行、行必果，说到做到。"③ 李克强也强调："政府要说到做到……不能'放空炮'。"④

从理论宣传到实际工作，党和政府的承诺可谓无处不在。在思想理论上，中国共产党坚持以马克思主义作为指导思想，以全心全意为人民服务作为根本宗旨，以为中国人民谋幸福、为中华民族谋复兴作为自己的初心和使命，以人民对美好生活的向往作为自己的奋斗目标，这些都是党对人民的郑重承诺；在具体工作中，党和国家出台方针政策、作出决策部署、制定计划目标，以及各级党委和政府提出的为民办实事工作计划等，这些也都是党和政府对人民的郑重承诺。

人民群众生活在现实之中，他们不仅关心党和政府宣传或承诺了什么，更关心各种宣传或承诺实现了没有。党和政府如果能够重信守诺、说到做到，用行动兑现对人民的承诺，以实实在在的执政成果造福于民、取信于民，由党和政府发动或组织的思想政治教育活动就容易得到人民群众的信任、支持和参与，甚至产生"一呼百应"的良好效果。相反，如果党和政府经常说一套做一套或者说得好做不好，久

---

① 《论语·为政》。
② 《资治通鉴·周纪》卷二。
③ 《习近平在中共中央政治局第十二次集体学习时强调 推动媒体融合向纵深发展 巩固全党全国人民共同思想基础》，《人民日报》2019年1月26日第01版。
④ 《十八大以来重要文献选编》（上），中央文献出版社2014年版，第256页。

而久之就会失去公信力，党和政府发动或组织的思想政治教育活动就难以得到人民群众的信任和响应，思想政治教育说服力就会严重流失和消解。当然，有些计划、目标或承诺可能由于种种原因无法完全实现，那就需要实事求是地进行解释说明，并根据实际情况进行必要的调整、补救或问责，这样也能赢得人民群众的理解和支持。

党和政府要做到重信守诺，除了认真贯彻执行自己的宗旨使命、理论主张、方针政策、决策部署、工作计划等，还必须带头树立良好的工作作风和社会风气。新时代以来，党中央从人民群众反映强烈的作风问题抓起，坚持全面从严治党，以上率下改进工作作风，着力纠治各种顽瘴痼疾，使党风政风和社会风气为之一新。但是，从不断提升人民群众满意度、不断提升党和政府公信力的要求来看，各级党委和政府工作尤其是基层工作中还有不少作风问题需要进一步克服。比如，近年来党中央三令五申，严禁搞劳民伤财、脱离实际的形象工程、面子工程，也严肃查处并通报了一批典型案件，但仍有一些地方为了追求所谓的"政绩"，盲目上马诸如"鲤鱼跃龙门""水司楼""巨型关公像"等华而不实甚至破坏当地历史风貌的造景工程，有的还属于违反规划、未经许可的"违法建设"①，不但浪费了巨额资金，还对地方政府形象造成了不良影响。又比如，一些地方为了让经济指标"好看"，采取下派分解任务指标等手段传导压力，有的任务指标要求过高，导致"部分基层部门因担心上级问责而选择虚报数据"②。此类违背实事求是原则的事例，容易影响公众对相关工作的满意度和信任度，也会降低思想政治教育中有关"法治""诚信"等内容的说服力；特别是对曾经参与违规操作的人及其周边知情人来说，相关内容的思想

---

① 参见杨艳《巨型关公像教训深刻》，《中国纪检监察报》2021年9月6日第02版。
② 王昆、林超：《一个企业3本账，不抓经济抓报表》，《半月谈》2020年第13期。

政治教育很容易被他们视为"唱高调"。因此，各级党委、政府及相关部门要不断建立健全相关法律规章制度，并带头模范遵守，对各种歪风邪气和不当行为及时进行纠正、问责，努力以良好的党风政风引领社会风气。

二 增强教育工作者的可信度

心理学、传播学等领域的研究表明，在无处不在的说服活动中，作为信息传达方的说服者，其可信度（Credibility，可知觉到的专业性、可靠性）对接受方的信息接收具有重要影响。① 说服传播研究的重要开拓者霍夫兰通过一系列实证研究发现：传播者（信源）的可信度越高，其说服效果越大；可信度越低，说服效果越小。② 思想政治教育实际上也是一种说服传播活动，思想政治教育工作者（也可简称思想政治教育者或教育者③）"承载着传播知识、传播思想、传播真理，塑造灵魂、塑造生命、塑造新人的时代重任"④。教育的关键在教育工作者，增强教育工作者的可信度，是思想政治教育说服力建设的重要环节。对思想政治教育而言，教育工作者的角色是广义的，不单指学校、党校、团校里的专职教师，也包括其他专职、兼职或临时从事思想政治教育工作的人员，比如，开展理论和政策宣讲的领导干部、应邀走上思想政治教育讲坛的模范人物等。只有从整体上加强队伍建设，增强

---

① ［美］戴维·迈尔斯：《社会心理学》第11版，侯玉波等译，人民邮电出版社2016年版，第228—229页。
② 参见郭庆光《传播学教程》，中国人民大学出版社2011年版，第183页。
③ 如前所述，广义上的思想政治教育者也包括党和国家（政府）等组织机构，但一般情况下人们所说的思想政治教育者，主要是指狭义上的思想政治教育工作者。为了表述简便，本书在许多地方也将思想政治教育工作者简称为思想政治教育者或教育者。
④ 《习近平在全国教育大会上强调 坚持中国特色社会主义教育发展道路 培养德智体美劳全面发展的社会主义建设者和接班人》，《人民日报》2018年9月11日第01版。

教育工作者的可信度，才能让思想政治教育说服力落到实处。

思想政治教育工作者的可信度，主要取决于其政治坚定性、专业权威性和人格表率性等情况。相应地，增强思想政治教育工作者的可信度，可以从以下几个方面着手。

(一) 增强教育工作者的政治素质

思想政治教育要着重解决社会成员的理想信念问题，鲜明的政治性是其区别于其他教育活动的本质属性。"传道者自己首先要明道、信道。"① 思想政治教育工作者肩负着向受教育者传播马克思主义理论，引导受教育者树立马克思主义信仰以及社会主义和共产主义信念的神圣职责，这就要求其自身必须成为马克思主义者，具有良好的政治素质和坚定的信仰信念，做学习和实践马克思主义的典范。有信仰的人才有资格讲信仰，有爱国情怀的人才有资格讲爱国，这样才可能讲好讲透并让人信服。习近平对思政课教师素养提出了"六个要"的要求，其中摆在第一位的，就是"政治要强"。②

良好的政治素质主要包括强烈的政治意识、正确的政治方向、坚定的政治立场、忠诚的政治品格、严明的政治纪律、过硬的政治能力等，这是思想政治教育工作者能够坚决维护党和人民的根本利益、正确引导受教育者全面发展的素质基础，也是其在思想政治教育过程中树立权威性和可信性的重要条件。因此，思想政治教育工作者必须不断提升自身政治素质，增强政治意识、大局意识、核心意识、看齐意识，坚决维护习近平同志党中央的核心、全党的核心地位，坚决维护党中央权威和集中统一领导，自觉在思想上政治上行动上同以习近平同志为核心的党中央保持高度一致。只有善于从政治高度看待思想政

---

① 《习近平谈治国理政》第 2 卷，外文出版社 2017 年版，第 379 页。
② 习近平：《思政课是落实立德树人根本任务的关键课程》，《求是》2020 年第 17 期。

治教育中的重大问题，在大是大非面前保持政治清醒、坚定"四个自信"，对错误的思想言论敢于亮剑斗争，才能成为让党和人民放心、让受教育者信赖的思想政治教育工作者。

（二）提升教育工作者的专业素养

扎实的理论功底、广博的知识体系、丰富的实践经验是思想政治教育工作者确立专业权威性的主要依托。与过去相比，当今广大民众拥有更高的文化水平、更强的自主意识、更多的信息来源，思想政治教育工作者要有"教育者先受教育"的责任感和"本领恐慌"的危机感，更加注重与时俱进地提升自己的专业素养，努力使自己成为思想政治教育的行家里手。

首先，要夯实理论功底。立物易，立心难。改造人的主观世界、提升人的思想信仰，绝非一件轻松容易的事情。"信仰需要有充分的理论依据和逻辑论证，要有经得起反驳的理由。"① 没有扎实深厚的理论功底，就难以提供有说服力的、经得起反驳的阐述和论证，就难以引导受教育者树立科学的世界观、人生观和价值观。思想政治教育工作者要牢牢掌握马克思主义的看家本领，熟读精思马克思主义经典著作，系统掌握马克思主义基本原理，并以马克思主义中国化的最新理论成果武装自己的头脑。除了不断加强理论学习，还要积极开展理论研究，对重要的理论和现实问题、受教育者关心或困惑的主要问题要有比较深入的研究，善于运用马克思主义的立场、观点和方法，对重点、难点、热点问题能够作出鞭辟入里、有说服力的阐释，这样才能增强思想政治教育的思想性和理论性，真正做到以理服人。

其次，要拓展知识体系。列宁强调："只有了解人类创造的一切财

---

① 陈先达：《马克思主义信仰十讲》，人民出版社2018年版，第21页。

富以丰富自己的头脑,才能成为共产主义者。"① 思想政治教育以促进人的全面发展为最终目标,其内容涉及面非常广,各种理论知识的更新速度也很快,教育者如果没有既精深又广博的知识体系,就难以维持相对于受教育者的知识权威地位,对相关问题的讲解和论述也难以做到旁征博引、深入浅出。如果将知识比喻成水,那么,教育者要给人一碗水,自己要有一桶水甚至一池水。思想政治教育工作者要善于学习、终身学习,除了精通马克思主义理论和党的理论、路线、方针、政策等,还要广泛涉猎哲学、政治学、经济学、历史学、教育学、心理学、伦理学、传播学、管理学、法学等哲学社会科学以及某些自然科学方面的相关知识,以丰富自己的知识体系,这样在进行思想政治教育时才能得心应手、游刃有余。

最后,要积累实践经验。坚持理论联系实际是思想政治教育的重要原则,教育者要指引受教育者成长进步,除了具备渊博的理论知识,还要有丰富的实践经验。这种实践经验既包括思想政治教育工作业绩等方面,也包括人生经历、社会阅历等方面,它们有助于提升教育者的自信和威信,也能够为思想政治教育活动增添生动形象的个性化素材。特别是兼职或临时承担思想政治教育工作的业界精英、模范人物等,他们的事业成就或传奇经历往往成为吸引和鼓舞受教育者的重要亮点。因此,教育者既要读万卷书,又要行万里路、经万件事,主动向实践学习、向群众学习,努力增进自己的见识、智慧和才干,不断提高教育教学能力,这样才能给受教育者提供切实有效的帮助和指导,并积累自己的口碑和威信,从而增强思想政治教育说服力。

(三) 塑造教育工作者的人格力量

有说服力的、成功的思想政治教育离不开教育者的人格力量。

---

① 《列宁选集》第4卷,人民出版社2012年版,第285页。

《礼记·学记》中说:"亲其师,信其道;尊其师,奉其教,敬其师,效其行。"这句古训道出了教育者人格力量对受教育者的强大吸引力、说服力和引领力。德国教育学家斯普朗格指出:"教育之所以为教育,正因它是一个人格心灵的'唤醒',这是教育的核心所在。"①班主任工作专家陈宇认为:"教师自身就是最好的教育资源,学生能够从你身上看到什么、学到什么,可能比你上的那些课更重要。"②教育工作者的人格力量主要来自其道德情操、言行举止等方面的表率作用。

首先,教育工作者要做道德上的表率。古人说:"师者,人之模范也。"教育者既要学识渊博,又要道德高尚,努力成为受教育者乃至全社会的道德楷模。树人必先树己,树己必先立德。教育者只有树立高尚的道德情操,坚持"以德立身、以德立学、以德施教"③,才能受人信任和尊重,才能履行好立德树人的神圣职责,引导和帮助受教育者尤其是青少年确立正确的道德观、把握好人生方向。一个道德沦丧、人品低下的人,绝不应该进入或留在教育工作者队伍之中。"欲人勿恶,必先自美;欲人勿疑,必先自信。"④教育者的道德情操既需要社会培育,更需要自我修养。教育者要牢记教育的初心和使命,不断加强道德修养,努力做一个高尚的人、纯粹的人、脱离低级趣味的人,热爱和忠诚自己的本职工作,具有仁爱之心和奉献精神,执着于教书育人,并带头弘扬社会主义道德和中华传统美德。

其次,教育工作者要做行动上的表率。教育者的言行举止对受教育者具有直接且重要的影响,教育者以身作则的实际行动是最能说服

---

① 参见邹进《现代德国文化教育学》,山西教育出版社1992年版,第73页。
② 陈宇:《学生可以这样教》,中国人民大学出版社2016年版,第10页。
③ 《习近平谈治国理政》第2卷,外文出版社2017年版,第379页。
④ 《东周列国志·第十三回》。

人、打动人的"无言之教"。邓小平指出,党员做好思想政治工作的最重要的条件,"就是凡是需要动员群众做的……必须首先从自己做起"①。习近平强调,理想信念"只有见诸行动才有说服力"②。衡量教育者是否明道、信道的重要标准,就是能否知行合一、以身作则。"身教具有巨大的说服力"③,教育者只有坚持言传与身教相统一,注重以人格示范的方式去传递思想信仰和道德信念,要求别人做到的自己首先做到,要求别人遵守的自己模范遵守,才能让受教育者心服口服。在当代中国,思想政治教育工作者只有努力成为先进思想文化的积极传播者、党执政的坚定支持者、中国特色社会主义事业的模范建设者,才能更好地承担起指导和引领受教育者成长发展的使命。

当前,我国思想政治教育工作者的整体素质是优良的,但也有极少数人存在理想信念淡薄、政治信仰迷茫、理论水平不高、师德师风失范、工作热情不够、责任意识不强等问题,需要多措并举加以引导、规范或强化、提升。一方面,要持续加强队伍建设,抓好选聘、培育、使用等各环节工作,汇聚优秀人才,配齐建强一支专职为主、专兼结合、结构合理、优势互补的高素质思想政治教育工作队伍,不断提升其整体素质、能力、作风和形象,并积极树立、表彰和宣传优秀典型,营造爱岗敬业、潜心育人的良好氛围。另一方面,要动态优化人员构成,建立健全思想政治教育工作队伍合理流动机制,针对个别存在信仰缺失、立场偏差、道德败坏、违法乱纪以及业务能力低下等情况,不适合继续从事当前思想政治教育工作的人员,要及时作出调整,情节严重的,还应当清除出思想政治教育工作队伍。

---

① 《邓小平文选》第 2 卷,人民出版社 1994 年版,第 342 页。
② 习近平:《在党的十九届一中全会上的讲话》,《求是》2018 年第 1 期。
③ 张世欣:《思想政治教育的人学解读》,浙江大学出版社 2017 年版,第 213 页。

三 激发受教育者的主体性

"太山之高,背而弗见;秋毫之末,视之可察。"① 在一切认识和实践活动中,人的主体性、能动性是必不可少的可贵因素。邓小平说过:"我们要求所有的人都努力上进,但毕竟还要看各个人自己是否努力。"② 思想政治教育是人对人、人影响人的活动,而不是人对物、人改造物的活动,在思想政治教育活动中,受教育者与教育者一样,都是作为现实的、具有主体性的人而存在的。其中,教育者是"教"的主体,起到教育引导作用;受教育者是"学"的主体,起到自我教育作用。在受教育者身上,客体性和主体性是有机统一的。在"教"的环节,受教育者是教育者的施教对象,教育者的施教活动以培养和塑造受教育者的思想品德为基本目标,受教育者的客体性是思想政治教育主客体关系得以确立、思想政治教育活动得以开展的前提条件;在"学"的环节,受教育者根据自己的认知和需求,自主选择、理解、内化、践行教育者所传递的教育内容和要求,受教育者的主体性是思想政治教育活动得以完成、思想政治教育价值得以实现的必然要求。长期以来,思想政治教育领域不同程度地存在着强调教育者主体性而忽略受教育者主体性、注重完成既定教育任务而轻视实际接受效果的问题,导致许多受教育者只是被动参与和接受思想政治教育,一部分人甚至对思想政治教育活动产生明显的抵触情绪和逃避心理,这是造成思想政治教育说服力流失的重要原因之一。没有受教育者对教育活动的主动参与和对教育信息的深度加工,再好的思想政治教育内容和要求也很难让受教育者真正入脑入心,思想政治教育说服

---

① 《淮南子·说林训》。
② 《邓小平文选》第 2 卷,人民出版社 1994 年版,第 106 页。

力的实现程度就会大打折扣。因此,重视并激发受教育者的主体性,促进"受教育者的主体化"①,是思想政治教育说服力建设的必要环节。

(一) 引导受教育者树立积极的接受主体意识

受教育者的接受主体意识,就是其对自身作为教育活动接受者的主体地位及相关要求的思想认识。具有明确的接受主体意识,是受教育者主体性的重要体现。沈壮海认为,思想政治教育对象的主体性"主要体现在其明确的接受主体意识和接受意愿,以及接受的相应知识准备和相应的接受力"②。值得注意的是,接受主体意识有积极和消极之分,正如人们对自由的理解也有积极和消极之分③。古希腊时代,波策玛尔科曾经对准备说服他的苏格拉底等人说:"难道你们能够说服耳朵不听的人吗?"与苏格拉底同行的格劳康回答:"真的不能。"④ 显然,波策玛尔科深知自己有听或不听的自由,他准备对说服活动采取"充耳不闻"的抵制态度,这实际上是一种消极的接受主体意识。在思想政治教育过程中,有些受教育者就是抱着"你说你的,我做我的"等消极应付态度,导致思想政治教育说服力流失。

针对这种情况,除了增强思想政治教育说服力和吸引力之外,还要对受教育者消极的接受主体意识进行有效引导,使其转化为积极的接受主体意识。从理论和现实上来看,一个人要成为社会成员并适应社会生活,就需要而且无法逃避思想政治教育,尤其是反映社会发展要

---

① 孙若梅:《主体性思想政治教育及其实现路径》,博士学位论文,辽宁大学,2014年。
② 沈壮海:《思想政治教育有效性研究》第3版,武汉大学出版社2016年版,第73页。
③ 20世纪西方自由主义思想家、英国哲学家以赛亚·伯林提出了"积极的自由"和"消极的自由"两种概念。前者是指在一定条件下积极行动的自由,即"去做……的自由"(liberty to);后者是指在一定程度内不受干涉的自由,即"免于……的自由"(liberty from)。
④ [古希腊] 柏拉图:《理想国》,顾寿观译,岳麓书社2010年版,第2页。

求、代表人民根本利益的思想政治教育。"一个试图逃避意识形态教化的人只可能是自然存在物,而不可能是社会存在物"①。因此,受教育者应当正确认识思想政治教育社会价值与个体价值的辩证统一关系,保持虚心上进的态度,变"要我学"为"我要学",主动提升自己的接受意愿和接受能力,积极参与和接受思想政治教育,并自觉遵守相应的规则和纪律。同时,受教育者也要适时向教育者反馈自己在思想政治教育过程中碰到的困难和问题,以及自己对思想政治教育的需求、意见和建议等,促进思想政治教育活动在教育者和受教育者之间积极有效的双向互动中精准调适、守正创新,从而不断增强思想政治教育说服力。

(二)培养受教育者对思想政治教育活动的兴趣

兴趣是使人积极认识事物或投身实践并且从中感到乐趣的一种心理倾向。孔子说过:"知之者不如好之者,好之者不如乐之者。"② 如果受教育者对思想政治教育活动缺乏兴趣,其参与和接受思想政治教育的积极性、主动性就会下降,思想政治教育说服力的通达效果就会随之弱化。列宁指出,教育工作者的任务是改造群众思想,"我们所看到的群众对共产主义教育和共产主义知识的兴趣和向往,是我们在这方面取得胜利的保证"③。培养受教育者对思想政治教育活动的兴趣,可以促使其"专心"和"钻研"。前者有助于受教育者提升专注力,集中心智积极接受思想政治教育信息,并主动排除无关信息的干扰;后者有助于受教育者提升意志力,深化理论学习和信息加工,克服接受过程中容易产生的惰性心理。心理学领域的相关研究表明,在说服

---

① 俞吾金:《意识形态论》,上海人民出版社2014年版,第97—98页。
② 《论语·雍也》。
③ 《列宁选集》第4卷,人民出版社2012年版,第307页。

传播活动中,如果信息接收者不是通过边缘路径而是通过中心路径,对自己所接收的核心信息进行深思熟虑的精细加工(Elaboration),那么,由此产生的说服力就会更加显著和持久。① 也许会有人担心,如果受教育者兴趣增强、思考更深,会不会更难以说服教育？其实,这种担心是多余的。只要思想政治教育内容是科学的、经得起推敲和检验的,而且教育者具有透彻说理的功底和能力,就不怕受教育者质疑问难,只怕受教育者漫不经心。正如习近平所言："真理从来是在诘问和辩难中发展起来的,如果一问就问倒了,那就说明所讲的不是真理或者自己还没有掌握真理。"②

兴趣既可以在长期的认识和实践活动中积累形成,也可以因为具体事物和情境的吸引而临时激发。要培养或激发受教育者的兴趣,教育者一方面要引导受教育者树立对思想政治教育的正确认识和积极态度,另一方面要通过改革创新不断提升思想政治教育对受教育者的契合度和吸引力,努力让受教育者体会到思想政治教育既"有意义"又"有意思"。当今时代,受教育者的注意力容易被各种多元化、碎片化、快餐化、娱乐化的信息所耗散,激发受教育者对思想政治教育活动的兴趣,既是一个难点,又是一个重点。

(三) 促进受教育者的自我教育

自我教育是指人们发挥自己的主观能动性,将教育内容和要求转化为自己努力的目标,通过自我认识、自我实践、自我评价、自我管理等方式实现自己教育自己、自己完善自己。受教育者的主体性有多种表现,具有自我教育的意识和能力是其最高表现。授人以鱼不如授

---

① Richard. E. Petty & John. T. Cacioppo, "The Elaboration Likelihood Model of Persuasion", *Advances in Experimental Social Psychology*, Vol. 19, 1986, pp. 123 – 205.

② 习近平:《思政课是落实立德树人根本任务的关键课程》,《求是》2020 年第 17 期。

人以渔，从根本上讲，一切教育的本质要求，就是让受教育者在可及的知识图景和意义世界里最终成为能够进行自我教育、自我完善的人。苏霍姆林斯基指出："唤醒人实行自我教育，按照我的深刻信念，乃是一种真正的教育。"① 联合国教科文组织的相关报告也强调："未来的学校必须把教育的对象变成自己教育自己的主体。"② 在思想政治教育过程中，只有当受教育者能够通过理性的思考、选择和认同，将思想政治教育内容和要求内化为自己的思想品德，并以一定形式外化为自己的实际行动时，他才是完整意义上的思想政治教育接受主体。

  自我教育是教育者先前教育引导和受教育者后续自主建构的有机统一，也体现了思想政治教育活动中社会需要和个体需要、社会价值和个体价值的有机统一。理想状态的自我教育，主要表现为受教育者以积极适应社会生活和不断提高自身修养为目标的"自己认知、自己体验、自己思考、自己领悟、自己践行、自己创造"③。在接受思想政治教育时，受教育者要自觉坚持学思用贯通、知信行统一，因为，"只有把自己的思想摆进去、把工作摆进去、把职责摆进去，才能真切感悟到科学理论的真理力量和实践伟力"④。另外，受教育者接受思想政治教育不是一朝一夕而是一生一世的事，其自我教育、自我完善也应当具有持续性乃至终身性。毛泽东指出，人们在改造社会的同时需要不断学习进步、不断改造自己。为了说明这个道理，毛泽东还现身说法："我在书本上学了一点马克思主义，初步地改造了自己的思想，但是主要的还是在长期阶级斗争中改造过来的。而且今后还要继续学习，

---

  ① ［苏］苏霍姆林斯基：《给教师的建议》，杜殿坤编译，教育科学出版社1984年版，第350页。
  ② 联合国教科文组织国际教育发展委员会编：《学会生存：教育世界的今天和明天》，教育科学出版社1996年版，第200页。
  ③ 班华：《略论终身道德学习》，《当代教育科学》2004年第4期。
  ④ 习近平：《在二十届中央政治局第四次集体学习时的讲话》，《求是》2023年第10期。

才能再有一些进步，否则就要落后了。"① 从教育者的角度来看，应当坚持主导性和主体性相统一，既充分发挥自身在教育过程中的主导作用，又充分尊重受教育者的主体地位，积极促进受教育者开展自我教育。美国教育家赫钦斯指出："教育就是帮助学生学会自己思考，作出独立的判断，并作为一个负责的公民参加工作。"② 这对我们实施思想政治教育并增强思想政治教育说服力也富有启发意义。

第三节 新时代思想政治教育说服力建设的基本路径

当前，我国已经进入全面建设社会主义现代化国家、向第二个百年奋斗目标进军的新发展阶段。党中央强调，我国经济社会发展要以推动高质量发展为主题，着力提升质量和效益，"经济、社会、文化、生态等各领域都要体现高质量发展的要求"③。在新时代、新阶段，我国思想政治教育工作也要主动适应经济社会发展的新要求，以高质量发展为导向，不断优化思想政治教育要素和过程，持续增强思想政治教育说服力，更好地落实立德树人的根本任务和满足人民日益增长的美好精神生活需要。

一 思想政治教育内容的高质量供给

教育内容是思想政治教育系统的核心要素，教育内容说服力是思想政治教育说服力的根本所在。在当今信息化、全媒体、智媒体时

---

① 《毛泽东文集》第7卷，人民出版社1999年版，第223页。
② 参见王承绪、赵祥麟编译《西方现代教育论著选》，人民教育出版社2001年版，第219页。
③ 习近平：《关于〈中共中央关于制定国民经济和社会发展第十四个五年规划和二〇三五年远景目标的建议〉的说明》，《人民日报》2020年11月4日第02版。

代,思想政治教育内容传播面临着更加复杂的舆论生态、更加纷繁的信息干扰和更加多元的受众偏好。思想政治教育者能否有效提供高质量的教育内容,从根本上决定着思想政治教育说服力的强弱。当前,思想政治教育内容供给存在着"滞后、泛化、离散以及亲和力欠佳等问题"①,在一定程度上弱化了思想政治教育说服力。现实中,很多受教育者也期待思想政治教育内容供给方面能够持续改进。比如,有年度调查显示,关于改进高校思想政治理论课教学内容的建议,在2015—2020年,分别有68.4%—79.6%的大学生选择"密切与现实生活的联系",有52.8%—65.4%的大学生选择"积极回应理论热点问题",有18.7%—30.5%的大学生选择"注意避免与高中教材内容重复",有11.4%—21.5%的大学生选择"加强理论性和思想性"。② 教育者必须适应新时代意识形态工作形势和受教育者精神发展需求,加强内容建设,优化内容供给,为增强思想政治教育说服力奠定坚实基础。

(一) 推进理论创新,增强教育内容的时代性

"任何真正的哲学都是自己时代的精神上的精华"③。思想政治教育内容是时代的"风向标",必须顺应时代要求,引领时代精神,不断与时俱进。实践是认识的来源,也是检验认识正确与否的根本标准,实践永无止境,认识也永无止境。恩格斯指出,"每一个时代的理论思维……都是一种历史的产物",它在不同的时代具有完全不同的形式和内容。④ 作为认识的存在形态之一,包括马克思主义在内的任何理论都

---

① 万美容、吴倩:《新时代思想政治教育内容有效供给论析》,《马克思主义理论学科研究》2020年第1期。
② 参见沈壮海等主编《中国大学生思想政治教育发展报告2021》,高等教育出版社2023年版,第206—207页。
③ 《马克思恩格斯全集》第1卷,人民出版社1995年版,第220页。
④ 《马克思恩格斯文集》第9卷,人民出版社2009年版,第436页。

产生于特定的社会历史背景，都受到当时实践条件和认识水平的制约，都需要在新的实践中不断加以检验、修正、丰富和发展。"理论的生命力在于创新。"① 我国思想政治教育所依据和传播的马克思主义，就是从实践中总结出来、经过实践检验并且在新的实践中不断丰富和发展的科学理论。马克思主义具有与时俱进的理论品格和真理力量，这为我国思想政治教育内容说服力提供了根本支撑。

坚持理论创新是中国共产党长期奋斗所积累的宝贵经验之一。毛泽东强调："马克思主义一定要向前发展，要随着实践的发展而发展，不能停滞不前。"② 邓小平指出，马克思主义理论要求人们"不断结合变化着的实际，探索解决新问题的答案，从而也发展马克思主义理论本身"③。面对快速变化的世界和充满挑战的未来，我们必须继续坚持解放思想、实事求是、与时俱进、求真务实，坚持把马克思主义基本原理同中国具体实际相结合、同中华优秀传统文化相结合，不断谱写马克思主义中国化、时代化新篇章。"只要我们勇于结合新的实践不断推进理论创新、善于用新的理论指导新的实践，就一定能够让马克思主义在中国大地上展现出更强大、更有说服力的真理力量。"④ 反之，如果墨守成规、思想僵化，"不仅党和国家事业无法继续前进，马克思主义也会失去生命力、说服力"⑤。因此，思想政治教育者必须具有强烈的理论创新意识，自觉将党的创新理论成果作为思想政治教育内容

---

① 《习近平著作选读》第 2 卷，人民出版社 2023 年版，第 418 页。
② 《毛泽东文集》第 7 卷，人民出版社 1999 年版，第 281 页。
③ 《邓小平文选》第 3 卷，人民出版社 1993 年版，第 146 页。
④ 《中共中央关于党的百年奋斗重大成就和历史经验的决议》，《人民日报》2021 年 11 月 17 日第 01 版。
⑤ 《习近平在省部级主要领导干部学习贯彻党的十九届六中全会精神专题研讨班开班式上发表重要讲话强调　继续把党史总结学习教育宣传引向深入　更好把握和运用党的百年奋斗历史经验》，《人民日报》2022 年 1 月 12 日第 01 版。

的源头活水，以扎实推进党的创新理论成果进教材、进课堂、进头脑为重要抓手，不断提升思想政治教育内容的真理性和说服力。习近平强调："理论创新每前进一步，理论武装就要跟进一步。"① 作为马克思主义在当代中国发展的最新理论成果，习近平新时代中国特色社会主义思想是"两个结合"的重大成果，是当代中国马克思主义、21世纪马克思主义，是中华文化和中国精神的时代精华，实现了马克思主义中国化时代化新的飞跃，以全新的视野深化了对共产党执政规律、社会主义建设规律、人类社会发展规律的认识。在当前和今后很长一段时期，思想政治教育内容建设的重中之重，是坚持以习近平新时代中国特色社会主义思想作为立德树人、铸魂育人的根本遵循，全面提升思想政治教育内容的时代性。

（二）理论联系实际，增强教育内容的针对性

坚持理论联系实际，是马克思主义学风的集中体现和党的思想路线的基本要求。马克思指出："正确的理论必须结合具体情况并根据现存条件加以阐明和发挥。"② 毛泽东强调，学习和应用马克思主义要做到"有的放矢"，"马克思列宁主义之箭，必须用了去射中国革命之的"③。马克思主义经典作家们之所以高度重视科学理论，恰恰是因为科学理论本身来源于实践并且对实践具有重要指导意义。因此，衡量思想理论说服力和价值性的主要标准，就在于思想理论能否正确反映和解答各种实际问题。也因此，"思想政治教育内容只有同广大人民群众的生活实际相结合才能增强说服力和感召力"④。比如，要让群众信

---

① 《习近平谈治国理政》第3卷，人民出版社2020年版，第540页。
② 《马克思恩格斯全集》第27卷，人民出版社1972年版，第433页。
③ 《毛泽东选集》第3卷，人民出版社1991年版，第819—820页。
④ 杨威：《思想政治教育发生论》，中国社会科学出版社2009年版，第300页。

服马克思主义行、中国共产党能、中国特色社会主义好,除了进行相应的理论分析,还要紧密联系社会现实,并通过纵向、横向比较等方式,阐明马克思主义、中国共产党、中国特色社会主义究竟给中国、世界以及民众生活带来哪些历史性巨变。思想政治教育内容若不紧密联系实际,就会流于空谈、陷于空洞,无法充分发挥思想理论观照现实、指导实践的应有作用,自然也就无法充分展现其内在说服力。思想政治教育内容所要紧密联系的"实际",主要包括两个方面:一是国内外的社会实际,二是受教育者的思想实际。根据物质与意识、社会存在与社会意识的辩证关系原理,社会实际影响和决定着人们思想实际的发展变化,而人们思想实际又通过指导人们实践活动反过来也影响和改变着社会实际。

优化思想政治教育内容供给,必须坚持理论联系实际,坚持问题导向,注重回答受教育者普遍关注尤其是感到疑惑或存在误解的问题,防止理论脱离实际的"两张皮"和忽视具体问题的"空对空"现象。只有紧密联系社会实际和思想实际,切实增强思想政治教育内容观照实际、释疑解惑的能力,才能充分展现思想政治教育说服力。习近平指出:"凡是广大干部群众普遍关注的深层次问题,都要从历史和现实、理论和实践的结合上作出令人信服的回答。"① 为此,他还特地列举了如何看待马克思主义的真理性、如何看待社会主义本质特征、如何看待西方所谓"普世价值"、如何准确把握"四个全面"战略布局、如何看待党风廉政建设和反腐败斗争等13个需要重点加以回答的问题。② 这些问题有的体现社会热点,有的反映思想堵点,具有很强的现实性和针对性,需要思想政治教育者加以重点研究和解答。当然,除

---

① 习近平:《论党的宣传思想工作》,中央文献出版社2020年版,第156页。
② 习近平:《论党的宣传思想工作》,中央文献出版社2020年版,第156页。

了广大干部群众普遍关注的一些"大众化"问题，还有一些只是部分甚至个别受教育者关注的"小众化"问题，也同样需要得到及时回应和解答。另外，针对网络时代层出不穷的各种舆论、思潮、观点和信息，尤其是那些容易干扰、消解思想政治教育说服力的错误观点、虚假信息等，教育者也要增强敏锐性和鉴别力，并通过适当的途径和方式及时发声、理性发声，及时进行辨析、澄清或批判，以防止受教育者被误导。

此外，在思想政治教育过程中，教育者还可以适当结合自身经历见闻和受教育者身边事例，使自己的理论阐释或思想引导更加接地气、更具亲和力。比如，2021年10月，安徽省砀山县一名中学生不小心将价值30多万元的人工耳蜗掉入厕所，当地消防救援队员接到求助报警后迅速赶到现场，不顾恶臭，对化粪池和下水道进行了近3小时的清理排查，终于找到掉落的人工耳蜗，学生家长非常感激，网友们看到报道后也纷纷点赞。若在学校思想政治教育中援引这样的鲜活事例，并让学生就"如果丢失耳蜗的是你""如果你是一名消防员"等相关话题展开讨论或进行情景再现等，不仅可以增强思想政治教育的现实性、生动性，而且能够让学生真切感受到社会的正能量，有助于学生树立为人民服务无上光荣的价值信念。

（三）善于博采众长，增强教育内容的包容性

我国思想政治教育以马克思主义为指导思想和核心内容，这并不等于思想政治教育内容只能局限于马克思主义理论知识。恰恰相反，"思想政治教育还要讲马克思主义之外的道理"[①]。只要是科学的、进步的、有益的思想文化成果，包括古今中外名人名家以及普通群众的

---

① 刘建军：《思想政治教育要发挥真理的魅力》，《思想理论教育导刊》2011年第8期。

真知灼见、创新创造等，都可以成为教育素材，也都可以为受教育者的视野拓展和精神成长提供滋养。列宁说过："只有了解人类创造的一切财富以丰富自己的头脑，才能成为共产主义者。"① 马克思主义是开放、发展的理论，而不是封闭、僵化的教条，除了具体的理论观点之外，更重要的是它为人们认识和改造世界提供了科学的方法论。马克思主义不仅以德国古典哲学、英国古典政治经济学、法国空想社会主义作为自己的三大理论来源，而且广泛吸收了大量哲学社会科学以及自然科学等方面的先进成果，以不断丰富和发展自己。按照列宁的说法，马克思主义"吸收和改造了两千多年来人类思想和文化发展中一切有价值的东西"②。博采众长体现了马克思主义的科学性和包容性，也是马克思主义保持强大说服力和生命力的重要条件。各位马克思主义经典作家，就是广泛汲取各领域、各学科知识的典范。

在思想政治教育内容供给上，教育者应当充分发扬科学精神，善于博采众家之长。特别是在深入阐述马克思主义基本原理及其具体应用等方面，教育者要积极吸收借鉴各种鲜活有力的学术成果、思想观点、事实论据等，并通过恰当的比较和扬弃进一步去伪存真、去粗取精、吐故纳新，坚持以真知真理不断启迪和引领受教育者。另外，关起门来研究和宣传马克思主义也是行不通的。在新时代背景下，中国日益走近世界舞台中央，中国与世界的联系更加紧密，中外思想文化交流更加频繁，国内思想政治教育也要有开放思维和国际视野。在论述马克思主义的真理性和发展性、阐释中国道路的合理性和优越性，以及对外讲好中国故事、对内凝聚思想共识等诸多方面，我们需要打破自说自话、自给自足的思维定式，在牢牢掌握意识形态话语权的前

---

① 《列宁选集》第4卷，人民出版社2012年版，第285页。
② 《列宁选集》第4卷，人民出版社2012年版，第299页。

提下，善于吸收和借鉴各种有益的国际思想文化资源。比如，适当引介某些国外著名思想家尤其是马克思主义学者的学术成果，以及对我国持公正友好态度的国外政要和专家学者的积极评价等，有助于提升思想政治教育内容的信息含量和学术含量，进而产生更强大的说服力。

（四）改进"工艺"和"包装"，增强教育内容的吸引力

从理想状态来看，"思想政治教育内容不仅内蕴美好特质，而且需要美好呈现"①。优化思想政治教育内容供给，除了着重优化"配方"之外，还要注意改进"工艺"和"包装"。内容与形式是密不可分的，我们要反对华而不实或虚浮空洞的形式主义，但也不能忽视思想政治教育内容的精彩呈现。习近平指出："上思政课不能拿着文件宣读，没有生命、干巴巴的。"② 特别是在受众的审美需求不断提升、各种信息传播越来越注重让人"赏心悦目"的时代背景下，思想政治教育内容的呈现形式是否具有吸引力，已成为影响思想政治教育说服力的重要因素。在各类思想政治教育讲坛、课堂上，经常可以看到一些人或昏昏欲睡或沉迷手机等，造成此类现象的原因之一，就是思想政治教育内容和形式不够形象生动，甚至枯燥乏味，难以引发受教育者的兴趣，导致思想政治教育说服力的流失。要让受教育者感到思想政治教育内容既有意义又有意思，必须注重通过适当方式提升"工艺"、美化"包装"。

一要精心提炼和加工历史文化资源。习近平指出："党的历史是最生动、最有说服力的教科书。"③ 除了党史，新中国史、改革开放史、

---

① 熊建生、尚晓丽：《论思想政治教育内容的美好向度》，《思想理论教育导刊》2022年第11期。
② 参见杜尚泽《"'大思政课'我们要善用之"》，《人民日报》2021年3月7日第01版。
③ 习近平：《在党史学习教育动员大会上的讲话》，《求是》2021年第7期。

社会主义发展史等都蕴含着深厚的思想文化资源，是我国思想政治教育内容的重要支撑。教育者要在深入把握历史发展主流和规律的基础上，善于对历史事实、历史经验等进行精心提炼和加工，并通过故事化、图像化等鲜活方式加以再现，让历史事件和人物"活起来"，增强教育内容的说服力和感染力。比如，陈望道专心致志翻译《共产党宣言》时误把墨水当红糖蘸着吃粽子的"真理的味道非常甜"的故事，三名女红军在长征途中将仅有的一条被子剪下一半留给老乡的"半条被子"的故事，反映党风廉政建设和反腐败斗争的纪录片《永远在路上》《零容忍》等，反映抗美援朝战争的影片《长津湖》及其续集《长津湖之水门桥》等，都是对真实素材的精心加工和形象再现，极具说服力和感染力，能够在广大干部群众中引起强烈反响或共鸣。

二要积极应用信息技术等现代化手段。"传统思想政治教育向现代思想政治教育转变的重要标志，是现代化手段的运用。"① 在当今信息化、全媒体时代，以口头讲授或文字宣传为主的传统思想政治教育传播方式或多或少都面临着吸引力不足的困境。习近平强调："要运用新媒体新技术使工作活起来，推动思想政治工作传统优势同信息技术高度融合，增强时代感和吸引力。"② 在思想政治教育内容呈现方面，除了继续发挥线下的组织传播、人际传播等传统优势，还要顺应时代发展潮流，积极借助慕课、微课、视频、音频、多媒体课件、人工智能、虚拟现实（VR）等信息技术手段，以及网站、微博、微信、抖音、快手、哔哩哔哩（B站）等各种网络平台，开拓线上或线上与线下相结合的思想政治教育空间。当然，这不等于要将线下思想政治教育内容

---

① 郑永廷主编：《思想政治教育方法论》修订版，高等教育出版社2010年版，第63页。

② 习近平：《论党的宣传思想工作》，中央文献出版社2020年版，第278页。

直接照搬到线上，而是要适应网络传播特点和网民接受习惯，整合、提炼、开发出合适的线上思想政治教育内容和形式。积极应用信息技术等现代化手段，以更加灵活有效的形式和载体传播思想政治教育内容，可以降低思想政治教育传播和接受成本，拓展思想政治教育时间和空间，提升思想政治教育吸引力、传播力和影响力，进而减少思想政治教育说服力的流失和消解。

二 思想政治教育话语的创造性表达

马克思指出："语言是思想的直接现实。"① 思想政治教育话语就是传播思想政治教育内容的语言表达。话语沟通在思想政治教育过程中具有极其重要的地位，无论是以理服人还是以情感人，都离不开话语的影响力。俗话说，"良言一句三冬暖，恶语伤人六月寒"，话语表达对思想政治教育说服力具有直接影响，同样的思想政治教育内容可能因为不同的话语表达而产生截然不同的说服教育效果。从某种意义上讲，"思想政治教育是一门应用话语体现理论说服力的学问"②。

对思想政治教育者来说，话语能力是其主体说服力的重要来源。亚里士多德指出，演说者仅仅掌握演说内容是不够的，还必须懂得如何更好将演说内容表述出来，以便"使得演说显示出某种性质的特点"③。教育者要是话语能力欠缺、话语水平不高，导致有理说不清或说了没人听，势必影响思想政治教育说服力。习近平说过，在开展群众工作方面，有的领导干部"甚至不会说话，连语言表达都苍白无力，

---

① 《马克思恩格斯全集》第3卷，人民出版社1960年版，第525页。
② 李宪伦：《思想政治教育话语学与文本话语体系构建》，广西人民出版社2010年版，第1页。
③ ［古希腊］亚里士多德：《修辞术·亚力山大修辞学·论诗》，颜一、崔延强译，中国人民大学出版社2003年版，第161页。

这怎么能使群众信服呢"①？有学者指出,"部分教育者将教育内容变成'假大空'的'套话'和'官话'",这是当前思想政治教育缺乏足够说服力的重要原因。② 因此,看似寻常的话语表达绝非无足轻重的小事情,而是直接关系到思想政治教育说服力乃至思想政治教育话语权的大问题。

在当今新媒体时代,多样化的信息和个性化的表达层出不穷,人们的话语习惯和接受特点也发生了很大变化,思想政治教育中某些陈旧刻板的话语方式正面临前所未有的挑战,由此带来的话语不适应和沟通低成效问题亟待破解。教育者应当进一步创新话语理念、优化话语表达,提升思想政治教育话语的亲和力、感染力、阐释力、说服力,使受教育者愿意听、喜欢听、听得懂、听得进,这是增强思想政治教育说服力的必要条件。

(一) 提升思想政治教育话语的可接受性

话语是人们沟通交流的基本手段,不同的话语主体、话语目标和话语情境会产生不同的话语要求。思想政治教育承担着立德树人的根本任务,思想政治教育话语从本质上讲是面向大众的一种公共性话语、价值性话语和说服性话语。与单纯作为信息传播手段的一般性话语或工具性话语相比,思想政治教育话语对可接受性的要求更为突出。早在1929年的古田会议决议案中,毛泽东就提出了著名的十大教授法,其中第4条到第7条分别是"说话通俗化(新名词要释俗)""说话要明白""说话要有趣味""以姿势助说话"。③ 这四种方法都直接涉及话

---

① 习近平：《干在实处　走在前列——推进浙江新发展的思考与实践》,中共中央党校出版社2006年版,第525页。
② 陈娟、庞立生：《思想政治教育内容合理性及其实现研究》,《广西社会科学》2021年第1期。
③ 《毛泽东文集》第1卷,人民出版社1993年版,第104页。

语表达，充分反映了中国共产党人对思想政治教育话语可接受性的一贯重视。

提升思想政治教育话语的可接受性，应当注重以下几个方面。

第一，话语要言之有物。思想政治教育话语旨在影响和提高人们的思想认识，它不同于一般的交际性话语、工具性话语，必须表达符合时代发展要求的主导意识形态。换句话说，思想政治教育话语必须包含科学的、先进的、丰富的思想内容，具有鲜明的科学性、时代性、主导性，切忌空话套话、言之无物。否则，不但无法实现思想政治教育目标，而且容易损害思想政治教育声誉。毛泽东在著名的《反对党八股》一文中，就将"空话连篇，言之无物"和"装腔作势，借以吓人"列为党八股"八大罪状"的头两条，主张"禁绝一切空话"，并强调共产党是靠真理、实事求是和科学吃饭的。[①] 思想政治教育活动中，无论写文章、作报告还是授课、演说等，都要做到言之有物，力戒空洞无物。当然，言之有物的同时也必然要求言之有理，即话语要符合认知规律和语言逻辑，能够科学地阐明或揭示蕴含着规律性认识的道理学理哲理，从而给受教育者以深刻的思想启迪和有效的价值引领。

第二，话语要平易近人。教育者说话的态度、语气等往往会给受教育者留下第一印象，并影响后续对话效果。教育者的权威性固然是思想政治教育说服力的必要条件，但这并不等于教育者要板着面孔、说着狠话来显示自己的威严。思想政治教育讲究以说服教育为原则方法让受教育者信服，这恰恰需要教育者有鼓舞人心、温暖人心的话语亲和力，而不是让人敬而远之。温和、真诚、朴实的话语能够让人感到亲切

---

① 《毛泽东选集》第3卷，人民出版社1991年版，第833—836页。

可信，减少沟通障碍。有调查显示，"态度和蔼、平易近人"是最受大学生欢迎的高校教师品质之一，仅次于"知识渊博、治学严谨"。[①] 教育者和蔼可亲、平易近人能够增添其人格魅力，从而产生"亲其师、信其道"的亲和力和说服力。话语的平易近人，往往体现着教育者对受教育者的尊重和关爱，这也可以为双方的和谐沟通奠定基础，从而有助于达成思想共识。

第三，话语要通俗易懂。话语通俗易懂，受教育者才能听得明白、易于理解，这有助于思想政治教育说服力的充分实现。列宁曾经提出一个简明的等式——"最高限度的马克思主义＝最高限度的通俗化"[②]，以此强调通俗化表达对马克思主义传播的重大意义。从文本形态来讲，各种马克思主义典籍浩如烟海，许多还是晦涩难啃的大部头，但从理论内涵来讲，其基本立场、观点和方法则是融会贯通、一脉相承的，可以通过恰当的概括和阐释变成通俗易懂的原理、道理。比如，毛泽东用"造反有理"[③]来解释马克思主义的阶级斗争理论，用"实事求是"来概括马克思主义的认识论和我们党的思想路线，就是采用中国式语言通俗而又精辟地揭示了马克思主义基本原理。思想政治教育者就应当深入浅出地做好这种概括和阐释，"把马克思主义理论用简单质朴的语言讲清楚、用群众喜闻乐见的方式说明白"[④]，让科学理论能够从浩瀚典籍中"飞入寻常百姓家"，成为广大民众充分理解、掌握和运用的强大思想武器。当然，对不同受教育者来说，通俗易懂的标准并不一样。对文化程度或认知水平不高的人，要多讲一些朴素直白

[①] 姚本先、汪祚军：《新时期高校教师形象探析——大学生心目中最受欢迎的教师调查》，《高校教育管理》2009年第3期。
[②] 《列宁全集》第36卷，人民出版社1959年版，第468页。
[③] 《毛泽东年谱（1893—1949）》修订本·中册，中央文献出版社2013年版，第152页。
[④] 《十七大以来重要文献选编》中，中央文献出版社2011年版，第261页。

的生活话语；对文化程度或认知水平较高的人，可以多讲一些深刻隽永的理论话语。

第四，话语要准确可信。话语是思想内容的语言呈现，思想政治教育话语的准确性、可信性是思想政治教育内容真理性、真实性的必然要求，也是教育者应有的实事求是精神和科学严谨态度的重要体现。教育者在阐释基本理论、剖析思想观点、解读方针政策、援引论据资料等各个方面，都要力求语言表达的准确性，杜绝言不及义、言过其实、含糊其词的话语。特别是在涉及思想政治教育的核心内容或关键信息，比如马克思主义经典作家的重要论断、法律规章及方针政策的具体条文、重要人物事件及相关数据信息时，语言表述一定要真实准确，使之符合原意和事实（非重要信息可以适当淡化或回避，但绝不能故意歪曲或改变），否则会引起受教育者的误解或质疑。如果思想政治教育的话语经常出现差错或漏洞，必将削弱教育者和教育内容的说服力。

第五，话语要形象生动。在思想政治教育实践中，话语（也包括内容）枯燥乏味是最常见的弊病之一，某些教育者的讲课或报告也因此被听众戏称为"催眠曲"。形象生动的话语有助于提升思想政治教育的吸引力和感染力，也有助于受教育者更好地理解和记忆思想政治教育内容，从而增强思想政治教育说服力和实效性。教育者要善于结合历史典故、现实事例、名言佳句等资料，并吸收借鉴人民群众以及其他学科的话语智慧和话语经验，增强话语的形象性、生动性。比如，讲故事就是很有说服力和感染力的一种话语方式。习近平指出："红军后代、革命烈士家属传承革命精神有说服力和感染力，要把先辈们的英雄故事讲给大家听，讲给青年一代听。"[①] 当然，形象生动不等于戏

[①]《习近平在河南考察时强调 坚定信心埋头苦干奋勇争先 谱写新时代中原更加出彩的绚丽篇章》，《人民日报》2019年9月19日第01版。

说搞笑或粗陋庸俗，思想政治教育具有政治性、学理性、规范性等鲜明特征，追求话语的形象生动不能以偏离思想政治教育的基本属性和目标要求为代价。

（二）推进思想政治教育话语的创造性表达

提升思想政治教育话语的可接受性，必须着眼于思想政治教育话语发展规律和受教育者话语接受特点，坚持理论与话语相促进、语言与非语言相配合，从不同层面推进思想政治教育话语的创造性表达。

第一，要坚持对核心话语体系的守正创新。马克思主义是我们立党立国、兴党强国的根本指导思想，也是我国思想政治教育事业最鲜亮的底色。思想政治教育话语体系内涵丰富，其中的核心话语体系，就是以马克思主义基本立场、观点和方法为主要内容的马克思主义核心话语体系。与其他话语体系和话语形式相比，马克思主义核心话语体系具有本源性和稳定性，体现了我国思想政治教育话语体系的本质属性和战略方向。思想政治教育话语的形成和发展有其特定的规律和逻辑，对待马克思主义核心话语体系，应当坚持守正和创新的辩证统一。一方面，"老祖宗不能丢"。比如，辩证唯物主义和历史唯物主义的哲学方法、社会主义和共产主义的政治信仰、实现人的彻底解放和自由全面发展的崇高理想，以及人民立场、实践观点、无产阶级及其政党的领导、以马克思主义为指导等核心话语及其理念，要经常讲反复讲，无论时代如何变迁，都不能轻易改变或放弃，否则，我国社会主导意识形态和思想政治教育就会变色、变质。另一方面，要讲出新话语。社会存在决定人们的思想意识，当社会生活发生变化时，人们的思想意识及其话语表达必然会随之发生变化。从根本上说，思想政治教育核心话语体系的说服力和生命力就在于"同自己时代的现实世界接触并相互作用"①。因此，我们要坚持把马克思主义基本原理同中国具体实际相结合、同中华优秀传统文化相结合，不断推进马克思主义中国化时代化，并在理论创新、道路创新、制度创新、文化创新等过程中不断丰富和发展马克思主义核心话语体系。比如，习近平提出的"以人民为中心""贯彻新发展理念""构建人类命运共同体""中国式现代化"等一系列创新性话语，就充分体现了对马克思主义基本原理的坚持和发展，具有强大的说服力和感召力。

第二，要善于对不同话语形式进行合理转化。思想政治教育话语的具体形式丰富多彩。从话语场域来看，有政治话语、学术话语、宣传话语、教学话语、生活话语等；从话语载体来看，有文件话语、教材话语、网络话语等；从话语来源来看，有官方话语、民间话语或大众话语等；从话语主题来看，有革命话语、斗争话语、改革话语、发展话语等；从话语功能来看，有说理话语、叙事话语、对话话语、协商话语、抒情话语等。各种话语形式各具特色，并在不同场合或条件下发挥独特作用。当然，它们之间也存在交叠，并且相互影响和融通。在多数情况下，思想政治教育活动需要综合运用不同的话语形式，以增强话语效能。但是，从目前情况来看，思想政治教育话语运用方面仍然存在着两个极端。一是过度照搬政治话语、文件话语、宣传话语等，导致整体话语风格比较单调乏味，现实性、生动性、趣味性不足，话语的可接受性不高；二是过度采用生活话语、网络话语、民间话语等，导致整体话语风格比较主观随意，政治性、权威性、严肃性不足，话语的思想政治教育属性不强。其中，第一个问题相对普遍和突出，需要重点解决，第二个问题也不能忽视。总体而言，教育者要在学深

---

① 《马克思恩格斯全集》第1卷，人民出版社1995年版，第220页。

第五章　新时代思想政治教育说服力的建设理路

悟透马克思主义基本原理和党的创新理论成果的基础上，积极吸收借鉴各种话语资源，尤其要深入生活、深入群众，少生搬硬套，多活学活用，不断提高话语感悟、话语表达、话语转化和话语创新的能力；要善于根据不同的对象、场合和情境，灵活运用不同话语形式，比如，用适当的生活话语、大众话语、学术话语、网络话语、叙事话语等来转化或对接政治话语、官方话语、文件话语、教材话语、说理话语等，让整体话语（并非每一句话语）兼具政治性、规范性、学理性、现实性、生动性、趣味性等，便于受教育者理解和接受，从而提升思想政治教育内容说服力的通达和实现程度。当然，话语转化只是话语创新的途径之一，从根本上讲，各种思想政治教育话语形式也都需要不断因事而化、因时而进、因势而新。实际上，从毛泽东、邓小平到习近平等党和国家领导人，都非常善于运用各种话语资源进行话语创新，都有很多既深刻有力又生动活泼的话语表达，这也给思想政治教育者的话语创新提供了典型示范。

第三，要注重语言与思想、情感、作风等其他因素的有效配合。完整意义上的话语是语言和思想、情感、作风等其他人格化因素的结合体。重视语言表达，并不等于可以忽视其他因素。思想政治教育活动不是辩论赛，更不是脱口秀，如果没有深刻的思想、真挚的情感、优良的作风、恰当的方法等，单靠雄辩或生动的语言只能产生一时的、表面的吸引力，并不能产生持久的、强大的说服力。正如卢梭所言："如果你不能使我信服，即使把我说得哑口无言，又有什么用呢？我的自发的情感始终要驳斥你。"[①] 因此，教育者要提高话语说服力，除了要学习和掌握一定的语言表达技巧之外，更要注意加强理论学习和道

---

① ［法］卢梭：《爱弥尔：论教育》，李平沤译，商务印书馆1996年版，第449页。

德修养，提升自己的人格魅力。只有理论功底扎实、知识积累厚实，语言表达才能言之有物、深入浅出；只有坚持以德立身、以身作则，做到言行一致、表里如一，讲话、写文章人们才愿意听、愿意看、愿意信。在延安时期，毛泽东经常给延安各个院校的学员们讲课、做报告，即便是常人感到抽象深奥的马克思主义哲学，他也能讲得深入浅出、生动有趣，大受学员们欢迎并给他们留下深刻印象。学员们反映："毛主席的话，讲到我们心窝里去了""他的语言、思想、风采，像阳光沐浴着我们""听毛泽东讲课是一种精神享受"。[①] 毛泽东的精彩语言和强大说服力的背后，是他对理论和实践问题的深刻理解以及自身的超凡人格魅力。比如，为了给抗日军事政治大学学员讲授马克思主义哲学，毛泽东前后花了几个月时间专门撰写了《辩证法唯物论讲授提纲》，这后来成为著名的《实践论》和《矛盾论》的主要内容；为了准备某个专题的讲课，他往往先用一段时间认真搜集材料、研读著作、总结中国革命经验，然后集中几天几夜时间写成提纲（讲义）。正因为毛泽东有深入研究和精心准备，讲课时才能够得心应手，充分展现出理论和语言的魅力，进而产生强大的思想政治教育说服力。

第四，要重视讲好中国故事。讲故事是思想文化传播中最生动有效的话语方式之一。相对于抽象的理论、概念和道理，人们更容易被鲜活的事例和语言所吸引。从某种意义上讲，一个故事胜过一打道理，大多数人也从小就喜欢听故事。好的故事既形象生动，又蕴含道理，能够有效地吸引受众、启迪思想。在中外思想文化史上，讲故事是深受重视的传播策略和教育方法之一。从我国的先秦诸子到毛泽东、习近平等党和国家领导人，从古希腊的苏格拉底到苏联教育家苏霍姆林

---

① 参见吴继金《毛泽东在"抗大"讲哲学》，《学习时报》2017年11月6日第05版。

斯基，再到哈佛大学著名教授桑德尔，无不善于通过讲故事来阐明道理、推动工作。正如英国学者卡拉瑟斯所言："历史上最有说服力的人物都是讲故事的高手"①。我国5000多年灿烂辉煌的文明史、180多年跌宕起伏的近现代史、70多年翻天覆地的新中国史、40多年高歌猛进的改革开放史，以及最近10多年来伟大变革的新时代，构成了中华民族延绵不绝的历史坐标，也孕育了不胜枚举的中国故事。当前，中华民族迎来了从站起来、富起来到强起来的伟大飞跃，实现中华民族伟大复兴进入了不可逆转的历史进程，讲好中国故事不仅具有丰厚的实践基础和素材资源，更成为新时代思想政治教育工作的重要使命。② 习近平在学校思想政治理论课教师座谈会上也强调："会讲故事、讲好故事十分重要，思政课就要讲好中华民族的故事、中国共产党的故事、中华人民共和国的故事、中国特色社会主义的故事、改革开放的故事，特别是要讲好新时代的故事。"③ 因此，思想政治教育者要重视教育与叙事的有机结合，通过精心筛选、组织和讲述，把真实、具体、精彩、凝练的中国故事融入思想政治教育，这是新时代思想政治教育话语创新的重要途径。以中国故事为媒介构建教育者与受教育者之间互传互动的话语平台，可以促进话语内容的具象化、话语方式的感性化、话语主体的交互化，激发受教育者的思想共鸣，增强受教育者对所学理论的兴趣和理解。

三 思想政治教育过程的精细化实施

人们很早就认识到，做事要精细才能有所成。《礼记·中庸》提出

---

① ［英］伊恩·卡拉瑟斯：《说服力》，曹建华译，中国人民大学出版社2007年版，第9页。
② 林建辉：《讲好中国故事：新时代高校思想政治理论课的重要使命》，《思想理论教育导刊》2019年第5期。
③ 习近平：《论中国共产党历史》，中央文献出版社2021年版，第31页。

了"致广大而尽精微"的主张，老子在《道德经》里总结出"天下大事，必作于细"的道理。当今时代，"随着改革开放和社会主义现代化建设不断向前推进，各项工作对专业化、专门化、精细化提出了越来越高的要求"①。

思想政治教育说服力是在思想政治教育过程中生成并通达受教育者的，思想政治教育过程的精细化实施有助于增强思想政治教育说服力。从根本上说，思想政治教育是引领人们思想意识的工作，人们思想意识的复杂性、多样性及其与现实生活的关联性，要求思想政治教育工作必须突出精细化思维。思想政治教育工作只有充分展开、精细落实，才能真正深入受教育者的思想和心坎，让受教育者如沐春风、心悦诚服。如果思想政治教育工作只是粗枝大叶、蜻蜓点水，满足于一般号召和一时热闹，就很难有真正的说服力和实效性。邓小平曾经一再强调要精细深入地做好思想政治工作："我们的事业总是要求精雕细刻"②，"我们主要是做细致的工作，深入的工作"③；在开展民主教育时，"对每一个民主运动都要精细地布置，不可丝毫草率"④；对干部和群众中的重要思想问题，要"进行周到细致、有充分说服力的教育"⑤。西方说服传播理论也强调："思虑周详的说服必须同时兼顾说服过程的所有环节。"⑥

思想政治教育过程一般包括教育准备、信息交流、理论内化、外化应用、反馈调控等五个环节或阶段。⑦思想政治教育过程的精细化实

---

① 习近平：《在党的十九届一中全会上的讲话》，《求是》2018年第1期。
② 《邓小平文选》第1卷，人民出版社1994年版，第287页。
③ 《邓小平文选》第1卷，人民出版社1994年版，第288页。
④ 《邓小平文选》第1卷，人民出版社1994年版，第20页。
⑤ 《邓小平文选》第3卷，人民出版社1993年版，第144页。
⑥ ［美］戴维·迈尔斯：《社会心理学》第11版，侯玉波等译，人民邮电出版社2016年版，第241页。
⑦ 《思想政治教育学原理》编写组：《思想政治教育学原理》第2版，高等教育出版社2018年版，第129—133页。

施，涉及各个基本要素和具体环节。从增强思想政治教育说服力的角度来看，要遵循思想政治教育发展规律，突出精准、细致的整体要求，坚持理论性与实践性相统一，注重受教育者的思想反馈，坚持循序渐进、久久为功，促进思想政治教育过程的有效实施和充分展开。

（一）思想政治教育过程要突出精准、细致的整体要求

精准是指教育者要在把握规律性、时代性的基础上，突出具体性、针对性，促进思想政治教育活动与社会需要和受教育者个体需要的精准对接，这是思想政治教育过程精细化实施的核心要求。党的十八大以来，习近平提出精准扶贫、精准帮扶、精准对焦、精准施策等新理念新要求，反复强调党员干部要培养精准思维、精准开展工作。在精准思维指引下，"精准思政"的新理念应运而生。有学者指出："精准思政是对新时代思想政治教育发展新要求的积极回应。"①

思想政治教育过程的精准实施，具体包括以下四个方面。第一，要精准领悟思想政治教育要求。思想政治教育是党治国理政的重要方式，必须宣传贯彻好党的理论、政策和重大决策部署。列宁指出，每一个鼓动员和宣传员"要严格地按照党的精神进行工作"②。邓小平也说过，每一个干部"对于党中央和上级的指示，必须精细地研究，并使之适用于自己的工作环境"③。思想政治教育者既要学会创造性地开展工作，又要精细研究、精准领悟党和国家的总体要求和相关部署，确保思想政治教育活动不偏向、不走神。第二，要精准定位思想政治教育目标。思想政治教育活动要取得成功，"确定一个合适的目标十分

---

① 李辉、孙晓晖：《精准思政：必要与可行》，《思想教育研究》2020年第6期。
② 《列宁选集》第4卷，人民出版社2012年版，第307页。
③ 《邓小平文选》第1卷，人民出版社1994年版，第44页。

重要"①。如本书第三章所述，有说服力的思想政治教育目标必须符合社会性和个体性相统一、鲜明性和具体性相统一等基本要求。只有既紧紧围绕思想政治教育的整体目标要求，又精准定位各个阶段、各项活动的具体目标，才能增强思想政治教育的针对性和说服力。第三，要精准把握受教育者的思想品德状况。思想政治教育所要解决的基本问题，就是受教育者的思想品德状况与社会发展所提出的思想品德要求之间的差距问题。新时代人们的思想品德主流是积极、健康、向上的，但人们思想活动的独立性、差异性、选择性进一步增强，一些人当中还存在思想认识模糊、理想信念动摇、道德自律不严等问题。在思想政治教育过程中，教育者要注意加强与受教育者的思想交流，并适当借助专项调研、数据分析等手段，深入了解、精准把握受教育者群体和个体的思想品德状况及其背后的影响因素，这样才可能精准对焦、精准解决其中的短板问题。第四，要精准供给思想政治教育资源。教育者要适应分众化、差异化传播趋势，贴近受教育者群体和个体的所思、所想、所需、所盼，减少"粗放漫灌"，增加"精准滴灌"，采取有效的方式和手段，包括借助互联网、大数据、人工智能等信息技术，把受教育者关切和需要的教育内容用他们喜闻乐见的方式方法传递给他们。针对一些受教育者个性化的思想问题和合理需求，还可以采用"特色供给""订单供给"等方式，将说服教育、答疑解惑、疏导帮扶等具体工作做到点子上。精准供给教育资源，有助于提高供给效益，从而减少思想教育说服力的消解和流失。

细致是指思想政治教育工作要做细、做实、做深、做透，帮助广大受教育者充分理解、接受、内化和外化思想政治教育内容，从而达

---

① 《习近平谈治国理政》第 1 卷，外文出版社 2018 年版，第 373 页。

到入脑入心、真信真用的效果,这是思想政治教育过程精细化实施的具体表现。邓小平强调,思想政治工作"要做得有针对性、细致深入和为群众所乐于接受"①。思想政治教育工作要做细、做实、做深、做透,具体涉及内容、形式、方法、手段等多个方面,其中最重要的一点,就是对教育内容的宣传和阐释要细致深入,努力让受教育者应知尽知、充分掌握。思想政治教育内容所涉及的基本原理、理论观点和方针政策等,主要源自马克思主义经典著作、党和国家领导人重要论述以及各种官方文件等,有些本身带有比较系统深入的论证,有些可能只是言简意赅的三两句话,这些内容被收录到教材、读物或其他思想政治教育载体中时,往往需要加以提炼和概括,甚至被抽象成为一些概念或判断。在思想政治教育过程中,教育者要花费大量的心思和精力,在自己首先学深悟透的基础上,坚持理论联系实际,对主要内容特别是重点难点问题进行深入浅出、通俗易懂的阐释解析,让受教育者能够充分理解和接受。为了增强思想政治教育说服力,教育者还要事先进行必要的调查和研究,充分把握并贴近受教育者的思想认识和理论需求,尤其要坚持问题导向,采用合适的语言和方法,把受教育者关注的、有疑惑的问题"掰开了、揉碎了,深入研究解答,把事实和道理一条条讲清楚"②。细致深入地阐释好、解答好受教育者内心关注或感到困惑的思想理论问题,往往能够立竿见影地提升思想政治教育说服力。

(二)思想政治教育过程要坚持理论性和实践性相统一

马克思主义理论是在实践中形成和发展起来的,并以指导实践、付诸实践为最终目的。这就决定了马克思主义思想政治教育既要有鲜

---

① 《邓小平文选》第2卷,人民出版社1994年版,第342页。
② 习近平:《思政课是落实立德树人根本任务的关键课程》,《求是》2020年第17期。

明的理论性，又要有突出的实践性。离开具体实践，思想政治教育容易变成空洞的理论说教，就难以全面深刻地影响受教育者的知、情、意、行，也就难以真正实现思想政治教育目标。列宁指出，学习共产主义要善于结合工作和斗争等具体实践，如果只限于领会书本里的东西，"那我们就很容易造就出一些共产主义的书呆子或吹牛家"①。从当前总体情况来看，思想政治教育过程中重理论轻实践的现象依然比较突出，这就容易导致思想政治教育说服力更多只是影响到受教育者的认知层面，而较少影响到其情感、意志和行动层面，有时候甚至出现"虚心接受、屡教不改"的奇怪现象。因此，思想政治教育过程需要进一步结合实践、融入实践、付诸实践，以充分发挥鲜活实践对思想政治教育说服力的增益作用。

结合实践是指思想政治教育内容要与具体实践紧密联系，并注意展现理论与实践的内在关联。任何思想理论都源于并反映特定的社会实践活动，抛开其所处的时代背景和实践条件，人们就很难深刻理解其内涵。因此，教育者要深入研究并阐释教育内容所涉及的主要思想理论形成发展的时代背景和实践条件，帮助受教育者更透彻地理解思想理论的历史逻辑和实践逻辑。另外，还要结合当今社会实践，深入浅出地阐明思想理论应当如何具体应用于指导实践。正如习近平所言："思政课不仅应该在课堂上讲，也应该在社会生活中来讲""'大思政课'我们要善用之，一定要跟现实结合起来"②。

融入实践，就是要寓教于行，通过各种社会实践活动开展思想政治教育。"纸上得来终觉浅，绝知此事要躬行。"教育者、受教育者都要善于利用资源和创造条件，积极组织和参与各种参观走访、社会调

---

① 《列宁选集》第4卷，人民出版社2012年版，第282页。
② 参见杜尚泽《"'大思政课'我们要善用之"》，《人民日报》2021年3月7日第01版。

查、志愿服务、角色体验等实践教学活动,让思想政治教育从课堂讲坛上延伸到现实生活中。这样才能让受教育者对马克思主义的基本观点和党的方针政策有更加真切深刻的理解。

付诸实践,就是将思想政治教育内容和要求贯彻落实到具体实践中,变成具体行动。马克思主义只有被人民群众掌握并应用于实践,才能真正转化为改造世界的物质力量;人民群众也只有在实践中真切感受到马克思主义有用好用,才会真信真用马克思主义。习近平强调:"学到的东西,不能停留在书本上,不能只装在脑袋里,应该落实到行动上"①。在这方面,教育者应当率先垂范,带头当好马克思主义的忠诚信奉者和坚定实践者。

(三) 思想政治教育过程要重视受教育者的思想反馈

思想政治教育说服力具有内隐性,就像磁铁的吸引力,它是客观存在却难以直接感知的。思想政治教育说服力必须通过对受教育者思想意识的实际影响来激发和呈现,并通过对受教育者观点、态度和行动的考察来衡量和检验。"只管耕耘不问收获"的理念并不适用于思想政治教育活动,恰恰相反,只有重视受教育者的思想反馈,才能更好地把握和增强思想政治教育说服力,进而提升思想政治教育效果。

在与教育者或其他人的交往互动中,受教育者往往会通过神态、语言、态度、行为等各种方式,有意识或不经意地对思想政治教育影响作出一定的反馈。比如,在思想政治教育过程中(包括阶段性的教育活动结束之后),受教育者的抬头、点头、摇头、走神、早退、疑问、抱怨以及在网络媒体上的点赞、吐槽、评论等,都包含着相应的

---

① 习近平:《在北京大学师生座谈会上的讲话》,《人民日报》2018年5月3日第02版。

反馈信息。通过这些反馈信息,教育者可以进一步了解、研判受教育者的思想动态和接受效果,进而查找思想政治教育过程中存在的问题或不足。除了日常的语言交流、态度分析、行为观察等方式之外,教育者还可以开展专门的问卷调查、个别访谈等,以及借助互联网、大数据等现代信息技术手段深入了解受教育者的思想、态度和需求。值得注意的是,"'观点'和'态度'都是隐性回应,用理论术语讲,两者都是中介变量"[①]。在各种调查或考察中,由于认知水平、思想状况、环境暗示等因素的影响,受访者对某些问题的理解和回答可能存在偏差,面对敏感问题或存在思想顾虑时,受访者还可能隐藏自己的真实想法和态度,出现"嘴上无杂音,心里有问号"等情况;还有一些人出于特定目的,可能刻意展现与自己真实思想意图不相符的语言和行动,成为阳奉阴违、表里不一的"两面人"。因此,在收集和分析受教育者的反馈信息时,要做一个有心人,注意采用科学有效的方法,并进行深入细致的辨析。在此基础上,教育者要根据反馈结果和客观情况,及时调整和优化教育方案,使思想政治教育活动更有针对性和说服力。

(四)思想政治教育过程要久久为功

思想政治教育不是短期性、单一性的工作,而是长期性、系统性的工作,具体表现为一个又一个阶段性和持续性相统一的教育过程。思想政治教育要常抓不懈、久久为功,这是由思想认识形成发展规律和思想政治教育规律所决定的。人的思想认识是大脑对客观事物和社会存在的反映,要形成正确的思想认识或纠正错误的思想认识,往往需要经过从实践到认识、从认识到实践的多次反复,加上复杂多变的

---

① [美]卡尔·霍夫兰等:《传播与劝服:关于态度转变的心理学研究》,张建中等译,中国人民大学出版社2015年版,第6页。

第五章　新时代思想政治教育说服力的建设理路

环境影响，人们的思想认识还容易出现摇摆或波动。"发展价值观是个人的终生过程。"① 早在两千多年前，荀子就提出了"积善成德"② 的教育理念。人们思想品德的形成或塑造不是一蹴而就的，而是长期积累的结果，需要持续经历从量变到质变、从新量变到新质变的过程。因此，思想政治教育说服力的实现也需要一个过程。

对每个人而言，在不同阶段、不同场合也需要面对不同的思想认识问题，需要接受不同内容和形式的、同时又是衔接递进的思想政治教育。毛泽东指出，"思想改造的工作是长期的、耐心的、细致的工作"③。习近平也强调，"就像房间需要经常打扫一样，思想上的灰尘也要经常打扫"④。教育者要充分认识思想政治教育过程的长期性、渐进性和反复性，既不要因为受教育者出现思想认识上的暂时波动或反复而轻易否认思想政治教育说服力，也不要奢望通过几次集中教育活动就能彻底解决受教育者所有的思想认识问题。越是重大、普遍、复杂的思想认识问题，越需要下苦功、久功才能解决好，其中还要努力做好为受教育者排忧解难等配套工作。当然，思想政治教育所面对的具体问题多种多样，多数问题需要绵绵用力、久久为功，但也有些问题需要集中发力、尽快解决，不能绝对化和一刀切。另外，久久为功也不等于简单重复，更不能做表面功夫、搞形式主义，而要与守正创新相结合，根据社会发展要求和受教育者思想品德发展状况，推动各项教育工作与时俱进、循序渐进，不断增强思想政治教育说服力。

---

① ［美］路易斯·拉思斯：《价值与教学》，谭松贤译，浙江教育出版社2003年版，第35页。
② 《荀子·劝学》。
③ 《毛泽东文集》第7卷，人民出版社1999年版，第279页。
④ 习近平：《坚定理想信念　补足精神之钙》，《求是》2021年第21期。

四　思想政治教育环境的同向化营造

如本书第三章第二节所述，环境影响是思想政治教育说服力通达受教育者的运行机理之一。作为社会存在的重要组成部分，思想政治教育环境不仅可以直接影响受教育者思想意识的形成和发展，而且能够为思想政治教育内容和要求提供现实支撑。脱离现实、缺乏环境支撑的思想政治教育活动，必然缺乏说服力。恩格斯强调："单靠宣传，运动是不可能开展的。应当由事实来使人们信服。"① 列宁说过："大多数人是根据实际生活得出自己的信念的，他们不相信书本和空话。"② 邓小平指出，只有"群众从事实上感觉到党和社会主义好"，思想政治教育"才会有效"③。在"摆事实、讲道理"的思想政治教育过程中，必不可少而且胜于雄辩的事实论据主要来自思想政治教育环境，尤其是其中的社会环境。如果主流社会环境能够比较有力地印证、支撑思想政治教育内容和要求，受教育者就比较容易受到正面的鼓舞和熏陶，进而更加信服思想政治教育。如果主流社会环境与思想政治教育内容和要求相差甚远，甚至截然相反，受教育者就容易产生质疑和动摇，即便是"高大上"的思想政治教育内容和要求，也难以充分展现其内在说服力。因此，要增强思想政治教育说服力，除了不断优化思想政治教育要素和过程，还要从治国理政的战略高度不断优化社会环境，"营造强信心、暖人心、聚民心的环境氛围"④，让主流社会环境与思想政治教育内容和要求同向同行、相辅相成，以充分发挥环境影响的积极功能，这是思想政治教育说服力建设的重要保障。

---

① 《马克思恩格斯全集》第37卷，人民出版社1971年版，第348页。
② 《列宁全集》第35卷，人民出版社2017年版，第374页。
③ 《邓小平文选》第3卷，人民出版社1993年版，第144—145页。
④ 习近平：《论党的宣传思想工作》，中央文献出版社2020年版，第418页。

(一) 积极促进科学理论的实践转化

科学理论的根本价值在于指导实践。古人云:"一语不能践,万卷徒空虚。"真正的理论来源于实践,更需要通过付诸实践来展现其内在价值进而得到检验、丰富和发展。马克思指出:"哲学家们只是用不同的方式解释世界,问题在于改变世界。"① 毛泽东强调,如果只是空谈理论、并不实行,"这种理论再好也是没有意义的"②,精通马克思主义理论的目的"全在于应用"③。马克思主义是科学的理论、人民的理论,也是实践的理论,实践性是马克思主义的鲜明特质。在思想政治教育语境中,无论是教育者还是受教育者,都要努力做到真学、真懂、真信、真用马克思主义。其中,真信是关键,真用是根本,真用是真信的最终体现。"行动最有说服力。"④ 只有将马克思主义真正贯彻落实到治国理政、为民服务的具体行动中,创造出应有的业绩,才能无愧于马克思主义执政党和马克思主义者的称谓,才能充分展现马克思主义的真理品格和实践伟力。否则,理论只能沦为空谈。

促进科学理论的实践转化,是思想政治教育说服力实现的必要条件。众所周知,实践是理论之源、理论之基、理论之本,实践也是检验真理的唯一标准。作为思想政治教育核心内容的基本理论,其科学性和说服力能否充分展现,除了理论本身应有的逻辑性、自洽性等,在更大程度上取决于理论见诸实践的深度和效度。从宏观上讲,一方面,只有努力将思想政治教育所宣扬的基本理论付诸实践,才能体现教育者(包括执政党、政府和思想政治教育工作者)自身对理论的真

---

① 《马克思恩格斯文集》第1卷,人民出版社2009年版,第502页。
② 《毛泽东选集》第1卷,人民出版社1991年版,第292页。
③ 《毛泽东选集》第3卷,人民出版社1991年版,第815页。
④ 《习近平著作选读》第1卷,人民出版社2023年版,第175页。

信真用，进而对受教育者起到强有力的示范引领作用；另一方面，只有通过一系列实践活动（包括对基本理论的创造性应用）并且取得强国利民的良好成效，才能进一步检验、丰富和发展科学理论，从而不断增强科学理论的说服力和生命力。从微观上讲，一方面，相对抽象的思想政治教育内容和要求只有"融入社会生活，让人们在实践中感知它、领悟它"①，才能更好地发挥教育内容和要求的价值引领作用，以及激发受教育者接受、践行教育内容和要求的主体性；另一方面，相关思想政治教育内容和要求只有得到人民群众的广泛践行，才能形成良好的环境氛围，对其他受教育者（尤其是青少年）产生潜移默化的正面影响，从而进一步增强思想政治教育说服力和感召力。

促进科学理论的实践转化，关键在于充分展现科学理论的实践伟力。一百多年来，中国共产党始终坚持和发展马克思主义，历尽千辛万苦，付出巨大代价，领导中国人民创造了新民主主义革命的伟大成就、社会主义革命和建设的伟大成就、改革开放和社会主义现代化建设的伟大成就、新时代中国特色社会主义的伟大成就。中国共产党的百年奋斗，从根本上改变了中国人民的前途命运，开辟了实现中华民族伟大复兴的正确道路，展示了马克思主义的强大生命力，也深刻影响了世界历史进程。如今，越来越多的人信服中国共产党能、马克思主义行、中国特色社会主义好，正是因为中国革命、建设尤其是改革和发展的辉煌成就为此提供了雄辩的证明。反观当年的苏联，由于未能与时俱进地坚持和发展马克思主义，苏联社会主义建设的模式和体制机制日益封闭僵化，20世纪70年代以后，苏联的经济、科技实力以及民众生活水平与发达资本主义国家的差距逐渐拉大，各种矛盾和问

---

① 《习近平谈治国理政》第1卷，外文出版社2018年版，第165页。

题积重难返,舆论宣传和思想教育工作也日益受到人们的质疑和抵触,最终导致苏共垮台、苏联解体的悲剧。苏联剧变的教训也给世人以深刻的警示:人民群众对待某种思想理论的态度,取决于这种思想理论及其信奉者能否推动社会发展进步、增进人民群众福祉。"如果生产力在不断发展,综合国力在不断提高,人民群众的生活状况不断得到改善,他们自然会相信社会主义和马克思主义;如果他们看到的是相反的现实,那么不管你把社会主义和马克思主义理论说得如何天花乱坠,他们都只会无动于衷,甚至认为你不过是在'粉饰太平'。"①

2022年10月,党的二十大报告系统阐述了中国式现代化理论,并明确指出:"从现在起,中国共产党的中心任务就是团结带领全国各族人民全面建成社会主义现代化强国、实现第二个百年奋斗目标,以中国式现代化全面推进中华民族伟大复兴。"② 中国式现代化理论是党带领人民长期探索和实践的科学理论结晶,是科学社会主义的最新重大成果,它打破了"现代化等于西方化"的神话,对于中华民族伟大复兴、世界社会主义振兴、发展中国家实现现代化、世界和平与发展具有重要意义。③ 在当前全面建设社会主义现代化国家、向第二个百年奋斗目标进军的新阶段新征程中,全党全国人民要深入贯彻落实习近平新时代中国特色社会主义思想,接续奋斗、笃行不息,努力将中国式现代化理论和目标一步步变成现实。邓小平说过:"最终说服不相信社会主义的人要靠我们的发展……到下世纪中叶我们建成中等发达水平的社会主义国家时,就会大进一步地说服他们。"④ 可以预见,随着我

---

① 陈学明、马拥军:《走近马克思——苏东剧变后西方四大思想家的思想轨迹》,东方出版社2002年版,第580—581页。
② 《习近平著作选读》第1卷,人民出版社2023年版,第18页。
③ 高继文:《中国式现代化理论是科学社会主义的最新重大成果》,《马克思主义研究》2023年第5期。
④ 《邓小平文选》第3卷,人民出版社1993年版,第204页。

国经济建设、政治建设、文化建设、社会建设、生态文明建设"五位一体"总体布局的统筹推进,以及全面建成社会主义现代化强国战略安排和总体目标的逐步实现,中国特色社会主义必将展现出更加强大、更有说服力的真理力量,思想政治教育说服力也必将得到进一步增强。相反,如果不能真正贯彻落实好科学理论,没有取得社会主义现代化建设的扎实成果,未能不断推进社会发展进步和逐步实现全体人民共同富裕,甚至在根本性问题上出现颠覆性错误,那么,思想政治教育在许多方面就会缺乏物质基础和群众基础,就容易沦为缺乏说服力的说教和空谈。

促进科学理论的实践转化,必须正视现实存在的各种阻碍因素。一般来说,科学理论既立足现实又高于现实,具有理想性、前瞻性和引领性,科学理论向实践转化既需要一定的主客观条件,也需要一定的步骤和时间,难免会碰到各种挑战和困难。习近平一再强调:"中华民族伟大复兴绝不是轻轻松松、敲锣打鼓就能实现的。"① 在新时代新征程中,我们不仅要从顶层设计和治国理政的战略高度,科学应对国内外各种复杂环境和重大风险挑战,比如,世界百年未有之大变局,党面临的长期执政考验、改革开放考验、市场经济考验、外部环境考验,以及精神懈怠的危险、能力不足的危险、脱离群众的危险、消极腐败的危险,等等;还要从统筹协调、落细落实的操作层面,有效化解具体方针政策和决策部署在贯彻执行中可能遇到的各种矛盾和困难。比如,人口问题是"国之大者",事关中华民族的长远发展,为积极应对人口老龄化、促进人口长期均衡发展,新时代我国不断调整优化生育政策,2016 年开始全面实施"两孩政策",2021 年开始全面实施

---

① 《习近平谈治国理政》第 4 卷,外文出版社 2022 年版,第 59 页。

"三孩政策"。但是,由于改革开放以来晚婚晚育、少生优生的观念已经深入人心,以及当前婚嫁、生育、养育、教育成本较高等原因,很多年轻人结婚和生育的意愿并不高,导致近年来我国人口出生率持续走低,2022年开始出现人口"负增长"。显然,从思想政治教育环境同向化营造的角度来看,除了加强对适龄青年婚恋观、家庭观的教育引导之外,还必须针对影响年轻人婚育意愿的现实因素,进一步出台或落实相关配套支持措施,将婚嫁、生育、养育、教育一体考虑,着力营造友好环境、提高服务水平、降低婚育成本等,这样才能让新的生育政策(包括将来可能进一步调整)及其宣传教育活动更具说服力。

(二) 有效整治突出的社会现实问题

马克思主义创始人指出:"光是思想力求成为现实是不够的,现实本身应当力求趋向思想。"① "我们所称为共产主义的是那种消灭现存状况的现实的运动。"② 在科学理论向实践转化的过程中,由于社会历史条件的复杂性、易变性,理论本身的前瞻性、超越性,社会活动主体的能动性、选择性,以及社会实践活动的阶段性、曲折性等各种原因,社会现实与科学理论(包括理想信念、发展目标等)往往存在一定差距。这种差距有些是短期存在的,有些是长期存在的;有些是合理的,有些是不合理的;有些是公众可以容忍的,有些是公众难以接受的。对于长期存在的、不合理的、公众难以接受的差距,就可以称为突出的社会现实问题,需要高度重视并着力整治。实践与认识都是永无止境的,任何国家和社会都需要不断发展进步,而不可能绝对完美、不存在矛盾和问题。社会现实问题尤其是突出的社会现实问题的

---

① 《马克思恩格斯文集》第1卷,人民出版社2009年版,第13页。
② 《马克思恩格斯文集》第1卷,人民出版社2009年版,第539页。

存在，一方面可以为理论和实践的创新提供动力和机会，另一方面也容易给当下的思想政治教育带来冲击和挑战。如本书第四章第三节所述，腐败、贫富差距、社会潜规则、泛娱乐化等不良社会现象是导致思想政治教育说服力消解和弱化的重要原因。我们必须坚持系统思维和问题导向，深入剖析当前影响思想政治教育说服力提升的社会环境因素。

有效整治突出的社会现实问题，是纠正科学理论向实践转化过程中的明显偏差、充分展现科学理论的实践伟力的客观要求，也是减少思想政治教育说服力消解和弱化的危险、夯实思想政治教育说服力现实支撑的必然选择。有学者指出："现在，有些年轻人不相信马克思主义，主要不是因为他们读了马克思主义著作以后有什么新见解，而是由于对某些社会乱象的不满连带引起的反应。"① 虽然，科学理论向实践转化需要借助并创造各种条件，这种转化也绝非完全"依样画葫芦"那样简单直接，而且现实存在的诸多沉疴痼疾也不是一朝一夕就能彻底解决的；但是，我国作为具有深厚的修齐治平思想传统的文明古国，作为共产党长期执政的社会主义大国，当前又处在以中国式现代化全面推进中华民族伟大复兴的关键历史阶段，无论从治国理政的目标还是人民群众的期待来看，都不允许对突出的社会现实问题长期无动于衷或束手无策，都需要积极应对、有效整治突出的社会现实问题。否则，各种社会现实问题很可能进一步蔓延、固化，不仅不利于经济社会发展战略目标的顺利实现，而且容易动摇人民群众对中国特色社会主义的信念和信心，导致思想政治教育说服力减弱。

在区分社会现实问题轻重缓急的基础上，如果能够驰而不息地统

---

① 陈先达：《马克思主义信仰十讲》，人民出版社2018年版，第82页。

筹规划、攻坚克难，有效整治各种突出问题，必将充分展现科学理论的实践伟力，进一步增强人民群众对中国特色社会主义的"四个自信"。比如，党的十八大以来，以习近平同志为核心的党中央"战胜一系列重大风险挑战，解决了许多长期想解决而没有解决的难题，办成了许多过去想办而没有办成的大事，推动党和国家事业取得历史性成就、发生历史性变革"①。其中，包括持之以恒纠治"四风"问题、深入推进反腐败斗争、强化市场监管和反垄断规制、有效破除各方面体制机制弊端、果断查处拉票贿选案、严厉惩治执法司法腐败、依法管治网络舆论乱象、解决绝对贫困问题、着力打赢污染防治攻坚战、深入推进军队党风廉政建设和反腐败斗争、顶住和反击外部极端打压遏制、推动香港局势实现由乱到治的重大转折，等等，这些整治活动及其明显成效，得到了国内外舆论的广泛好评，也为新时代我国思想政治教育说服力建设提供了良好的环境氛围和有力的现实支撑。

有效整治突出的社会现实问题，必须坚持标本兼治，最终落脚于坚持和完善中国特色社会主义制度、推进国家治理体系和治理能力现代化。习近平指出："制度优势是一个国家的最大优势，制度竞争是国家间最根本的竞争。"② 新中国成立以来，中华民族之所以能迎来从站起来、富起来到强起来的伟大飞跃，最根本的是因为党领导人民建立和完善了中国特色社会主义制度，形成和发展了党的领导和经济、政治、文化、社会、生态文明、军事、外事等各方面制度，不断加强和完善国家治理。人民性是我国国家制度和国家治理体系的本质属性，也是我国国家制度和国家治理体系有效运行、充满活力的根本所在。

---

① 《中共中央关于党的百年奋斗重大成就和历史经验的决议》，《人民日报》2021年11月17日第01版。

② 习近平：《坚持和完善中国特色社会主义制度推进国家治理体系和治理能力现代化》，《求是》2020年第1期。

我国国家制度和国家治理体系始终着眼于实现好、维护好、发展好最广大人民根本利益，着力保障和改善民生，使改革发展成果更多更公平地惠及全体人民，因而可以有效避免出现党派纷争、利益集团偏私、少数政治"精英"操弄等现象，具有无可比拟的先进性。我们要坚持好、巩固好、完善好、发展好我国国家制度和国家治理体系，进一步破除体制机制障碍，使各方面制度更科学、更完备、更管用；要更加注重治理能力建设，严格遵守和执行制度，不断把我国制度优势更好转化为国家治理效能，实现党、国家、社会各项事务治理制度化、规范化、程序化；同时，也要深入开展中国特色社会主义制度宣传教育，把制度自信教育贯穿国民教育全过程，并面向海内外讲好中国制度的故事，"不断增强我国国家制度和国家治理体系的说服力和感召力"[①]。

  在中国特色社会主义新时代，有效整治突出的社会现实问题，以及做好其他方面的各项工作，归根结底要不断实现人民对美好生活的向往。过去，我国社会主要矛盾是人民日益增长的物质文化需要同落后的社会生产之间的矛盾。新时代，我国社会主要矛盾已经转化为人民日益增长的美好生活需要和不平衡不充分的发展之间的矛盾。与过去相对单纯的物质文化需要相比，人民美好生活需要的内涵更广、标准更高，不仅对教育、就业、收入、医疗、住房、休闲等物质文化生活提出了更高要求，而且对民主、法治、公平、正义、安全、环境以及共同富裕、人的全面发展等方面的要求也日益增长。邓小平曾经一针见血地指出："如果马克思主义不能带来人民生活的改善，谁还相信马克思主义？"[②] 在新时代背景下，我们要着力解决好发展不平衡不充

[①] 习近平：《坚持和完善中国特色社会主义制度推进国家治理体系和治理能力现代化》，《求是》2020年第1期。

[②] 《邓小平年谱（1975—1997）》上，中央文献出版社2004年版，第687—688页。

分问题，不断满足人民日益增长的美好生活需要，切实提升人民的获得感、幸福感、安全感。特别是要坚持以人民为中心的发展思想，切实保障和改善民生，发展全过程人民民主，推动人的全面发展、全体人民共同富裕取得更为明显的实质性进展。另外，要进一步强化经济、政治、文化、社会等各方面相关体制机制的正面引导和激励作用，采取适当举措，促进遵纪守法、德行高尚、报效国家、服务人民的人能够享有与其品行和贡献相对匹配的地位、荣誉等社会认同资源。这些将为增强思想政治教育说服力、巩固马克思主义在意识形态领域的指导地位奠定坚实基础。

当然，思想政治教育环境的同向化营造既要着力优化宏观经济社会环境，并以此为重点，也要注意改善区域、社区、学校、单位以及网络空间等中观和微观思想政治教育环境。正如柯尔伯格所言："要教正义，就得有正义的学校。"① 如果能够让受教育者从宏观、中观到微观的各类周边环境中，都充分感受到思想政治教育内容和要求真正得到广泛践行或有力印证，必将有助于增强思想政治教育说服力。

---

① [美] 柯尔伯格：《道德教育的哲学》，魏贤超、柯森等译，浙江教育出版社 2000 年版，第 276 页。

结　语

十年树木，百年树人。思想政治教育以立德树人为根本任务，是一项意义重大却又不易做好的重要工作。古今中外，各种思想政治教育活动都渴望对受教育者产生积极影响，进而充分实现思想政治教育目标、有效巩固主导意识形态话语权等。显然，这一切都离不开思想政治教育说服力。

恩格斯说过："历史从哪里开始，思想进程也应当从哪里开始。"① 伴随着思想政治教育实践的发展，人们也不断总结和思考如何才能让思想政治教育产生更强大的说服力。无论是中国古代"以德化民""以德服人"等德治教化思想、古希腊时代受人推崇的"修辞术"，还是马克思主义经典作家提出的"理论只要彻底，就能说服人"② 等重要观点，以及中国共产党人一贯强调的说服教育、以理服人等原则要求，都蕴含着有关思想政治教育说服力的思想资源。改革开放以来，我国学界对思想政治教育说服力问题也陆续进行了一些理论探讨，提出了不少有价值的思想观点，但整体研究还相对薄弱、不够系统，而且往往与思想政治教育有效性（实效性）等相关问题交叠在一起。可以说，

---

① 《马克思恩格斯文集》第2卷，人民出版社2009年版，第603页。
② 《马克思恩格斯文集》第1卷，人民出版社2009年版，第11页。

结　语

思想政治教育说服力研究是一个既源远流长、有所积淀又常提常新、亟待拓展的重要课题。

在当前中国特色社会主义新时代，现代化、市场化、全球化、信息化等各种潮流交织激荡，国内国际形势和民众思想意识更加复杂多变。新时代我国思想政治教育事业面临新的机遇和挑战，思想政治教育说服力既呈现出持续增强的积极态势，又存在着遮蔽、流失、消解等现实问题。进一步加强思想政治教育说服力研究、推进思想政治教育说服力建设，无疑具有更加突出的必要性和紧迫性。我们必须坚持系统思维、落实主体责任，着眼于思想政治教育说服力的生成机理和现实境遇，进一步优化思想政治教育要素、过程和环境，不断增强思想政治教育说服力，以更好地履行立德树人的使命要求，并让21世纪中国的马克思主义"展现出更强大、更有说服力的真理力量"[①]。

实践发展与理论创新是相辅相成的。新时代我国思想政治教育实践的蓬勃发展，必将催生更丰硕的包括思想政治教育说服力研究在内的理论成果。本书只是在前人研究的基础上，力求提出一孔之见，还有许多理论和实践问题有待进一步探究。展望未来，思想政治教育说服力研究还可以在以下几个方面继续拓展和深化：一是进一步挖掘古今中外有关思想政治教育说服力的理论成果和实践经验，加强本课题的历史研究和比较研究；二是进一步结合受教育者思想品德形成发展的过程和规律，深化对思想政治教育说服力生成条件和作用机理的微观研究；三是进一步借鉴传播学、心理学、社会学、语言学等跨学科知识和方法，尝试建构合适的测评指标体系，加强对思想政治教育说服力状况的定量研究。

---

① 《习近平谈治国理政》第3卷，外文出版社2020年版，第21页。

参考文献

一　理论著作

《马克思恩格斯文集》第1、2、3、4、5、8、9、10卷，人民出版社2009年版。

《马克思恩格斯全集》第1、18、21、27、29、32、34、37、39、42卷，人民出版社1995、1964、2003、1972、1972、1974、1972、1971、1974、1979年版。

《列宁选集》第1、3、4卷，人民出版社2012年版。

《列宁全集》第4、11、12、21、25、28、33、35、36、38、48、51、52卷，人民出版社2013、2017、2017、2017、2017、2017、2017、2017、1959、2017、2017、2017、2017年版。

《毛泽东选集》第1—4卷，人民出版社1991年版。

《毛泽东文集》第1、2、3、5、6、7、8卷，人民出版社1993、1993、1996、1996、1999、1999、1999年版。

《毛泽东新闻工作文选》，新华出版社1983年版。

《毛泽东年谱（1893—1949）》修订本·上卷、中卷，中央文献出版社2013年版。

参考文献

《毛泽东年谱（1949—1976）》第 5 卷，中央文献出版社 2013 年版。

《刘少奇选集》下卷，人民出版社 1985 年版。

《朱德选集》，人民出版社 1983 年版。

《张闻天文集》第 1 卷，中共党史资料出版社 1990 年版。

《邓小平文选》第 1、2、3 卷，人民出版社 1994、1994、1993 年版。

《邓小平文集（1949—1974）》上卷、中卷，人民出版社 2014 年版。

《邓小平年谱（1975—1997）》上、下，中央文献出版社 2004 年版。

《邓小平年谱（1904—1974）》上、下，中央文献出版社 2009 年版。

《万里文选》，人民出版社 1995 年版。

《陆定一文集》，人民出版社 1992 年版。

《余秋里回忆录》上册，人民出版社 2011 年版。

《江泽民文选》第 1、3 卷，人民出版社 2006 年版。

《江泽民思想年编（1989—2008）》，中央文献出版社 2010 年版。

《胡锦涛文选》第 2 卷，人民出版社 2016 年版。

《习近平谈治国理政》第 1、2、3、4 卷，外文出版社 2018、2017、2020、2022 年版。

《习近平著作选读》第 1、2 卷，人民出版社 2023 年版。

习近平：《论党的宣传思想工作》，中央文献出版社 2020 年版。

《习近平新时代中国特色社会主义思想专题摘编》，中央文献出版社、党建读物出版社 2023 年版。

习近平：《论中国共产党历史》，中央文献出版社 2021 年版。

习近平：《做焦裕禄式的县委书记》，中央文献出版社 2015 年版。

习近平：《摆脱贫困》，福建人民出版社 1992 年版。

《习近平关于网络强国论述摘编》，中央文献出版社 2021 年版。

《习近平关于全面从严治党论述摘编》，中央文献出版社 2016 年版。

《习近平关于协调推进"四个全面"战略布局论述摘编》，中央文献出版社 2015 年版。

《习近平关于全面深化改革论述摘编》，中央文献出版社 2014 年版。

《习近平新时代中国特色社会主义思想基本问题》，中共中央党校出版社、人民出版社 2020 年版。

《习近平新时代中国特色社会主义思想三十讲》，学习出版社 2018 年版。

《中国共产党第二十次全国代表大会文件汇编》，人民出版社 2022 年版。

《十八大以来重要文献选编》上、中、下，中央文献出版社 2014、2016、2018 年版。

《十七大以来重要文献选编》中，中央文献出版社 2011 年版。

《十六大以来重要文献选编》中，中央文献出版社 2006 年版。

《十五大以来重要文献选编》下，人民出版社 2003 年版。

《十四大以来重要文献选编》上，人民出版社 1996 年版。

《十三大以来重要文献选编》中，人民出版社 1991 年版。

《十二大以来重要文献选编》上、下，人民出版社 1986、1988 年版。

《建国以来重要文献选编》第 8 册，中央文献出版社 1994 年版。

《建党以来重要文献选编（1921—1949）》第 22 册，中央文献出版社 2011 年版。

《加强和改进大学生思想政治教育重要文献选编（1978—2014）》，知识产权出版社 2015 年版。

《思想政治教育学原理》编写组：《思想政治教育学原理》第 2 版，高等教育出版社 2018 年版。

鲍鹏山：《先秦诸子八大家》，上海科学技术文献出版社 2012 年版。

陈立思主编：《比较思想政治教育》第2版，中国人民大学出版社2018年版。

陈士发：《说服教育的心理方略》，天津人民出版社2000年版。

陈万柏、张耀灿主编：《思想政治教育学原理》第3版，高等教育出版社2015年版。

陈先达：《马克思主义信仰十讲》，人民出版社2018年版。

陈学明、马拥军：《走近马克思——苏东剧变后西方四大思想家的思想轨迹》，东方出版社2002年版。

陈宇：《学生可以这样教》，中国人民大学出版社2016年版。

成有信等：《教育政治学》，江苏教育出版社1993年版。

巩克菊：《人的利益与思想政治教育创新》，中央编译出版社2019年版。

顾海良：《高校思想政治理论课程建设研究》，中国人民大学出版社2016年版。

郭庆光：《传播学教程》，中国人民大学出版社2011年版。

胡百精：《说服与认同》，中国传媒大学出版社2014年版。

华东师范大学教育系、浙江大学教育系编：《西方古代教育论著选》，人民教育出版社2002年版。

黄传新等：《社会主义意识形态的吸引力和凝聚力研究》，学习出版社2012年版。

黄济：《教育哲学通论》，山西教育出版社2014年版。

黄钊：《中国古代德育思想史论》上、下，中国社会科学出版社2011年版。

康桥主编：《杜威：教育即生活》，上海辞书出版社2014年版。

李辉：《现代思想政治教育环境论》，广东人民出版社2005年版。

联合国教科文组织国际教育发展委员会编:《学会生存:教育世界的今天和明天》,教育科学出版社 1996 年版。

刘建军、曹一建:《思想理论教育原理新探》,高等教育出版社 2006 年版。

刘建军:《寻找思想政治教育的独特视角》,中国人民大学出版社 2017 年版。

刘建军主编:《中国共产党思想政治教育的理论与实践》,中国人民大学出版社 2007 年版。

刘社欣:《思想政治教育合力研究》,人民出版社 2013 年版。

刘新全:《现代思想政治教育接受行为及其有效性问题研究》,中国矿业大学出版社 2017 年版。

罗国杰主编:《马克思主义价值观研究》,人民出版社 2013 年版。

骆郁廷:《精神动力论》,武汉大学出版社 2003 年版。

骆郁廷:《思想政治教育引论》,中国人民大学出版社 2018 年版。

吕支东:《说服人的艺术》,白山出版社 1991 年版。

马兰州:《中国古典说服传播范式及隐喻叙事研究》,天津古籍出版社 2011 年版。

秦宣:《分化与整合:社会转型期的思想政治教育研究》,中国人民大学出版社 2017 年版。

邱仁富:《思想政治教育话语论》,上海交通大学出版社 2013 年版。

任艳妮:《大学生思想政治教育传播有效性研究》,中国社会科学出版社 2019 年版。

沈壮海:《思想政治教育有效性研究》第 3 版,武汉大学出版社 2016 年版。

沈壮海等主编:《中国大学生思想政治教育发展报告 2021》,高等教育出版社 2023 年版。

沈壮海等：《中国大学生思想政治教育发展报告 2020》，北京师范大学出版社 2022 年版。

沈壮海等：《中国大学生思想政治教育发展报告 2018—2019》，北京师范大学出版社 2020 年版。

沈壮海主编：《新编思想政治教育学原理》，中国人民大学出版社 2022 年版。

石书臣等：《主导论：多元文化背景下的高校德育主导性研究》，人民出版社 2011 年版。

石云霞主编：《马克思主义理论教育思想发展史研究》上、下，中国社会科学出版社 2012 年版。

时蓉华编著：《社会心理学》第 2 版，上海人民出版社 2002 年版。

宋希仁主编：《西方伦理思想史》第 2 版，中国人民大学出版社 2010 年版。

孙其昂：《思想政治教育学前沿研究》，人民出版社 2013 年版。

孙其昂等：《思想政治教育现代转型研究》，学习出版社 2015 年版。

孙正聿：《马克思与我们》，中国人民大学出版社 2018 年版。

唐鸣、俞良早主编：《共产党执政与社会主义建设——原苏东国家工人阶级政党执政的历史经验》，人民出版社 2008 年版。

仝云、李玉明：《怎样进行说服教育》，中国青年出版社 1961 年版。

王炳林：《党的历史与党的建设研究》，人民出版社 2016 年版。

王承绪、赵祥麟编译：《西方现代教育论著选》，人民教育出版社 2001 年版。

王浦劬：《政治学基础》，北京大学出版社 2006 年版。

王让新等：《马克思恩格斯意识形态斗争的理论与实践研究》，人民出版社 2019 年版。

王仕民:《德育文化论》,中山大学出版社 2007 年版。

王仕民主编:《思想政治教育心理学概论》,中山大学出版社 2015 年版。

王树荫主编:《中国共产党思想政治教育史》第 2 版,中国人民大学出版社 2016 年版。

王新山等:《中国古代思想政治教育史论》,武汉大学出版社 2016 年版。

吴家庆:《中国共产党公信力建设研究》,人民出版社 2013 年版。

熊建生:《思想政治教育内容结构论》,中国社会科学出版社 2012 年版。

杨威:《思想政治教育发生论》,中国社会科学出版社 2009 年版。

杨增崇:《思想政治教育生态分析引论》,中国社会科学出版社 2015 年版。

俞吾金:《意识形态论》,上海人民出版社 2014 年版。

袁桂林:《当代西方道德教育理论》,福建教育出版社 2005 年版。

詹栋梁:《德育原理》,(台北) 五南图书出版公司 1997 年版。

张岱年、方克立主编:《中国文化概论》修订版,北京师范大学出版社 2004 年版。

张洪忠:《大众媒介公信力理论研究》,人民出版社 2006 年版。

张骥等:《马克思主义意识形态引领多样化社会思潮若干问题研究》,人民出版社 2013 年版。

张建华:《思想之镜:知识分子与苏联政治变迁(1936—1991)》,社会科学文献出版社 2016 年版。

张启华、张树军主编:《中国共产党思想理论发展史》上、下,人民出版社 2011 年版。

张世欣：《思想政治教育的人学解读》，浙江大学出版社2017年版。

张世欣：《思想政治教育接受规律论》，上海三联书店2005年版。

张澍军：《思想政治教育理论基础纵横》，人民出版社2016年版。

赵祥麟、王承绪编译：《杜威教育名篇》，教育科学出版社2014年版。

郑永廷主编：《思想政治教育方法论》修订版，高等教育出版社2010年版。

周琪等：《比较思想政治教育学》，高等教育出版社2018年版。

朱继东：《新时代党的意识形态思想研究》，人民出版社2018年版。

朱永新：《中国古代教育思想史》第4版，中国人民大学出版社2012年版。

（宋）朱熹：《四书章句集注》，中华书局2011年版。

［古希腊］柏拉图：《柏拉图全集》第1、3卷，王晓朝译，人民出版社2002、2003年版。

［古希腊］柏拉图：《理想国》，顾寿观译，岳麓书社2010年版。

［古希腊］柏拉图：《智者》，詹文杰译，商务印书馆2012年版。

［英］伯特兰·罗素：《罗素自选集》，戴玉庆译，商务印书馆2006年版。

［美］查尔斯·U.拉森：《说服：如何聪明地说和听》第11版，董璐、周丽锦译，北京大学出版社2017年版。

［美］弗兰克·伦茨：《说话的力量：有效说服他人的策略与技巧》，王晓鹂译，中信出版社2017年版。

［英］弗兰西斯·培根：《培根人生论》，何新译，湖南文艺出版社2012年版。

［苏］高里科夫等：《列宁是怎样写作的》，刘循一译，生活·读书·新知三联书店1984年版。

［美］戴维·迈尔斯：《社会心理学》第11版，侯玉波等译，人民邮电

出版社 2016 年版。

［法］古斯塔夫·勒庞：《乌合之众》，冯克利译，中央编译出版社 2015 年版。

［美］哈罗德·D. 拉斯韦尔：《世界大战中的宣传技巧》，张洁、田青译，中国人民大学出版社 2003 年版。

［德］海德格尔：《存在与时间》，陈嘉映、王庆节译，生活·读书·新知三联书店 1987 年版。

［法］亨利·列斐伏尔：《空间与政治》第 2 版，李春译，上海人民出版社 2015 年版。

［美］卡尔·霍夫兰等：《传播与劝服：关于态度转变的心理学研究》，张建中等译，中国人民大学出版社 2015 年版。

［美］凯斯·桑斯坦：《信息乌托邦——众人如何生产知识》，毕竞悦译，法律出版社 2008 年版。

［美］凯文·霍根：《说服心理学：如何影响他人按你的方式思考》，邱宏译，天津社会科学院出版社 2010 年版。

［美］柯尔伯格：《道德教育的哲学》，魏贤超、柯森等译，浙江教育出版社 2000 年版。

［美］科思纳：《说服力：如何巧妙且有逻辑地说服他人》，江华编译，民主与建设出版社 2016 年版。

［法］雷吉斯·迪布瓦：《好莱坞：电影与意识形态》，李丹丹、李昕晖译，商务印书馆 2014 年版。

［美］利昂·P. 巴拉达特：《意识形态：起源和影响》第 10 版，张慧芝、张露璐译，世界图书出版公司 2009 年版。

［苏］列·阿·列文：《马克思恩格斯著作的发表和出版》，周维译，生活·读书·新知三联书店 1976 年版。

[法]卢梭：《爱弥尔：论教育》，李平沤译，商务印书馆1996年版。

[美]路易斯·拉思斯：《价值与教学》，谭松贤译，浙江教育出版社2003年版。

[美]罗伯特·H. 加斯、约翰·S. 赛特：《说服心理学：社会影响与依从》第5版，王晓波译，中国轻工业出版社2019年版。

[美]罗素·葛兰杰：《说服力决定成败》，张如玉译，东方出版社2009年版。

[德]马克·安德鲁斯、[荷]马泰斯·范·莱文：《隐性说服力：广告中的33种心理影响技术》，宋一辰译，中国轻工业出版社2018年版。

[美]迈克尔·罗斯金等：《政治科学》，林震等译，华夏出版社2001年版。

[美]曼纽尔·卡斯特：《网络社会的崛起》，夏铸九等译，社会科学文献出版社2006年版。

[美]内尔·诺丁斯：《培养有道德的人：从品格教育到关怀伦理》，汪菊译，教育科学出版社2017年版。

[美]尼尔·波兹曼：《娱乐至死》，章艳译，中信出版社2015年版。

[美]尼克松：《1999年：不战而胜》，王观声译，世界知识出版社1989年版。

[古罗马]普布里乌斯·克奈力乌斯·塔西佗：《历史》，王以铸等译，商务印书馆1987年版。

[斯洛文尼亚]斯拉沃热·齐泽克：《意识形态的崇高客体》第2版，季广茂译，中央编译出版社2017年版。

[苏]苏霍姆林斯基：《给教师的建议》，杜殿坤编译，教育科学出版社1984年版。

[苏]苏霍姆林斯基：《让少年一代健康成长》，黄瑞之等译，教育科

学出版社1984年版。

［美］托马斯·卡斯卡特、丹尼尔·克莱茵：《说服的力量：美国政治家的语言技巧》，肖海、苏德超译，重庆大学出版社2010年版。

［美］威尔·杜兰特、阿里尔·杜兰特：《历史的教训》，倪玉平、张阅译，四川人民出版社2015年版。

［美］威廉·F.斯通：《政治心理学》，胡杰译，黑龙江人民出版社1987年版。

［俄］谢·卡拉-穆尔扎：《论意识操纵》（上），徐昌翰等译，社会科学文献出版社2004年版。

［美］亚伯拉罕·马斯洛：《动机与人格》，李省时等译，江苏人民出版社2021年版。

［古希腊］亚里士多德：《修辞术·亚力山大修辞学·论诗》，颜一、崔延强译，中国人民大学出版社2003年版。

［古希腊］亚里士多德：《修辞学》，罗念生译，上海人民出版社2005年版。

［英］伊恩·卡拉瑟斯：《说服力》，曹建华译，中国人民大学出版社2007年版。

［英］以赛亚·伯林：《苏联的心灵——共产主义时代的俄国文化》，潘永强、刘北成译，译林出版社2010年版。

［美］约翰·杜威：《民主主义与教育》，王承绪译，人民教育出版社2001年版。

［英］约翰·穆勒：《功利主义》，徐大建译，上海人民出版社2008年版。

Chaiken, S. & Trope, Y., eds., *Dual Process Theories in Social Psychol-*

ogy, New York: Guilford Press, 1999.

Nel Noddings, *Happiness and Education*, Cambridge: Cambridge University Press, 2003.

Patrick J., *The Civic Mission of Schools: Key Ideas in a Research – Based Report on Civic Education in the United States*, New York: Carnegie Corporation of New York and Center for Information and Research on Civic Learning and Engagement, 2003.

I. A. Snook, *Indoctrination and Education*, London and Boston: Routledge & Kegan Paul, 1972.

Er Nesto Laclau, *Politics and Iedology in Marxist Theory*, London: New Left Books, 1977.

Roger J. Sullivan, *Immanuel Kant's Moral Theory*, Cambridge: Cambridge University Press, 1989.

Harold. D. Lasswell, *Psychopathology and Politics*, Chicago: The University of Chicago Press, 1987.

二 报刊文章

习近平:《思政课是落实立德树人根本任务的关键课程》,《求是》2020年第17期。

习近平:《在二十届中央政治局第四次集体学习时的讲话》,《求是》2023年第10期。

习近平:《在中央党校建校90周年庆祝大会暨春季学期开学典礼上的讲话》,《求是》2023年第7期。

习近平:《坚定理想信念 补足精神之钙》,《求是》2021年第21期。

习近平:《坚持和完善中国特色社会主义制度推进国家治理体系和治理

能力现代化》,《求是》2020 年第 1 期。

习近平:《在党史学习教育动员大会上的讲话》,《求是》2021 年第 7 期。

习近平:《一个国家、一个民族不能没有灵魂》,《求是》2019 年第 8 期。

习近平:《在党的十九届一中全会上的讲话》,《求是》2018 年第 1 期。

习近平:《在庆祝中国共产党成立 100 周年大会上的讲话》,《人民日报》2021 年 7 月 2 日第 01 版。

习近平:《关于〈中共中央关于制定国民经济和社会发展第十四个五年规划和二〇三五年远景目标的建议〉的说明》,《人民日报》2020 年 11 月 4 日第 02 版。

习近平:《在全国抗击新冠肺炎疫情表彰大会上的讲话》,《人民日报》2020 年 9 月 9 日第 01 版。

习近平:《在"不忘初心、牢记使命"主题教育总结大会上的讲话》,《人民日报》2020 年 1 月 9 日第 02 版。

习近平:《在北京大学师生座谈会上的讲话》,《人民日报》2018 年 5 月 3 日第 02 版。

习近平:《在纪念马克思诞辰 200 周年大会上的讲话》,《人民日报》2018 年 5 月 5 日第 02 版。

习近平:《在哲学社会科学工作座谈会上的讲话》,《人民日报》2016 年 5 月 19 日第 02 版。

《中共中央关于党的百年奋斗重大成就和历史经验的决议》,《人民日报》2021 年 11 月 17 日第 01 版。

《中共中央国务院印发〈关于新时代加强和改进思想政治工作的意见〉》,《人民日报》2021 年 7 月 13 日第 01 版。

《中共中央印发〈2018—2022 年全国干部教育培训规划〉》,《人民日报》2018 年 11 月 2 日第 05 版。

参考文献

《中共中央国务院印发〈关于加强和改进新形势下高校思想政治工作的意见〉》,《人民日报》2017年2月28日第01版。

《中央军委办公厅印发〈意见〉开展维护核心、听从指挥主题教育活动和推进"两学一做"学习教育常态化制度化》,《人民日报》2017年3月30日第01版。

《习近平在中国人民大学考察时强调 坚持党的领导传承红色基因扎根中国大地 走出一条建设中国特色世界一流大学新路》,《人民日报》2022年4月26日第01版。

《习近平在中央党校（国家行政学院）中青年干部培训班开班式上发表重要讲话强调 立志做党光荣传统和优良作风的忠实传人 在新时代新征程中奋勇争先建功立业》,《人民日报》2021年3月2日第01版。

《习近平在全国教育大会上强调 坚持中国特色社会主义教育发展道路 培养德智体美劳全面发展的社会主义建设者和接班人》,《人民日报》2018年9月11日第01版。

《习近平在北京大学考察时强调 抓住培养社会主义建设者和接班人根本任务 努力建设中国特色世界一流大学》,《人民日报》2018年5月3日第01版。

《习近平在河南考察时强调 坚定信心埋头苦干奋勇争先 谱写新时代中原更加出彩的绚丽篇章》,《人民日报》2019年9月19日第01版。

《习近平主持召开学校思想政治理论课教师座谈会强调 用新时代中国特色社会主义思想铸魂育人 贯彻党的教育方针落实立德树人根本任务》,《人民日报》2019年3月19日第01版。

《习近平在全国高校思想政治工作会议上强调 把思想政治工作贯穿教育教学全过程 开创我国高等教育事业发展新局面》,《人民日报》

2016 年 12 月 9 日第 01 版。

《习近平在全国宣传思想工作会议上强调　举旗帜聚民心兴文化育新人展形象　更好完成新形势下宣传思想工作使命》，《人民日报》2018 年 8 月 23 日第 01 版。

《刘云山在马克思主义理论研究和建设工程工作座谈会上强调　提升理论自觉　增强理论自信　更好推动马克思主义中国化时代化大众化》，《人民日报》2015 年 6 月 24 日第 01 版。

《习近平在中共中央政治局第十二次集体学习时强调　推动媒体融合向纵深发展　巩固全党全国人民共同思想基础》，《人民日报》2019 年 1 月 26 日第 01 版。

《十二届全国人大五次会议举行记者会　陈宝生就"教育改革发展"答记者问》，《中国教育报》2017 年 3 月 13 日第 01 版。

杜尚泽：《"'大思政课'我们要善用之"》，《人民日报》2021 年 3 月 7 日第 01 版。

吴继金：《毛泽东在"抗大"讲哲学》，《学习时报》2017 年 11 月 6 日第 05 版。

陈志强：《"思政网红"不能只追求"红"》，《解放日报》2017 年 1 月 17 日第 09 版。

冯玉军：《美国对外战略背后的文化基因》，《光明日报》2022 年 4 月 10 日第 07 版。

刘久锋：《村民唱响"十谢共产党"》，《农民日报》2021 年 7 月 16 日第 01 版。

马建堂：《稳步朝着共同富裕目标迈进》，《求是》2022 年第 10 期。

梅黎明：《新知新觉：坚持不懈提高干部教育培训质量》，《人民日报》2019 年 4 月 18 日第 09 版。

清华大学高校德育研究中心、光明日报教育研究中心联合调研组：《这堂人生大课，如何更好激发青少年使命担当——伟大抗疫精神进大中小学思政课堂状况调研》，《光明日报》2021年3月2日第13版。

任理轩：《创造人类文明史上人口大国成功走出疫情大流行的奇迹》，《人民日报》2023年3月30日第09版。

王品芝、马越：《五成受访者称网络舆论场长期被八卦议题霸占》，《中国青年报》2015年7月13日第07版。

王思利：《思想政治教育关键在让人信服》，《解放军报》2020年11月17日第06版。

王运春、王飞：《红色文化为思政注入深厚力量》，《中国教育报》2020年5月28日第09版。

魏士强：《准确把握青年学生特点精准开展思想政治工作》，《学习时报》2020年7月13日第A6版。

杨奎松：《不断增强意识形态的说服力和吸引力》，《北京日报》2012年1月30日第18版。

岳松：《我为教师带"盐"》，《中国教师报》2019年9月13日第09版。

三　学术论文

白显良：《宏观思想政治教育学理论奠立的几重视野》，《思想理论教育》2022年第3期。

白显良：《提升思想政治教育亲和力需把握的几重关系》，《思想理论教育》2017年第4期。

晁帅：《思想政治教育说服力刍议》，《长春理工大学学报》（社会科学版）2014年第1期。

陈继红：《榜样教化：古代社会治理中的思想政治教育》，《教学与研究》2021 年第 1 期。

陈娟、庞立生：《思想政治教育内容合理性及其实现研究》，《广西社会科学》2021 年第 1 期。

陈联俊、姚硕：《移动网络空间主流意识形态话语的消解与转换》，《思想教育研究》2019 年第 11 期。

成龙、张乐：《日本学界关于中国式现代化的若干认知》，《国外理论动态》2023 年第 1 期。

程吉生、王舴：《如何增强理想信念教育的说服力感染力持久力——以中国井冈山干部学院为例》，《中国井冈山干部学院学报》2015 年第 2 期。

程仕波、熊建生：《论思想政治教育获得感》，《思想教育研究》2017 年第 7 期。

戴木才：《十八大以来党的意识形态创新发展》，《理论导报》2017 年第 9 期。

董磊明、杨华：《西方宗教在中国农村的传播现状——修远基金会研究报告》，《马克思主义无神论研究》2014 年第 4 辑。

冯刚、白永生：《中国共产党思想政治教育百年发展的经验与启示》，《人民教育》2021 年第 11 期。

冯刚：《以问题为导向推进思想政治教育创新发展》，《思想教育研究》2013 年第 6 期。

冯莉：《当代欧美左翼思潮发展的现状与特征》，《当代世界与社会主义》2018 年第 4 期。

高继文：《中国式现代化理论是科学社会主义的最新重大成果》，《马克思主义研究》2023 年第 5 期。

郭毅然：《思想政治教育者与思想政治教育有效性的社会心理分析》，

《理论与改革》2007年第5期。

洪雁、胡丰顺：《理论说服力与马克思主义大众化》，《社会主义研究》2013年第1期。

胡伯项、吴隽民：《新媒体时代泛娱乐主义对我国主流意识形态的冲击及其应对》，《思想教育研究》2021年第10期。

胡晓燕：《5G时代新媒体信息传播方式的发展趋势探讨》，《新闻前哨》2021年第7期。

贾立政等：《大变局下的国际社会思潮流变——2020国际社会思潮发展趋势研判》，《人民论坛》2020年第36期。

姜耀辉、刘艺：《新时代妇女思想政治状况及其引领对策探讨——基于湖南19285名妇女的调查》，《湖南社会科学》2021年第2期。

姜迎春：《辩证把握我国意识形态领域形势发生的全局性、根本性转变》，《思想理论教育导刊》2022年第1期。

李合亮：《对新时代社会主义意识形态凝聚力和引领力建设的全面认识》，《学校党建与思想教育》2021年第20期。

李建华、赵宝玲：《思想政治教育"灌输理论"：说理与自由的统一》，《思想理论教育》2020年第8期。

李磊：《邓小平论有说服力的思想政治工作》，《中南民族大学学报》（人文社会科学版）2003年第1期。

李鑫、何玲玲：《警惕疫情下西方敌对势力的意识形态攻势》，《世界社会主义研究》2021年第4期。

李悦：《网络传播社会思潮与高校意识形态安全研究》，《思想理论教育导刊》2017年第10期。

李珍：《牢牢掌握意识形态工作主动权——学习习近平关于意识形态工作的重要论述》，《马克思主义研究》2017年第9期。

刘爱国：《必须坚持守正创新》，《红旗文稿》2022年第22期。

刘建军：《思想政治教育要发挥真理的魅力》，《思想理论教育导刊》2011年第8期。

刘建军：《新时期思想政治教育的目标模式》，《中国人民大学学报》2001年第5期。

刘晓亮：《当代大学生价值观的现状分析与培育对策》，《思想理论教育》2021年第12期。

楼宇：《拉美学界关于中国式现代化的若干认知》，《国外理论动态》2023年第1期。

骆郁廷：《思想政治教育的本质在于思想掌握群众》，《马克思主义研究》2012年第9期。

林建辉：《讲好中国故事：新时代高校思想政治理论课的重要使命》，《思想理论教育导刊》2019年第5期。

马斌：《论思想政治工作的说服力》，《南通工学院学报》（社会科学版）2003年第1期。

潘莉、柴红：《新中国成立以来爱国主义教育制度的内容分析与发展趋势》，《学校党建与思想教育》2020年第13期。

庞桂甲：《论思想政治教育亲和力》，《思想教育研究》2017年第5期。

庞君芳、朱永祥：《高中生理想信念教育状况的调查与建议》，《课程·教材·教法》2020年第5期。

庞君芳：《中学生理想信念教育的现状调查——以浙江省为例》，《中国德育》2018年第6期。

蒲再明：《高校思想政治理论教育说服力研究》，《西南农业大学学报》（社会科学版）2011年第11期。

乔妮、贺金龙：《认知失调理论对增强思想政治教育说服力的方法启示》,《唐山师范学院学报》2012年第4期。

邱柏生、左超:《从社会思潮的影响特征看如何增强思想政治教育的吸引力》,《思想理论教育》2010年第17期。

人民论坛课题组:《2017中国公众文化自信指数调查》,《人民论坛》2017年第17期。

佘双好等:《不同社会群体对中国特色社会主义理论体系认同分析》,《江西师范大学学报》(哲学社会科学版)2017年第2期。

沈道全:《严于人格形象自我塑造 增强思想政治工作说服力》,《交通企业管理》1992年第10期。

沈小勇:《中华传统德治文化的价值意蕴与当代重构》,《贵州社会科学》2021年第3期。

沈壮海、刘灿:《论新时代思想政治教育的高质量发展》,《思想理论教育》2021年第3期。

沈壮海:《宏观思想政治教育学初论》,《思想理论教育导刊》2011年第12期。

沈壮海:《思想政治教育有效性研究三题》,《思想·理论·教育》2002年第1期。

苏玉波、张胜军:《高校思想政治理论课以理服人面临的难题与提升路径》,《思想教育研究》2022年第3期。

孙炳炎:《清醒认识西方意识形态渗透的"四化"新态势》,《理论探索》2020年第6期。

孙冲亚:《数字帝国主义时代的文化安全风险及其应对》,《马克思主义研究》2021年第6期。

谈志兴、李永玲:《有效说服教育诸因素分析》,《军队政工理论研究》2002年第6期。

田心铭：《以彻底的思想理论说服学生——学习习近平〈思政课是落实立德树人根本任务的关键课程〉》，《马克思主义研究》2021年第1期。

田颖：《不断增强马克思主义理论的说服力和战斗力》，《内部文稿》2000年第18期。

万美容、吴倩：《新时代思想政治教育内容有效供给论析》，《马克思主义理论学科研究》2020年第1期。

王恒亮：《论思想政治教育目标的和谐之维》，《求实》2014年第1期。

王军、李果：《新的社会阶层人士的政治认同现状分析——基于武汉市部分对象的调查》，《湖北省社会主义学院学报》2021年第1期。

王伦光：《论价值与情感》，《哲学研究》2009年第8期。

王仕民、林建辉：《理解思想政治教育说服力的三重逻辑》，《广西社会科学》2021年第1期。

王淑芹、李文博：《"思想政治教育"概念的廓清与释义》，《思想理论教育导刊》2018年第8期。

王淑芹：《思想政治教育低效探因》，《思想教育研究》2005年第12期。

王树荫：《人的彻底解放与全面发展——中国共产党百年思想政治教育的价值导向》，《马克思主义研究》2020年第10期。

王习胜：《意识形态及其话语权审思》，《马克思主义研究》2007年第4期。

王学俭、许伟：《思想政治教育权威及权威生成研究》，《思想政治教育研究》2015年第2期。

王易、茹奕蓓：《论思想政治教育获得感及其提升》，《思想理论教育导刊》2019年第3期。

王易：《当前思想道德教育的特点、挑战和回应》，《人民论坛》2015

年第 2 期。

王永友、史君：《新媒体环境下西方意识形态渗透的实质、方式与应对策略》，《马克思主义研究》2017 年第 2 期。

文雯：《思想政治理论课说理的三重向度》，《思想理论教育》2023 年第 2 期。

无锡市缫丝一厂思想政治工作研究小组：《谈谈思想政治工作的战斗力、说服力和吸引力》，《思想政治工作研究》1983 年第 1 期。

武汉大学党外知识分子研究基地课题组：《新时代党外知识分子思想政治状况及对策——基于湖北省武汉市的调查》，《湖北省社会主义学院学报》2019 年第 6 期。

肖贵清：《新时代高校思想政治理论课的守正与创新》，《思想教育研究》2019 年第 3 期。

熊建生、尚晓丽：《论思想政治教育内容的美好向度》，《思想理论教育导刊》2022 年第 11 期。

熊建生、张振华：《论思想政治教育内容说服力的结构形态》，《江汉论坛》2010 年第 7 期。

许克松等：《一场国际思政大课：青年大学生关注美国大选的现象透视与思考——基于全国 58 所高校 11231 名大学生的实证调查》，《中国青年研究》2021 年第 3 期。

杨峻岭、武淑梅：《大学生社会主义核心价值观认同状况调查与分析——基于北京市部分高校调研数据》，《社会主义核心价值观研究》2018 年第 4 期。

殷玲玲：《思想政治教育"以理服人"的现实思考》，《思想理论教育导刊》2018 年第 8 期。

游景军等：《谈思想政治工作说服力的构成要素》，《政工学刊》2004

年第 6 期。

曾学龙：《关于增强高校思想政治理论课理论说服力的思考》，《思想理论教育导刊》2013 年第 8 期。

张驰：《习近平关于高校马克思主义理论教育重要论述及时代价值》，《思想教育研究》2021 年第 10 期。

张会来：《大学生政治认同状况的实证分析——基于 2014 年—2018 年黑龙江省大学生思想状况的调查研究》，《思想政治教育研究》2020 年第 4 期。

张健：《增强思想政治教育的说服力》，《国防大学学报》2007 年第 2 期。

张婧、吴先伍：《博弈论视野下思想政治教育认同的生成逻辑》，《思想教育研究》2019 年第 11 期。

张苗苗：《思想政治教育说服机制论析》，《学校党建与思想教育》2013 年第 7 期。

张庆东：《态度学习、过程体验和情感传递在思想政治教育中的作用》，《思想教育研究》2013 年第 6 期。

张垚：《写好理论宣传新篇章》，《党的文献》2020 年第 1 期。

张毅翔：《新时代思想政治教育图景：构设、挑战与方略》，《思想教育研究》2018 年第 10 期。

张瑜等：《当代大学生理想信念状况实证分析——基于 9 省市 19 所高校的调研》，《思想教育研究》2014 年第 8 期。

赵青梅：《当代大学生对思想政治教育的接受心理研究》，《西北师大学报》（社会科学版）2007 年第 2 期。

钟启东：《从"理论彻底"到"彻底说服"——马克思"理论只要彻底就能说服人"经典论断解析》，《观察与思考》2020 年第 3 期。

周凯：《西方国家如何通过文化产业传播核心价值观》，《红旗文稿》2016 年第 1 期。

朱铃：《坚定马克思主义信仰，认真讲好思政课》，《思想理论教育导刊》2021 年第 1 期。

朱燕、陶舒亚：《转变观念、改善关系、拓展途径——论增强高校思想政治教育的说服力》，《浙江省政法管理干部学院学报》2001 年第 6 期。

邹诗鹏：《马克思的社会存在概念及其基础性意义》，《中国社会科学》2019 年第 7 期。

左殿升、冯锡童：《新时代大学生社会主义核心价值观认知认同实证研究——以全国 30 所高校为例》，《思想教育研究》2019 年第 3 期。

左路平：《论新时代主流意识形态说理及其话语权提升》，《思想理论教育》2021 年第 7 期。

Petty. R. E. & Cacioppo. J. T. , "The Elaboration Likelihood Model of Persuasion", *Advances in Experimental Social Psychology*, Vol. 19, 1986, pp. 123 – 205.

Jolly Momen, "Product Recall Communications: The Effects of Source, Media, and Social Responsibility Information", *Advances in Consumer Research*, Vol. 12, No. 1, 1985, pp. 471 – 475.

Stockmyer J. , "Brands in Crisis: Consumers Help for Deserving Victims", *Advances in Consumer Research*, Vol. 23, No. 1, 1996, pp. 429 – 435.

Lund, F. H. , "The Psychology of Belief, IV: The Law of Primacy in Persuasion", *Journal of Abnormal Social Psychology*, Vol. 20, No. 2, 1925, pp. 183 – 191.

Zak Dychtwald, "China's New Innovation Advantage", *Harvard Business*

Review, May – June 2021, pp. 55 – 60.

四 学位论文

包天强:《新时代马克思主义意识形态认同问题研究》,博士学位论文,华东师范大学,2019 年。

李建:《高校思想政治教育亲和力研究》,博士学位论文,西南交通大学,2018 年。

林倩:《自媒体时代思想政治教育说服力研究》,硕士学位论文,东北师范大学,2017 年。

彭建国:《增强高校思想政治教育吸引力问题研究》,博士学位论文,湖南师范大学,2011 年。

孙若梅:《主体性思想政治教育及其实现路径》,博士学位论文,辽宁大学,2014 年。

孙晓琳:《新时代思想政治教育话语发展研究》,博士学位论文,东北师范大学,2019 年。

谢狂飞:《美国品格教育研究》,博士学位论文,复旦大学,2012 年。

徐瑾:《大学生思想政治教育的说服传播研究》,博士学位论文,复旦大学,2013 年。

姚金艳:《全球化时代西方文化渗透研究》,博士学位论文,华中科技大学,2018 年。

赵琴:《思想政治教育感染力研究》,硕士学位论文,西南大学,2020 年。

左殿升:《网络时代大学生政治认同差异研究》,博士学位论文,山东大学,2020 年。

后　　记

　　2022年6月，我从中山大学马克思主义学院思想政治教育专业毕业，获得法学博士学位。本书是在我的博士学位论文基础上修改完善而来的，既是我博士研究生阶段学业成果的进一步呈现，也是我长期以来关注、思考、从事和研究思想政治教育工作的理论结晶。

　　读小学时，我受到身为老党员的爷爷的影响，经常阅读《人民日报》《福建支部生活》等党报党刊，开始关注时事政策和党的思想政治工作。中学时代，我对思想政治课产生了浓厚的兴趣，初中时我曾在日记中写下了对共产主义理想的思考和困惑，高中时我经常向政治老师请教一些超出教材内容的理论问题。在本科、硕士学习阶段，以及后来决定报考博士时，我一直坚守着思想政治教育的专业方向。多年来，我经常思考一个基本问题：思想政治教育工作地位特殊、意义重大，但为什么在许多情况下效果不佳，甚至让一部分人质疑和反感？

　　参加工作以来，我在高校先后担任辅导员、共青团干部、思想政治理论课教师等，结合本职工作，我曾经将自己初浅的研究和思考写成一系列文章。其中，2013年发表的关于高校思想政治理论课教材改革的论文曾被《新华文摘》《上海思想界内参》等刊物和内参转载，引起包括高层领导在内的广泛关注，并产生我意想不到的重要影响。2015年，我撰写的关于如何看待共产主义理想及其与中国特色社会主义共同理想的关系的答疑文章，入选全国高校思想政治理论课教学重点难点问题解答，并获得教育部专项研究项目资助。我的学习和工作经历，以及多年来的初步思考，促使我在攻读博士学位期间进一步关注和探究思想政治教育实效性问题。经过与导师的充分讨论，我决定将影响思想政治教育实效性的关键因素——思想政治教育说服力作为自己的博士论文选题。

学然后知浅，研然后知困。当我集中精力专门研究思想政治教育说服力这一课题时，我深感自己才疏学浅，以及学术研究的艰辛。在堪称一场"学术长征"的读博过程中，我经历了不少艰难曲折，也得到了很多关心支持，这一切促使我虽然缓慢却又坚定地朝着最终目标不断前进。回首这场"学术长征"，我庆幸自己能够一路跋涉坚持到底，更感恩所有关心助益过我的人们。

首先，感谢我的导师王仕民教授。王老师治学严谨，诲人不倦，注重言传身教，令人如沐春风。他不仅指导我的学业，而且关心我的工作，经常耳提面命，鼓励我做好自身发展规划，在学术研究上要坚持不懈，努力"入主流、立潮头"，在本职工作中要勤恳踏实，勇于"挑重担、扛大旗"。在博士论文选题、开题、写作、修改等过程中，王老师给予我深入具体的指导和点拨，多次提出宝贵意见。在本书即将出版时，王老师还特地拨冗作序，给予肯定和鼓励。本书的字里行间，以及这些年来我的点滴进步，都凝聚着王老师的大量心血。我将牢记恩师的教诲和付出，并把深深的感激之情，化为继续前进的动力。

其次，感谢教导过我的诸位老师。中山大学马克思主义学院的李辉教授、郭文亮教授、钟明华教授、詹小美教授、王丽荣教授、林滨

后 记

教授、吴育林教授、周全华教授、童建军教授、袁洪亮教授，哲学系的李萍教授、冯达文教授、徐长福教授，以及外国语学院的傅晓玲副教授等诸多老师，曾给我们讲授相关课程，他们各具特色的精彩授课，让我受益匪浅，他们的博学睿智和师者风范，是我学习的榜样。感谢李辉教授、詹小美教授、任志锋教授（东北师范大学）、王晓丽教授（华南理工大学）、廖茂忠副教授等论文答辩委员会成员，以及之前参加我的论文开题、预答辩和匿名评审的诸位专家学者，他们提出的宝贵意见和建议，为我写作和修改论文提供了重要参考。中山大学马克思主义学院党政岗位的各位领导、老师为我们提供了热情周到的关怀和服务，对我而言，这是另一种形式的教导。

再次，感谢关心支持和启发帮助过我的单位、领导、同事、同学、同门、朋友、学生、专家学者等。闽南师范大学为我提供了在职学习的机会和必要条件，并为本书的出版提供经费资助。马克思主义学院党政领导以及诸多同事，曾以不同方式关心支持我的学业。我们博士生班共有21名同学，大家来自五湖四海，在学习和生活中团结友爱、切磋共进，结下了深厚的同窗情谊。导师门下有一大批"王府弟子"，同门之间经常相聚交流、互相帮助，留下了许多美好回忆。我的一些朋友、同行，我在中学、大学、硕士等学习阶段的一些老师和同学，也不时给予我关心和问候，让我倍感温暖。在中山大学脱产学习期间，我聆听了很多校内外知名专家学者的讲座、报告，旁听了一些教学名师主讲的课程，从他们身上我学到了很多在书本上难以学到的知识和经验。在本书写作过程中，我参考借鉴了很多专家学者的研究成果，也请教过一些专家学者，从中得到了思想启迪、开阔了理论视野。我指导的研究生陈凤娟、陈佳丽、吴铭琪等人，曾协助我核对部分引文。在本书出版过程中，承蒙中国社会科学出版社杨晓芳编审等人的耐心指导和精心编校，在此一并致谢。

最后，感谢始终陪伴、鼎力支持和无限关爱我的家人们。家庭是我最温暖的港湾，家人是我最坚强的后盾。读博那几年，除了完成本职工作，我利用包括双休日、寒暑假等一切可以支配的时间，进行研读、思考和写作等，对家人的关照和陪伴大为减少，我心里深感愧疚。我的妻子也是高校教师，为了支持我安心读书写作，她在完成自己的教学科研任务之外，还承担了大量家庭事务，包括两个孩子的日常照看和学业辅导等，几乎每天都要忙到凌晨一两点才休息。当我因为碰到研究与写作上的困难而苦闷烦躁时，因为受到其他事情的干扰而有所分心时，妻子总是通情达理地及时鼓励我、敦促我。两个可爱的儿子，包括当时才两三岁的小儿子，也已经习惯了我在节假日也要出去"上班"（实际上是到附近的专用房间里读书写作），并在我回家时迎上来给我一个开心的笑脸或温情的拥抱。我的父母、岳父母等人也十分关心支持我的学业和工作，岳母和母亲还先后帮忙照顾两个小孩，并承担部分家务，大大减轻了我们的负担。在今后的日子里，我唯有努力做好一切，才能对得起家人们的付出与期盼。

无尽的前方是我永恒的方向！我将铭记各位师长的教诲，铭记母校"博学、审问、慎思、明辨、笃行"的校训，心怀感恩，踔厉奋发，在教书育人和学术探索的道路上砥砺前行。目前呈现在大家面前的这本专著，只是我迈向未来学术研究之路的新起点，还有许多相关问题有待今后进一步探索。由于学识和能力所限，书中难免存在诸多不足之处，欢迎诸位专家、学者、读者批评指正！

林建辉

2023年8月于福建漳州